# Diálogos

PLATÃO

# DIÁLOGOS

Seleção, introdução e tradução direta do Grego por

JAIME BRUNA
(da Universidade de São Paulo)



EDITORA CULTRIX
São Paulo

Ano

04-05-06-07-08-09-10-11-12


EDITORA PENSAMENTO-CULTRIX LTDA.
Rua Dr. Mário Vicente, 368 – 04270-000 – São Paulo, SP
Fone: 6166-9000 – Fax: 6166-9008
E-mail: pensamento@cultrix.com.br
http://www.pensamento-cultrix.com.br

*Impresso em nossas oficinas gráficas.*

# ÍNDICE


| | PÁG. |
|---|---|
| *Introdução* | 7 |
| *Defesa de Sócrates* | 13 |
| *Um Banquete* | 39 |
| *Êutifron* | 99 |
| *Critão, ou O Dever* | 119 |
| *Fédon* | 135 |
| *Notas* | 213 |

# *INTRODUÇÃO*

*Os gregos aparecem na História espalhados pela bacia do Mediterrâneo. Além do núcleo original, situado na Grécia, semearam colônias desde Marselha até o Mar Negro e o Egito, aglomerando-se as cidades gregas mais densamente na costa da Ásia Menor e no Sul da Itália.*

*Herdeiros, a princípio, da civilização cretense, assimilaram, ulteriormente, os benefícios de outras, convizinhas de suas colônias.*

*A dispersão, a diversidade de culturas e dialetos não destruiu nêles o sentimento de nação, mas êste não bastou para impedir rivalidades, ódios e guerras.*

*Distinguiram-se pela criação da pólis, a cidade-estado, regida não por um déspota, mas pelos cidadãos e pelas leis por êles votadas. O grego era, portanto, um homem livre, um eleitor, um juiz, um político. Educando-se para esse gênero de vida, procurava desenvolver harmoniosamente a individualidade, cultivando o atletismo e aprimorando o espírito.*

*Bem cedo se revelaram os frutos dessa educação, não só pelo surgimento duma literatura sem par na antigüidade, como também pelo florescimento duma arte caracterizada pelo senso da beleza nobre, harmoniosa, equilibrada, e ainda, mais tarde, pela criação da ciência e da filosofia.*

*Cultivaram inicialmente a cerâmica artística, depois a poesia, a música, a dança, o teatro, a arquitetura, a escultura e a pintura.*

*Suas manifestações literárias conhecidas mais antigas, sem data precisa, constam dos poemas de Homero e de Hesíodo. O primeiro celebra, na* Ilíada, *as façanhas dum período lendário em que os gregos destruíram, na Frígia, a rica e poderosa Tróia, por volta do século XI a.C.; na* Odisséia, *narra as aventuras de Ulisses, um dos heróis da mesma campanha, ao retornar à pátria. O segundo deixou-nos a* Teogonia, *contando a origem do mundo e o nascimento dos deuses, e* Os Trabalhos e os Dias, *poema didático que, além de instruir sobre a agricultura e navegação, trata de moral, de justiça e das primitivas raças que habitaram o mundo.*

*Tais obras nos chegaram escritas numa linguagem mista de dialetos; acusam as características que asseguraram aos gregos o papel de criadores deste tipo de civilização por nós apenas continuado: fantasia, curiosidade e discussão.*

*Por volta do século VI a.C. começam a surgir, ao lado de épicos e líricos, poetas cientistas, estudiosos da natureza das coisas, uns na Itália, outros na Ásia Menor e nas ilhas do Egeu. Proliferam também genealogias, crônicas, narrativas de viagens e os primeiros mestres da arte de falar em público, tão necessária nas assembléias e tribunais do povo, instituições próprias do regime da* pólis.

*Tais iniciativas isoladas, distantes, precisavam encontrar-se para darem nascimento a uma civilização pujante e frutuosa. Deu-lhes essa oportunidade a Pérsia quando, no século V, pretendeu sujeitar a seu império a Grécia insular e continental. Da comunhão de esforços para conter a ambição imperialista, nasceu uma aliança com sede em Atenas, posteriormente convertida na capital dum verdadeiro império grego.*

*Para ali convergiram, como é natural, de toda parte, guerreiros, comerciantes, industriais, políticos, oradores, sábios, poetas, artistas e aventureiros, isto é, a massa de que se fazem as civilizações.*

*Entre eles, uma classe conhecida por um nome infeliz, os sofistas. Na maioria, eram charlatães; propunham-se a ensinar tudo quanto se pode saber, notadamente, a arte de discutir e persuadir. Formaram suas escolas, tiveram excelentes alunos, ganharam fortunas consideráveis e péssima fama, por sua falta de escrúpulos e de moral.*

*Nem todos mereciam deveras tão ruim conceito. Menos que todos, aquele que mais caro pagou por ele.*

*Era ateniense e chamava-se Sócrates. Nasceu em 469 a.C. e viveu setenta anos. O pai era estatuário; a mãe, parteira. Não quis ser escultor; deixou essa profissão para tornar-se um* amigo do saber, *um filósofo, e logo veio a ser um dos maiores mestres da Humanidade. Dizia ouvir em seu foro interior uma voz que o guiava nas ações. Reformou a filosofia, abandonando a pesquisa da natureza, para concentrar a atenção no ser humano, suas faculdades, deveres e destino. Criou um método próprio de ensino através de perguntas que conduziam o discípulo à descoberta das verdades. Era como uma arte de partejar as idéias; por isso chamou-lhe* maiêutica. *Gostava de fingir-se ironicamente ignorante, quando interrogava os pretensos sábios; dirigia, porém, o interrogatório de modo que os papéis, ao fim, se invertiam, revelando-se ignorante o suposto sábio e sábio o aparente ignorante. Com isso irritou a muita gente e chegou a ser considerado um perigo para a sociedade. Os adversários o confundiram com os demais sofistas e êle acabou condenado à morte, por impiedade e corrupção da juventude.*

*Não nos legou livro algum, mas teve discípulos notáveis, entre os quais Xenofonte e Platão, que muito escreveram sobre êle.*

*Enquanto o primeiro nos mostra um homem apenas excepcional, o segundo quase o diviniza; atribui ao mestre todos os seus ensinamentos, tornando impossível distinguir o que é doutrina de um ou criação do outro. Não podem ser dissociados no estudo da filosofia; têm de ser encarados como um binômio.*

*Platão nasceu em Atenas em 427 a.C. e viveu oitenta anos. Fundou um centro de estudos, a* Academia, *que durou cerca de dez séculos. Viajou para conhecer outros centros de cultura e para tentar a realização de um de seus sonhos, o estado ideal, cuja constituição havia imaginado, mas não logrou tal intento.*

*Seu método de ensino continuava de certo modo a maiêutica do mestre; as investigações se faziam conversando, dialogando; daí o nome,* dialética. *As pesquisas eram exclusivamente de ordem intelectual; não dava crédito aos sentidos do corpo e só se fiava da razão. Primeiramente, procuravam-se definir os conceitos, isto porque a filosofia não dispunha ainda duma linguagem própria e era preciso criá-la; definidos os conceitos, inicia-*

*va-se a busca das verdades gerais. A alma era imortal e passava por encarnações sucessivas até que, purificada, pudesse ser admitida à convivência dos deuses. Quando livre do corpo, ela podia contemplar as verdades em si mesmas, as formas ideais subsistentes dos seres; quando unida ao corpo, suas faculdades ficavam tolhidas pelas deficiências da matéria. Instruir consistia em fazer a alma recordar-se, pela reminiscência, das verdades contempladas. Da necessidade de purificar-se, para atingir o convívio divino, decorriam os deveres dos indivíduos e das coletividades. Daí o mister duma exercitação ascética para a morte, através da filosofia, e duma constituição política adequada ao progresso das almas.*

*Desprezando os dados dos sentidos, Platão fechava a porta às ciências naturais, ao contrário de Aristóteles, seu discípulo, para quem nada havia no intelecto que não houvesse passado antes pelos sentidos. Assim, ao passo que Aristóteles criou métodos e hábitos de investigação racional da natureza, tornando-se a raiz de todo o progresso material que hoje continuamos, Platão ficou sendo o mestre de todos os sonhadores, dos criadores de sistemas religiosos, morais e políticos.*

*O Cristianismo, cujo reino não era deste mundo, deixou-se influenciar largamente pelas idéias de Platão, adaptando-as, quanto possível, aos ensinamentos da Bíblia. O ideal de santificação, que levou tantos monges à Tebaida, é bem a cristianização do ascetismo pregado por Sócrates no* Fédon.

*Neste volume se enfeixam apenas algumas das muitas obras de Platão. Escolheram-se com variedade, para permitir o conhecimento da versatilidade literária do Autor. Liga-as, porém, um nexo, que embora alheio às intenções do escritor, serviu para presidir à escolha.*

*Tomada como núcleo a* Defesa de Sócrates, *onde nos informamos da acusação, das alegações da defesa e da sentença final, os outros livros como que instruem o processo.*

*Na* Defesa, *vemos como, no tribunal, em lugar da justiça, sentaram-se o medo, o despeito e o ódio, que as multidões medíocres e corruptas hão de sempre votar aos gênios e impolutos. Realmente, se os espelhos mostrassem, ao lado do que somos, o que devíamos ser, estariam, sem dúvida, todos quebrados e moídos. O exemplo de Sócrates edificava a poucos e incomodava a muitos.*

*Da mediocridade, mesmo das elites, dá-nos idéia* Um Banquete, *onde se reúnem intelectuais, fina flor da sociedade contemporânea, para celebrar o triunfo literário do poeta Agatão. Nesse flagrante social se nos entremostra um pouco das idéias e dos costumes vigentes, comprovando impiedosamente quanto superava aos expoentes da época o dócil e humilde criador da filosofia moral.*

Êutifron *testemunha o procedimento irônico que granjeara a Sócrates a hostilidade geral, fazendo-nos presenciar o desmoronamento da charlatanice dum adivinho profissional.*

Critão *exibe-nos um filósofo submisso às leis, mesmo quando de sua aplicação resulta a morte injusta, dando um exemplo sublime do respeito à vontade soberana do povo, e uma lição de moral quase cristã quando proíbe a retribuição do mal com o mal. É uma demonstração patética da iniqüidade da sentença, no tocante à corrupção da juventude.*

*Por fim,* Fédon *um dos grandes livros doutrinários de Platão, discute a imortalidade da alma, seus novíssimos e a conseqüente necessidade duma vida conformada com os princípios da filosofia; por sua vez, é um formidável desmentido à acusação de impiedade.*

*Assim enfeixados, desejamos sejam estes livros um estímulo para a leitura das demais obras de Platão e para o conhecimento da língua e da literatura grega, tão rica de grandes obras, cuja ausência na cultura brasileira, digamo-lo em voz baixa, é uma falha clamorosa e imperdoável.*

# DEFESA DE SÓCRATES

## I

*Exórdio*

Não sei, Atenienses, que influência exerceram meus acusadores em vosso espírito; a mim próprio, quase me fizeram esquecer quem sou, tal a força de persuasão de sua eloqüência. Verdade, porém, a bem dizer, não proferiram nenhuma. Uma, sobretudo, me assombrou das muitas aleivosias que assacaram: a recomendação de cautela para não vos deixardes embair pelo orador formidável que sou. Com efeito, não corarem de os haver eu de desmentir prontamente com os fatos, ao mostrar-me um orador nada formidável, eis o que me pareceu o maior de seus descaramentos, salvo se essa gente chama formidável a quem diz a verdade; se é o que entendem, eu cá admitiria que, em contraste com eles, sou um orador. Seja como for, repito-o, verdade eles não proferiram nenhuma ou quase nenhuma; de mim, porém, vós ides ouvir a verdade inteira. Mas não, por Zeus, Atenienses! não ouvireis discursos como os deles, aprimorados em nomes e verbos, em estilo florido; serão expressões espontâneas, nos termos que me ocorrerem, porque deposito confiança na justiça do que digo; nem espere outra coisa quem quer de vós. Deveras, senhores, não ficaria bem, a um velho como eu, vir diante de vós plasmar seus discursos como um rapazola. Faço-vos, no entanto, um pedido, Atenienses, uma súplica premente; se ouvirdes, na minha defesa, a mesma linguagem que habitualmente emprego na praça, junto das bancas, onde tantos dentre vós me tendes escutado, e noutros lugares, não a estranheis nem vos amotineis por isso. Acontece que venho ao tribunal pela primeira vez, aos setenta anos de idade; sinto-me, assim, completamente estrangeiro à linguagem do local. Se eu fosse de fato um estrangeiro, sem dúvida me desculparíeis o sotaque e o linguajar de minha criação; peço-vos nesta ocasião a mesma tolerância, que é de justiça a meu ver, para minha linguagem — que poderia ser talvez pior, talvez melhor — e que examineis com atenção se o que digo é justo ou não. Nisso reside o mérito de um juiz; o de um orador, em dizer a verdade.

*Duas Classes de Acusadores*

Cumpre, Atenienses, me defenda, em primeiro lugar, das primeiras aleivosias contra mim e dos primeiros acusadores; depois, das recentes e dos recentes. Com efeito, muitos acusadores tenho junto de vós há muitos anos, que nada dizem de verdadeiro. A esses tenho mais medo que aos da roda de Ânito,(1) posto que estes também são temíveis. Mais temíveis, porém, senhores, são aqueles, que, encarregando-se da educação da maioria de vós desde meninos, fizeram-vos crer, com acusações inteiramente falsas, que existe certo Sócrates, homem instruído, que estuda os fenômenos celestes, que investigou tudo que há debaixo da terra e que faz prevalecer a razão mais fraca. Por terem espalhado esse boato, Atenienses, são esses os meus acusadores temíveis, porque os seus ouvintes acham que os investigadores daquelas matérias não crêem tampouco nos deuses. Depois, esses acusadores são numerosos e vêm acusando há muito tempo; mais ainda, falavam convosco na idade em que mais crédulos podíeis ser, quando alguns de vós éreis crianças ou rapazes, e a acusação era feita a inteira revelia, sem defensor algum. De tudo, o que tem menos sentido é não se poderem dizer nem saber os seus nomes, salvo quando se trata, porventura, de um autor de comédias. Os que, por inveja ou malquerença, vos procuravam convencer, mais os que, convencidos, por sua vez convenciam a outros, todos esses são os mais embaraçosos; nem sequer é possível citar aqui em juízo nenhum deles e refutá-lo; o defensor é inevitavelmente obrigado a combater como que sombras, a replicar sem tréplica. Em conclusão, concordai comigo em que meus acusadores são de duas classes: os que acabam de acusar-me e os de antanho, a quem aludi; admiti, também, que destes me deva defender em primeiro lugar, pois que a suas acusações destes ouvido primeiro e muito mais que às dos últimos.

Bem, Atenienses, é mister que apresente minha defesa, que empreenda delir em vós os efeitos dessa calúnia, a que destes guarida por tantos anos, e isso em prazo tão curto. Eu quisera que assim acontecesse, para o meu e para o vosso bem, e que lograsse êxito a minha defesa; considero, porém, a empresa difícil e não tenho a mínima ilusão a esse respeito. Seja como for, que tomem as coisas o rumo que aprouver ao deus, mas cumpre obedecer à lei e apresentar defesa.

*Acusações Antigas*

Recapitulemos, portanto, desde o começo, qual foi a acusação donde procede a calúnia contra mim, dando crédito à qual, me moveu Meleto (2) o presente processo. Vejamos: que é mesmo o que afirmam os caluniadores em sua difamação? Como se faz com o texto das acusações, leiamos o das suas: "Sócrates é réu de pesquisar indiscretamente o que há sob a terra e nos céus, de fazer que prevaleça a razão mais fraca e de ensinar aos outros o mesmo comportamento." É mais ou menos isso, pois é o que vós próprios víeis na comédia de Aristófanes (3) — um Sócrates transportado pela cena, apregoando que caminhava pelo ar e proferindo muitas outras sandices sobre assuntos de que não entendo nada. Dizendo isso, não desejo menoscabar tais conhecimentos, se é que os possui alguém — não será desse crime que me há de processar Meleto — mas a verdade é que não tenho deles, Atenienses, a mais vaga noção. Invoco o testemunho da maioria de vós mesmos, pedindo que vos informeis mutuamente e digam aqueles que alguma vez ouviram minhas conversas — há muitos deles entre vós. Dizei-o, pois, mutuamente, a ver se algum de vós me ouviu alguma vez discorrer, por pouco que fosse, sobre tais assuntos. Assim ficareis sabendo que é do mesmo estofo tudo o mais que por aí se fala de mim.

Na realidade, não têm fundamento nenhum essas balelas; tampouco falará verdade quem vos disser que ganho dinheiro lecionando. Sem embargo, acho bonito ser capaz de ensinar, como Górgias de Leontinos (4), Pródico de Ceos e Hípias de Élis. Cada um deles, senhores, é capaz de ir de cidade em cidade, persuadindo os moços — que podem freqüentar um de seus concidadãos a sua escolha e de graça — a deixarem essa companhia e virem para a sua, pagando e ficando-lhes, ainda, agradecidos. Por sinal, encontra-se entre nós outro sábio, um de Paros; veio para uma temporada, segundo soube. Fui, por acaso, visitar um homem, que tem pago a sofistas mais dinheiro que todos os outros reunidos; trata-se de Cálias, filho de Hiponico. Eu lhe perguntava (ele tem dois filhos): "Cálias, dizia eu, se teus filhos fôssem potros ou garrotes, saberíamos a quem ajustar como treinador para lhes aprimorar as qualidades adequadas; seria um adestrador de cavalos ou um lavrador; como, porém, eles são homens, quem pensas tomar como seu treinador? Quem é mestre nas qualidades de homem e de cidadão? Suponho que pensaste nisso, por teres filhos. Existe algum, — dizia eu — ou não existe? — Existe, sim, — disse ele. — Quem é? — tornei eu; de onde é? quanto cobra? — É Eveno, ó Sócrates, — respondeu ele, — de Paros, por cinco minas." Fiquei, então, com inveja desse Eveno, se é que é senhor dessa arte e leciona a tão bom preço. Por mim, bem que me orgulharia e ensoberbeceria de ter a mesma ciência! Pena é que não a tenho, Atenienses.

*Ciência e Missão de Sócrates*

Um de vós poderia intervir: "Afinal, Sócrates, qual é a tua ocupação? Donde procedem as calúnias a teu respeito? Naturalmente, se não tivesses uma ocupação muito fora do comum, não haveria esse falatório, a menos que praticasses alguma extravagância. Dize-nos, pois, qual é ela, para que não façamos nós um juízo precipitado." Teria razão quem assim falasse; tentarei explicar-vos a procedência dessa reputação caluniosa. Ouvi, pois. Alguns de vós achareis, talvez, que estou gracejando, mas não tenhais dúvida: eu vos contarei toda a verdade. Pois eu, Atenienses, devo essa reputação exclusivamente a uma ciência. Qual vem a ser a ciência? A que é, talvez, a ciência humana. É provável que eu a possua realmente; os mestres mencionados há pouco possuem, quiçá, uma sobre-humana, ou não sei que diga, porque essa eu não aprendi, e quem disser o contrário me estará caluniando. Por favor, Atenienses, não vos amotineis, mesmo que eu vos pareça dizer uma enormidade; a alegação que vou apresentar nem é minha; citarei o autor, que considerais idôneo. Para testemunhar a minha ciência, se é uma ciência, e qual é ela, vos trarei o deus de Delfos. (5) Conhecestes Querefonte, decerto. Era meu amigo de infância e também amigo do partido do povo e seu companheiro naquele exílio de que voltou convosco. Sabeis o temperamento de Querefonte, quão tenaz nos seus empreendimentos. Ora, certa vez, indo a Delfos, arriscou esta consulta ao oráculo — repito, senhores; não vos amotineis — ele perguntou se havia alguém mais sábio que eu; respondeu a Pítia (6) que não havia ninguém mais sábio. Para testemunhar isso, tendes aí o irmão dele, porque êle já morreu.

Examinai por que vos conto eu esse fato; é para explicar a procedência da calúnia. Quando soube daquele oráculo, pus-me a refletir assim: "Que quererá dizer o deus? Que sentido oculto pôs na resposta? Eu cá não tenho consciência de ser nem muito sábio nem pouco; que quererá ele, então, significar declarando-me o mais sábio? Naturalmente, não está mentindo, porque isso lhe é impossível." Por longo tempo fiquei nessa incerteza sôbre o sentido; por fim, muito contra meu gôsto, decidi-me por uma investigação, que passo a expor. Fui ter com um dos que passam por sábios, porquanto, se havia lugar, era ali que, para rebater o oráculo, mostraria ao deus: "Eis aqui um mais sábio que eu, quando tu disseste que eu o era!" Submeti a exame essa pessoa — é escusado dizer o seu nome; era um dos políticos. Eis, Atenienses, a impressão que me ficou do exame e da conversa que tive com êle; achei que êle passava por sábio aos olhos de muita gente, principalmente aos seus próprios, mas não o era. Meti-me, então, a explicar-lhe que supunha ser sábio, mas não o era. A conseqüência foi tornar-me odiado dêle e de muitos dos circunstantes.

Ao retirar-me, ia concluindo de mim para comigo: "Mais sábio do que esse homem eu sou; é bem provável que nenhum de nós saiba nada de bom, mas ele supõe saber alguma coisa e não sabe, enquanto eu, se não sei, tampouco suponho saber. Parece que sou um nadinha mais sábio que êle exatamente em não supor que saiba o que não sei." Daí fui ter com outro, um dos que passam por ainda mais sábios e tive a mesmíssima impressão; também ali me tornei odiado dêle e de muitos outros.

Depois disso, não parei, embora sentisse, com mágoa e apreensões, que me ia tornando odiado; não obstante, parecia-me imperioso dar a máxima importância ao serviço do deus. Cumpria-me, portanto, para averiguar o sentido do oráculo, ir ter com todos os que passavam por senhores de algum saber. Pelo Cão, Atenienses! Já que vos devo a verdade, juro que se deu comigo mais ou menos isto: investigando de acordo com o deus, achei que aos mais reputados pouco faltava para serem os mais desprovidos, enquanto outros, tidos como inferiores, eram os que mais visos tinham de serem homens de senso. Devo narrar-vos os meus vaivéns nessa faina de averiguar o oráculo.

Depois dos políticos, fui ter com os poetas, tanto os autores de tragédias como os de ditirambos e outros, na esperança de aí me apanhar em flagrante inferioridade cultural. Levando em mãos as obras em que pareciam ter posto o máximo de sua capacidade, interrogava-os minuciosamente sôbre o que diziam, para ir, ao mesmo tempo, aprendendo dêles alguma coisa. Pois bem, senhores, coro de vos dizer a verdade, mas é preciso. A bem dizer, quase todos os circunstantes poderiam falar melhor que êles próprios sobre as obras que êles compuseram. Assim, logo acabei compreendendo que tampouco os poetas compunham suas obras por sabedoria, mas por dom natural, em estado de inspiração, como os adivinhos e profetas. Êstes também dizem muitas belezas, sem nada saber do que dizem; o mesmo, apurei, se dá com os poetas; ao mesmo tempo, notei que, por causa da poesia, eles supõem ser os mais sábios dos homens em outros campos, em que não o são. Saí, pois, acreditando superá-los na mesma particularidade que aos políticos.

Por fim, fui ter com os artífices; tinha consciência de não saber, a bem dizer, nada, e certeza de nêles descobrir muitos belos conhecimentos. Nisso não me enganava; eles tinham conhecimentos que me faltavam; eram, assim, mais sábios que eu. Contudo, Atenienses, achei que os bons artesãos têm o mesmo defeito dos poetas; por praticar bem a sua arte, cada qual imaginava ser sapientíssimo nos demais assuntos, os mais difíceis, e esse engano toldava-lhes aquela sabedoria. De sorte que perguntei a mim mesmo, em nome do oráculo, se preferia ser como sou, sem a sabedoria dêles nem sua ignorância, ou possuir, como êles, uma e outra; e respondi, a mim mesmo e ao oráculo, que me convinha mais ser como sou.

Dessa investigação é que procedem, Atenienses, de um lado, tantas inimizades, tão acirradas e maléficas, que deram nascimento a tantas calúnias, e, de outro, essa reputação de sábio. É que, toda vez, os circunstantes supõem que eu seja um sábio na matéria em que confundo a outrem. O provável, senhores, é que, na realidade, o sábio seja o deus e queira dizer, no seu oráculo, que pouco valor ou nenhum tem a sabedoria humana; evidentemente se terá servido dêste nome de Sócrates para me dar como exemplo, como se dissesse: "O mais sábio dentre vós, homens, é quem, como Sócrates, compreendeu que sua sabedoria é verdadeiramente desprovida do mínimo valor." Por isso não parei essa investigação até hoje, vagueando e interrogando, de acôrdo com o deus, a quem, seja cidadão, seja forasteiro, eu tiver na conta de sábio, e, quando julgar que não o é, coopero com o deus, provando-lhe que não é sábio. Essa ocupação não me permitiu lazeres para qualquer atividade digna de menção nos negócios públicos nem nos particulares; vivo numa pobreza extrema, por estar ao serviço do deus.

Além disso, os moços que espontâneamente me acompanham — e são os que dispõem de mais tempo, os das famílias mais ricas — sentem prazer em ouvir o exame dos homens; êles próprios imitam-me muitas vezes; nessas ocasiões, metem-se a interrogar os outros; suponho que descobrem uma multidão de pessoas que supõem saber alguma coisa, mas pouco sabem, quiçá nada. Em conseqüência, os que êles examinam se exasperam contra mim e não contra si mesmos, e propalam que existe um tal Sócrates, um grande miserável, que corrompe a mocidade. Quando se lhes pergunta por quais atos ou ensinamentos, não têm o que responder; não sabem, mas, para não mostrar seu embaraço aduzem aquelas acusações contra todo filósofo, sempre à mão: "os fenômenos celestes — o que há sob a terra — a descrença dos deuses — o prevalecimento da razão mais fraca". Porque, suponho, não estariam dispostos a confessar a verdade: terem dado prova de que fingem saber, mas nada sabem. Como são ciosos de honrarias, tenazes, e numerosos, persuasivos no que dizem de mim por se confirmarem uns aos outros, não é de hoje que êles têm enchido vossos ouvidos de calúnias assanhadas. Daí a razão de me atacarem Meleto, Ânito e Licão — tomando Meleto as dores dos poetas; Ânito, as dos artesãos e políticos; e Licão, as dos oradores. Dessarte, como dizia ao começar, eu ficaria surpreso se lograsse, em tão curto prazo, delir em vós os efeitos dessa calúnia assim avolumada. Aí tendes, Atenienses, a verdade; em meu discurso não vos oculto nada que tenha alguma importância, nada vos dissimulo. Sem embargo, sei que me estou tornando odioso por mais ou menos os mesmos motivos, o que comprova a verdade do que digo, que é mesmo essa a calúnia contra mim e são mesmo essas as suas causas. É o que haveis de descobrir, se investigardes agora ou mais tarde.

*A Denúncia de Meleto*

Nada mais preciso dizer para defender-me, diante de vós, das mentiras de meus primeiros acusadores. Tentarei, em seguida, defender-me de Meleto, esse honrado e prestante cidadão, como se proclama, e dos acusadores recentes. Novamente, já que se trata de outros acusadores, tomemos também o texto de sua acusação. Reza ele mais ou menos assim: "Sócrates é réu de corromper a mocidade e de não crer nos deuses em que o povo crê e sim em outras divindades novas." Essa a natureza da queixa; examinemo-la parte por parte.

Diz que sou réu de corromper a mocidade. Mas eu, Atenienses, afirmo que Meleto é réu de brincar com assuntos sérios; por leviandade, ele traz a gente à presença dos juízes, fingindo-se profundamente interessado por questões de que jamais fez o mínimo caso. Vou também procurar demonstrar-vos que assim é.

Dize-me cá, Meleto: — Dás muita importância a que os jovens sejam quanto melhores?

— Dou, sim.

— Faze, então, o favor de dizer a estes senhores quem é que os torna melhores; evidentemente o sabes, pois que te importa. Descoberto o corruptor, segundo afirmas, tu me conduzes à presença destes senhores e me acusas; portanto, faze o favor de dizer quem os torna melhores; conta-lhes quem é. Estás vendo, Meleto, que te calas e não sabes o que dizer? Com efeito, não achas que isso é feio e prova que não fazes o mínimo caso, como eu disse? Vamos, bom rapaz, fala; quem é que os torna melhores?

— São as leis.

— Não é isso o que estou perguntando, excelente rapaz; pergunto que homem é, o qual, para começar, sabe exatamente isso, as leis.

— As pessoas presentes, Sócrates; os juízes.

— Que dizes, Meleto? Os presentes são capazes de educar os moços e os tornam melhores?

— Sem dúvida.

— Todos? Ou uns sim e outros não?

— Todos.

— Boa notícia nos dás, por Hera! Sobejam os benfeitores! Que mais? E esses da assistência os tornam melhores ou não?

— Eles também.

— Que dizer dos conselheiros?

— Também os conselheiros.

— Mas, então, Meleto, acaso os homens da assembléia, os eclesiastas, corrompem a mocidade? Ou eles todos também a tornam melhor?

— Também eles.

— Logo, não é assim? todos os atenienses a tornam gente de bem, menos eu; eu sou o único a corrompê-la! É isso o que dizes?

— Exatamente isso é o que digo.

— Que imensa desdita apontas em mim! Responde também a esta pergunta: no teu entender, com os cavalos sucede o mesmo? Toda gente os melhora e um só os vicia? Ou se dá inteiramente o contrário: quem os sabe melhorar é um só, ou muito poucos, os adestradores; a maioria, quando trata de cavalos e os monta, vicia-os? Não é assim, Meleto, com os cavalos e com todos os outros animais? Sem dúvida, quer o negueis tu e Ânito, quer o afirmeis. Que bom para os moços, se há um só a corrompê-los e os outros todos a fazer-lhes bem! Ora, Meleto, estás dando provas acabadas de que nunca te preocupaste com a mocidade e revelando claramente a tua indiferença para com o crime de que me acusas! Por Zeus, Meleto, dize-nos mais uma coisa; é melhor habitar entre cidadãos prestimosos ou entre daninhos? Meu caro, responde; minha pergunta é facílima! Não é verdade que sempre os daninhos acabam fazendo mal a quem está perto, e os prestimosos algum bem?

— Decerto.

— Haverá, então, quem queira receber de seus companheiros antes danos que benefícios? Responde, bom homem; a lei manda que respondas. Há quem prefira o dano?

— Não, é claro.

— Adiante. Trouxeste-me aqui como alguém que corrompe e perverte a mocidade por querer ou sem querer?

— Por querer, ora essa!

— Como assim, Meleto? Tu na tua idade me superas tanto a mim na minha, que tu sabes que os maus sempre acabam fazendo algum mal a seus mais próximos e os bons algum bem, e eu sou tão ignorante que nem mesmo sei que, se tornar malfazejo alguém do meu convívio, me arrisco a receber dele algum dano? e, segundo dizes, tamanho mal eu o faço por querer? A mim não me convences disso, Meleto; nem creio que convenças outra pessoa. Não; ou não corrompo, ou, se corrompo, é sem querer; numa suposição como na outra, estás mentindo. Se, porém, corrompo sem querer, a lei não manda trazer-me aqui por semelhante erro involuntário, mas tomar-me de parte, ensinar-me, ralhar comigo; evidentemente, depois de aprender, deixarei de fazer o que sem querer ando fazendo. Tu, porém, evitaste, não estavas disposto a ajudar-me com teus ensinamentos e me trouxeste aqui, para onde a lei manda trazer quem precisa de castigo e não de lições. Ora, Atenienses, está demonstrado o que eu dizia: Meleto jamais fez o mínimo caso dessa questão. Sem embargo, dize-nos, Meleto: por que processo corrompo eu a mocidade, segundo afirmas? Ou é claro que, segundo a tua denúncia, ensinando-os a não crer nos deuses em que o povo crê e sim em outras divindades novas? Não afirmas que os corrompo ensinando isso?

— É exatamente isso que proclamo em alto e bom som.

— Então, Meleto, por esses mesmos deuses de que agora se trata, fala com mais clareza ainda, a mim e a estes senhores; não consigo entender se afirmas que ensino a crer na existência de certos deuses — nesse caso admito a existência de deuses, absolutamente não sou ateu, nem é esse o meu crime, se bem que não sejam os deuses do povo, mas outros, e por serem outros é que me processas — ou se afirmas que não creio mesmo em deus nenhum e ensino isso aos outros.

— Isso é o que afirmo, que não crês mesmo em deus nenhum.

— Meleto, tu és um assombro! Com que intuito dizes isso? Então eu não creio, como toda gente, que o sol e a lua são deuses?

— Por Zeus, senhores juízes, ele não crê, pois afirma que o sol é pedra e a lua é terra.

— Tu supões estar acusando a Anaxágoras, (7) meu caro Meleto! Dessa forma, subestimas os presentes, julgando-os tão iletrados que ignorem que os livros de Anaxógoras de Clazômenas é que andam cheios dessas teorias. Logo de mim é que os moços aprendem lições que eles podem, vez por outra, comprar na orquestra, quando muito por três dracmas e depois rir de Sócrates se as quiser impingir como suas, tanto mais umas tão originais! Enfim, por Zeus, é isso o que pensas de mim? que não creio em deus algum?

— Não crê, por Zeus; ele não crê em deus algum!

— Tu não mereces fé, Meleto, nem mesmo a tua própria, ao que parece. Este homem, Atenienses, acho que é por demais temerário e estouvado e me fez esta denúncia apenas por temeridade e estouvamento de juventude; ele dá a impressão de estar propondo uma adivinha para me experimentar: "Será que o sábio Sócrates vai perceber que estou brincando e me contradizendo, ou será que o vou lograr com os demais ouvintes?" Penso que ele se contradiz na denúncia, como se dissesse: "Sócrates é réu de crer nos deuses em vez de crer nos deuses." Isso é de quem está brincando.

Examinai comigo, senhores, por que penso que ele diz isso; tu, Meleto, responde-nos. Vós, de vossa parte, lembrai-vos do que vos pedi no começo e não vos amotineis se eu arranjar a discussão à minha maneira habitual.

— Existe, Meleto, uma pessoa que acredite na existência de coisas humanas e não na dos homens? Que ele responda, senhores, e não levante protestos sobre protestos! Há alguém que não acredite em cavalos e sim na equitação? não creia em flautistas, e sim na arte de tocar flauta? Não há, excelente homem; se não queres tu responder, eu o direi a ti e aos demais presentes. Responde, porém, à pergunta que vem após aquelas: há quem acredite em poderes demoníacos, mas não que existam demônios?

— Não há.

— Obrigado por teres respondido, embora contrariado, sob a coação do tribunal. Por conseguinte, afirmas que eu acredito e ensino que há poderes demoníacos; sejam novos, sejam antigos, segundo dizes, acredito em poderes demoníacos; foi o que juraste na denúncia. Ora, se acredito em seus poderes, força é concluir que acredito em demônios. Não é assim? Sem dúvida; faço de conta que concordas, já que não respondes. Os demônios, não é verdade que os consideramos deuses ou filhos de deuses? Sim ou não?

— Por certo.

— Logo, se acredito em demônios, estes ou são uma sorte de deuses — e eu teria razão afirmando que estás propondo uma adivinha por brincadeira, dizendo que eu creio em deuses em vez de crer em deuses, pois que acredito em demônios — ou são filhos de deuses, uma sorte de bastardos, nascidos de ninfas ou de outras mulheres a quem os atribui a tradição — e que homem pode acreditar em filhos de deuses e não em deuses? Seria a mesma aberração de quem acreditasse serem os machos filhos de éguas e jumentos, sem crer em éguas e jumentos. Não, Meleto, não é admissível que tenhas apresentado essa denúncia sem o propósito de nos pôr à prova, salvo se foi à falta de um crime real por que me processes; de convenceres alguém, por estúpido que seja, de que uma mesma pessoa possa acreditar em poderes demoníacos e divinos, mas sem acreditar em demônios, deuses e herois, não existe a mínima possibilidade. Por conseguinte, Atenienses, a ausência da culpa a mim imputada na denúncia de Meleto não parece demandar longa defesa; basta o que foi dito.

Ficai, porém, certos de que é verdade o que eu dizia há pouco, que muita gente me ficou querendo muito mal. O que me vai condenar, se eu fôr condenado, não é Meleto, nem Ânito, mas a calúnia e o rancor de tanta gente; é o que perdeu muitos outros homens de bem e ainda os há de perder, pois não é de esperar que pare em mim.

*Justificação de Sócrates*

Alguém, talvez, pergunte: "Não te pejas, ó Sócrates, de te haveres dedicado a uma ocupação que te põe agora em risco de morrer?" Eu lhe daria esta resposta justa: "Estás enganado, homem, se pensas que um varão de algum préstimo deve pesar as possibilidades de vida e morte em vez de considerar apenas este aspecto de seus atos: se o que faz é justo ou injusto, de homem de brio ou de covarde. No teu entender, não teriam mérito os semideuses que pereceram em Tróia; entre eles o filho de Tétis (8), que desdenhava tanto o perigo em confronto com o passar por uma vergonha. Querendo êle matar a Heitor, sua mãe, uma deusa, lhe disse parece que mais ou menos estas palavras: "Filho, se matares a Heitor para vingar a morte de teu amigo Pátroclo, tu próprio morrerás; pois — dizia ela — o teu destino te espera logo depois de Heitor." Ele, apesar de ouvir a advertência, fez pouco caso do perigo de morte e, porque temia muito mais viver com desonra, respondeu: "Morra eu assim que castigue o culpado, mas não fique por aqui, alvo de risos junto das curvas naus, como um fardo da terra." Cuidas que ele se preocupou com o perigo de morte? A verdade, Atenienses, é esta: quando a gente toma uma posição, seja por a considerar a melhor, seja porque tal foi a ordem do comandante, aí, na minha opinião, deve permanecer diante dos perigos, sem pesar o risco de morte ou qualquer outro, salvo o da desonra.

Grave falta, Atenienses, teria cometido eu, que, em Potidéia, em Anfípolis e Délio, permaneci, como qualquer outro, no posto designado pelos chefes por vós eleitos para me comandar e ali enfrentei a morte, se, quando um deus, como eu acreditava e admitia, me mandava levar vida de filósofo, submetendo a provas a mim mesmo e aos outros, desertasse o meu posto por temor da morte ou de outro mal qualquer. Seria grave e então deveras com justiça me haveriam trazido ao tribunal pelo crime de não crer nos deuses, pois teria desobedecido ao oráculo por temor da morte e supondo ser sábio sem que o fosse.

Com efeito, senhores, temer a morte é o mesmo que supor-se sábio quem não o é, porque é supor que sabe o que não sabe. Ninguém sabe o que é a morte, nem se, porventura, será para o homem o maior dos bens; todos a temem, como se soubessem ser ela o maior dos males. A ignorância mais condenável não é essa de supor saber o que não sabe? É talvez nesse ponto, senhores, que difiro do comum dos homens; se nalguma coisa me posso dizer mais sábio que alguém, é nisto de, não sabendo o bastante sobre o Hades (9), não pensar que o saiba. Sei, porém, que é mau e vergonhoso praticar o mal, desobedecer a um melhor do que eu, seja deus, seja homem; por isso, na alternativa com males que conheço como tais, jamais fugirei de medo do que não sei se será um bem.

Portanto, mesmo que agora me dispensásseis, desatendendo ao parecer de Ânito, segundo o qual, antes do mais, ou eu não devia ter vindo aqui, ou, já que vim, é impossível deixar de condenar-me à morte, asseverando êle que, se eu lograr absolvição, logo todos os vossos filhos, pondo em prática os ensinamentos de Sócrates, estarão inteiramente corrompidos; mesmo que, apesar disso, me dissésseis: "Sócrates, por ora não atenderemos a Ânito e te deixamos ir, mas com a condição de abandonares essa investigação e a filosofia; se fores apanhado de nôvo nessa prática, morrerás"; mesmo, repito, que me dispensásseis com essa condição, eu vos responderia: "Atenienses, eu vos sou reconhecido e vos quero bem, mas obedecerei antes ao deus que a vós; enquanto tiver alento e puder fazê-lo, jamais deixarei de filosofar, de vos dirigir exortações, de ministrar ensinamentos em toda ocasião àquele de vós que eu deparar, dizendo-lhe o que costumo: "Meu caro, tu, um ateniense, da cidade mais importante e mais reputada por sua cultura e poderio, não te pejas de cuidares de adquirir o máximo de riquezas, fama e honrarias, e de não te importares nem cogitares da razão, da verdade e de melhorar quanto mais a tua alma?" E se algum de vós redargüir que se importa, não me irei embora deixando-o, mas o hei de interrogar, examinar e confundir e, se me parecer que afirma ter adquirido a virtude e não a adquiriu, hei de repreendê-lo por estimar menos o que vale mais e mais o que vale menos. É o que hei de fazer a quem eu encontrar, moço ou velho, forasteiro ou cidadão, principalmente aos cidadãos, porque me estais mais próximos no sangue. Tais são as ordens que o deus me deu, ficai certos. E eu acredito que jamais aconteceu à cidade maior bem que minha obediência ao deus.

Outra coisa não faço senão andar por aí persuadindo-vos, moços e velhos, a não cuidar tão aferradamente do corpo e das riquezas, como de melhorar o mais possível a alma, dizendo-vos que dos haveres não vem a virtude para os homens, mas da virtude vêm os haveres e todos os outros bens particulares e públicos. Se com esses discursos corrompo a mocidade, seriam nocivos esses preceitos; se alguém afirmar que digo outras coisas e não essas, mente. Por tudo isso, Atenienses, diria eu, quer atendais a Ânito, quer não, quer me dispenseis, quer não, não hei de fazer outra coisa, ainda que tenha de morrer muitas vezes.

*Quem Perderia mais com a Condenação*

Não vos amotineis, Atenienses; mantende o favor que vos pedi, não vos amotinando com o que digo, mas ouvindo-me; acredito que ouvir-me vos será realmente proveitoso. Estou, é verdade, para dizer outras coisas que talvez vos façam gritar, mas não façais isso de modo algum. Ficai certos de uma coisa: se me condenardes por ser eu como digo, causareis a vós próprios maior dano que a mim. A mim dano algum podem causar Meleto e Ânito; eles não têm forças para tanto; não creio que os céus permitam que um homem melhor sofra danos de um pior. Êles podem, sim, mandar-me matar, exilar-me, privar-me dos direitos; talvez êles e outros pensem que essas são grandes desgraças; eu não; eu penso que muito pior é fazer o que ele está fazendo, tentando a execução injusta de um homem. Neste momento, Atenienses, longe de atuar na minha defesa, como poderiam crer, atuo na vossa, evitando que, com a minha condenação, cometais uma falta para com a dádiva que recebestes do deus. Se me matardes, não vos será fácil achar outro igual, outro que — embora seja engraçado dizê-lo — por ordem divina se aferre inteiramente à cidade, como a um cavalo grande e de raça, mas um tanto lerdo por causa do tamanho e precisado de um tavão que o espevite; parece-me que o deus me impôs à cidade com essa incumbência de me assentar perto, em tôda parte, para não cessar de vos despertar, persuadir e repreender um por um. Outro igual não tereis fàcilmente, senhores, mas, se me crerdes, vós me poupareis. Bem pode ser que, aborrecidos como quem dormia e foi despertado, deis ouvidos a Ânito e, repelindo-me, me condeneis levianamente à morte; depois, passareis o resto da vida a dormir, salvo se o deus, cuidadoso de vós, vos enviar algum outro. Podeis reconhecer que sou bem um homem dado pelo deus à cidade por esta reflexão: não é conforme à natureza do homem que eu tenha negligenciado todos os meus interêsses, sofrendo, há tantos anos, as conseqüências dêsse abandono do que é meu, para me ocupar do que diz respeito a vós, dirigindo-me sem cessar a cada um em particular, como um pai ou um irmão mais velho, para o persuadir a cuidar da virtude. Se auferisse proveito, se meus conselhos fôssem pagos, meu procedimento teria outra explicação; mas vós mesmos o estais vendo: meus acusadores, tão descarados em tôdas as outras acusações, não foram capazes da extrema impudência de exibir testemunha de que alguma vez tenha recebido ou pedido remuneração. Porque da verdade de minhas alegações exibo, suponho, uma prova cabal: minha pobreza.

### *Abstenção da Política*

Pode parecer esquisito que eu me azafame por todo canto a dar conselhos em particular e não me abalance a subir diante da multidão para dar conselhos públicos à cidade. A razão disso em muitos lugares e ocasiões ouvistes em minhas conversas: uma inspiração que me vem de um deus ou de um gênio, da qual Meleto fêz caçoada na denúncia. Isso começou na minha infância; é uma voz que se produz e, quando se produz, sempre me desvia do que vou fazer, nunca me incita. Ela é que me barra a atividade política. E barra-me, penso, com tôda razão; ficai certos, Atenienses: se há muito eu me tivesse votado à política, há muito estaria morto e não teria sido nada útil a vós nem a mim mesmo. Por favor, não vos doam as verdades que digo; ninguém se pode salvar quando se opõe bravamente a vós ou a outra multidão qualquer para evitar que aconteçam na cidade tantas injustiças e ilegalidades; quem se bate deveras pela justiça deve necessariamente, para estar a salvo embora por pouco tempo, atuar em particular e não em público.

Disto vos posso dar provas valiosas; não argumentos, mas fatos, que é o que acatais. Ouvi o que me sucedeu, para saberdes que não tenho, por medo da morte, transigência nenhuma com a injustiça e que, por não ceder, teria perecido. O que vou dizer é banal, é de leguleio, mas é verdade.

Com efeito, Atenienses, jamais exerci um cargo público; apenas fiz parte do Conselho. Calhou que a pritania ([10]) coube à minha tribo, a Antióquida, quando do processo dos dez capitães que deixaram de recolher os mortos da batalha naval; vós os queríeis julgar em bloco, o que era ilegal, como todos reconhecestes depois. Naquela ocasião fui o único dos prítanes que me opus a qualquer ação ilegal vossa, votando contra; os oradores estavam prontos a processar-me, a mandar-me prender; vós os incitáveis a isso aos brados. Embora! Achei de meu dever correr perigo ao lado da lei e da justiça, em vez de estar convosco numa decisão injusta, por medo da prisão ou da morte.

Isso foi ainda no regime democrático. Doutra feita, após a instauração da oligarquia, fui chamado com outros quatro à Rotunda pelos Trinta e êstes nos ordenaram que fôssemos a Salamina buscar a Leão Salamínio para morrer; a muitas outras pessoas êles davam ordens semelhantes, no intuito de comprometer o maior número possível. Nessa ocasião, de nôvo, por atos, não por palavras, demonstrei que à morte — desculpai a rudeza da expressão — não ligo mais importância que a um figo podre, mas a não cometer nenhuma injustiça ou impiedade, a isso sim dou o máximo valor. A mim, aquêle govêrno, poderoso como era, não conseguiu forçar-me a uma injustiça; ao deixarmos a Rotunda, os quatro seguiram para Salamina e trouxeram Leão, mas eu voltei para casa. Bem podia ter morrido por isso, se aquêle governo tardasse a cair. Há muitas testemunhas desses fatos. Pensais, acaso, que eu teria vivido tantos anos, se houvesse tomado parte na política e, obrando como homem de bem, me houvesse batido pela justiça, dando a essa atitude a máxima importância que lhe é devida? Que esperança, Atenienses! Nem eu, nem outro homem nenhum! Pois bem, em toda minha vida, em minha pouca intervenção nos negócios públicos, deixei patente que sou assim, como também sou assim nos negócios particulares, jamais assentindo com quem quer que seja no que quer que seja fora dos limites da justiça, principalmente com qualquer daqueles que os caluniadores chamam discípulos meus.

Eu nunca fui mestre de ninguém, conquanto nunca me opusesse a moço ou velho que me quisesse ouvir no desempenho de minha tarefa. Tampouco falo se me pagam, e se não pagam não; estou igualmente à disposição do rico e do pobre, para que me interroguem ou, se preferirem ser interrogados, para que ouçam o que digo. Se algum dêles vira honesto ou não, não é justo que eu responda pelo que jamais prometi nem ensinei a ninguém. Quem afirmar que de mim aprendeu ou ouviu em particular alguma coisa que não todos os demais, estai certos de que não diz a verdade.

Então, por que será que alguns gostam de se entreter comigo tanto tempo? Vós o ouvistes, Atenienses; eu vos disse toda a verdade; eles gostam de me ouvir examinar os que supõem ser sábios e não o são; e isso não deixa de ter o seu gôsto. Mas, repito, faço-o por uma determinação divina, vinda não só através do oráculo, mas também de sonhos e de todas as vias pelas quais o homem recebe ordens dos deuses. É fácil de comprovar essa verdade; se há moços que estou corrompendo e outros que já corrompi, forçosamente, decerto, alguns deles já amadurecidos compreenderam que outrora, na sua mocidade, eu lhes dera maus conselhos e podem levantar-se para me acusar e punir; se não o quiserem êles fazer, alguém da família, o pai, os irmãos, outros parentes, se os seus familiares sofreram qualquer má influência minha, podem lembrá-la agora e punir-me. Há um bem grande número dêles que estou vendo aqui, a começar por Critão, que é da minha idade e do meu bairro, pai de Critobulo aqui presente; em seguida, Lisânias de Esfetos, pai de Ésquines, que aí está; depois, Antifonte de Cefísia, pai de Epígenes; aí estão outros, cujos irmãos freqüentaram aqueles entretenimentos: Nicóstrato, filho de Teozótides e irmão de Teódoto — Teódoto, por sinal, morreu e não poderia estorvá-lo com sua intercessão; há mais Páralos, filho de Demódoco, de quem era irmão Teages; esse outro é Adimanto, filho de Aristão, de quem é irmão Platão aqui presente; esse é Ajantodoro, de quem é irmão Apolodoro, também presente. Posso citar muitas outras pessoas, uma das quais de preferência devia Meleto ter apresentado como testemunha da acusação; se então se esqueceu, faça-o agora, com minha licença, e diga se tem algum testemunho daquela natureza. Bem ao contrário, senhores, achareis todos prontos a acudir-me a mim, o corruptor, que faço mal a seus parentes no dizer de Meleto e Ânito. Talvez tivessem razões para me apoiar os corrompidos; mas os que não corrompi, já mais idosos, parentes daqueles, que motivo terão para apoiar-me, senão o reto e justo de reconhecerem que Meleto mente e eu digo a verdade?

*O Estilo da Defesa*

Basta, senhores; o que eu poderia alegar em minha defesa é, em suma, isso mesmo e quiçá argumentos do mesmo gênero. Algum de vós talvez se indigne com a recordação do seu caso, se ele próprio, às voltas com uma lide, embora menos grave que esta, teve de pedir, de suplicar aos juízes com lágrimas copiosas, de trazer, para melhor movê-los à piedade, os filhos, outros parentes, muitos amigos, ao passo que eu — não é? — não vou fazer nada disso, apesar de estar correndo, como posso imaginar, o extremo perigo. Pode ser que alguém, com êsse sentimento, seja mais duro para comigo e, raivoso do contraste, dê um voto de raiva. Se algum de vós estiver nesse caso — o que não creio — mas se estiver, eu me acharia no direito de lhe dizer: "Eu também, meu caro, não deixo de ter parentes." Como lá diz Homero,

*não nasci dum carvalho ou dum penedo,*

mas de seres humanos; portanto, Atenienses, tenho parentes e filhos; estes são três, um já taludo e dois pequeninos. Não obstante, não trouxe nenhum deles para aqui com o fito de vos pedir absolvição. Por que razão não hei de fazê-lo? Não por presunção, Atenienses, nem por menosprezo vosso; minha calma ou perturbação em face da morte é questão à parte; mas em face da honra, minha, vossa e de toda a cidade, eu considero uma nódoa aquele procedimento na minha idade e com a reputação adquirida; certa ou errada, sempre é opinião corrente que Sócrates nalguma coisa se distingue do comum dos homens. Se quem passa por distinguir-se entre vós pela sabedoria, pela coragem ou qualquer outro mérito, é uma pessoa daquelas atitudes, que vergonha! Como vi tantas vezes pessoas, embora tidas como homens de valor, fazer em juízo cenas de causar espanto, persuadidos de que seria um horror terem de morrer, como se houvessem de ser imortais se vós não os condenásseis à morte; eles são, a meu ver, uma vergonha para a cidade, dando ao forasteiro a impressão de que os homens distinguidos entre os atenienses pelos seus merecimentos e escolhidos por êles para o governo e cargos honoríficos em nada diferem das mulheres. Nós que passamos, não importa como, por ter algum valor, não devemos, Atenienses, adotar aquêle procedimento, nem deveis vós consentir nêle, caso o adotemos, e sim mostrar-vos mais decididos a condenar quem, encenando dêsses dramas lamurientos, lança o ridículo sôbre a cidade, do que um de comportamento decente.

À parte a questão da honra, senhores, não me parece justo pedir e obter dos juízes a absolvição, em vez de informá-los e convencê-los. O juiz não toma assento para dispensar o favor da justiça, mas para julgar; êle não jurou favorecer a quem bem lhe pareça, mas julgar segundo as leis. Nós não vos devemos habituar ao perjúrio, nem vós deveis contrair êsse vício; seria impiedade nossa e vossa. Portanto, Atenienses, não pretendais que eu pratique diante de vós o que não considero belo, nem justo, nem pio, sobretudo, por Zeus, quando aí está Meleto acusando-me de impiedade! Evidentemente, se, com a fôrça de persuasão de minhas súplicas, vos levasse ao perjúrio, eu vos estaria ensinando a não crer na existência dos deuses e, com tal defesa, simplesmente me estaria acusando de não crer em deuses. Muito ao contrário, Atenienses, eu acredito como nenhum de meus acusadores e espero de vós e da divindade que vossa sentença a meu respeito seja a melhor para mim e para vós.

## II

### *Análise da Votação*

Para que eu me conforme com o resultado, a minha condenação, concorrem muitas razões; entre elas, a de não se tratar de fato inesperado. Muito mais me espanta o número de votos contados de cada parte. Eu imaginava que a decisão seria essa, não por pequena, mas por grande margem; no entanto, parece, com uma transposição de apenas trinta votos, estaria absolvido. No tocante a Meleto, acho que fui absolvido; mais do que isso, quem quer pode ver que, não fosse subirem Ânito e Licão para acusar-me, êle seria multado em mil dracmas, por não ter colhido um quinto dos sufrágios.

*Discussão das Penas*

Ora, o homem propõe a sentença de morte. Bem; e eu que pena vos hei de propor em troca, Atenienses? A que mereço, não é claro? Qual será? Que sentença corporal ou pecuniária mereço eu que entendi de não levar uma vida quieta? eu que, negligenciando o de que cuida tôda gente, — riquezas, negócios, postos militares, tribunas e funções públicas, conchavos e lutas que ocorrem na política, coisas em que me considero de fato por demais pundonoroso para me imiscuir sem me perder — não me dediquei àquilo, a que se me dedicasse, haveria de ser completamente inútil para vós e para mim? eu que me entreguei à procura de cada um de vós em particular, a fim de proporcionar-lhe o que declaro o maior dos benefícios, tentando persuadir cada um de vós a cuidar menos do que é seu que de si próprio para vir a ser quanto melhor e mais sensato, menos dos interesses do povo que do próprio povo, adotando o mesmo princípio nos demais cuidados? Que sentença mereço por ser assim? Algo de bom, Atenienses, se há de ser a sentença verdadeiramente proporcionada ao mérito; não só, mas algo de bom adequado a minha pessoa. O que é adequado a um benfeitor pobre, que precisa de lazeres para vos viver exortando? Nada tão adequado a tal homem, Atenienses, como ser sustentado no Pritaneu; muito mais do que a um de vós que haja vencido, nas Olimpíadas, uma corrida de cavalos, de bigas ou de quadrigas. Êsse vos dá a impressão da felicidade; eu, a felicidade; êle não carece de sustento, eu careço. Se, pois, cumpre que me sentenciem com justiça e em proporção ao mérito, eu proponho o sustento no Pritaneu.

Dizendo isso pode parecer, como foi a respeito das lamúrias e súplicas, que falo presunçosamente. Não é assim, Atenienses; mas é que estou convencido de que não faço mal a ninguém por querer, mas não consigo convencer-vos disso. É que conversamos durante pouco tempo; se fôsse norma entre vós, como em outros povos, não decidir um processo capital num dia só, mas em muitos, suponho que vos teria convencido; infelizmente, não é fácil em tempo exíguo escoimar-se de calúnias tão fortes. Convencido, portanto, de que não faço mal a ninguém, muito menos o farei a mim próprio; não direi eu próprio contra mim que mereça algum mal, nem proporei pena alguma. Que posso temer? sofrer a pena proposta por Meleto, que declaro ignorar se é um bem, se é um mal? Hei de preferir e propor em troca uma daquelas que sei que são males? Porventura a prisão? Para que hei de viver na cadeia, escravizado ao comando sempre reformado dos Onze? (11) ou uma multa, permanecendo preso até pagá-la toda? Daria na mesma, pois, como disse há pouco, não tenho bens com que pagar. Proporei, então, o desterro, a que possivelmente me sentenciaríeis? Muito amor à vida deveria eu ter para ficar tão estúpido que entendesse que, se vós, sendo meus concidadãos, não pudestes aturar minhas conversas e assuntos, tão importunos e odiosos para vós, que neste momento vos estais procurando livrar dêles, outros houvessem de aturá-los melhor! Que esperança, Atenienses!

Bela vida seria a minha se, homem da minha idade, partisse daqui para viver expulso de cidade em cidade! Estou certo de que, aonde quer que vá, os moços me virão ouvir, como aqui; se os repelir, eles mesmos darão ouvidos aos mais velhos para me expulsar; se não os repelir, hão de expulsar-me por causa dêles seus pais e parentes.

Pode alguém perguntar: "Mas não serás capaz, ó Sócrates, de nos deixar e viver calado e quieto?" De nada eu convenceria alguns dentre vós mais dificilmente do que disso. Se vos disser que assim desobedeceria ao deus e, por isso, impossível é a vida quieta, não me dareis fé, pensando que é ironia; doutro lado, se vos disser que para o homem nenhum bem supera o discorrer cada dia sobre a virtude e outros temas de que me ouvistes praticar quando examinava a mim mesmo e a outros, e que vida sem exame não é vida digna de um ser humano, acreditareis ainda menos em minhas palavras. Digo a pura verdade, senhores, mas convencer-vos dela não me é fácil. Acresce que não estou habituado a julgar-me merecedor de mal nenhum.

*Propõe Sócrates Uma Multa*

Se tivesse dinheiro, estipularia uma multa dentro de minhas posses; não sofreria nada com isso. Infelizmente, não tenho mesmo, salvo se quiserdes estipular tanto quanto possa pagar. Talvez vos possa pagar uma mina de prata; é quanto estipulo, portanto. Mas aí está Platão, Atenienses, com Critão, Critobulo e Apolodoro, mandando que estipule trinta minas, sob sua fiança. Estipulo, pois, essa quantia; serão fiadores da soma essas pessoas idôneas.

## III

*Aos que o Condenaram*

Por não terdes esperado mais um pouco, Atenienses, aqueles que desejarem injuriar a cidade vos lançarão a fama e a acusação de haverdes matado Sócrates, um sábio. Sim, dir-me-ão sábio, embora não o seja, os que vos quiserem malsinar. Se aguardásseis mais algum tempo, a natureza mesma satisfaria a vossa vontade. Bem vedes a minha idade, já distante da vida e próxima da morte. Não dirijo essas palavras a todos vós, mas aos que votaram pela minha morte.

Para esses mesmos, acrescento o seguinte: talvez imagineis, senhores, que me perdi por falta de discursos com que vos poderia convencer, se na minha opinião se devesse tudo fazer e dizer para escapar à justiça. Engano! Perdi-me por falta, não de discursos, mas de atrevimento e descaro, por me recusar a proferir o que mais gostais de ouvir, lamentos e gemidos, fazendo e dizendo uma multidão de coisas que declaro indignas de mim, tais como costumais ouvir dos outros. Ora, se antes achei que o perigo não justificava nenhuma indignidade, tampouco me pesa agora da maneira por que me defendi; ao contrário, muito mais folgo em morrer após a defesa que fiz, do que folgaria em viver após fazê-la daquele outro modo. Quer no tribunal, quer na guerra, não devo eu, não deve ninguém lançar mão de todo e qualquer recurso para escapar à morte. Com efeito, é evidente que, nas batalhas, muitas vezes se pode escapar à morte arrojando as armas e suplicando piedade aos perseguidores; em cada perigo, tem muitos outros meios de escapar à morte quem ousar tudo fazer e dizer. Não se tenha por difícil escapar à morte, porque muito mais difícil é escapar à maldade; ela corre mais ligeira que a morte. Neste momento, fomos apanhados, eu, que sou um velho vagaroso, pela mais lenta das duas, e os meus acusadores, ágeis e velozes, pela mais ligeira, a malvadez. Agora, vamos partir; eu, condenado por vós à morte; eles, condenados pela verdade a seu pecado e a seu crime. Eu aceito a pena imposta; êles igualmente. Por certo, tinha de ser assim e penso que não houve excessos.

Sôbre o futuro, porém, desejo fazer-vos um vaticínio, meus condenadores; com efeito, eis-me chegado àquele momento em que os homens vaticinam melhor, quando estão para morrer. Eu vos afianço, homens que me mandais matar, que o castigo vos alcançará logo após a minha morte e será, por Zeus, muito mais duro que a pena capital que me impusestes. Vós o fizestes supondo que vos livraríeis de dar boas contas de vossa vida; mas o resultado será inteiramente oposto, eu vo-lo asseguro. Serão mais numerosos os que vos pedirão contas; até agora eu os continha e vós não o percebíeis; eles serão tanto mais importunos quanto são mais jovens, e vossa irritação será maior. Se imaginais que, matando homens, evitareis que alguém vos repreenda a má vida, estais enganados; essa não é uma forma de libertação, nem é inteiramente eficaz, nem honrosa; esta outra, sim, é a mais honrosa e mais fácil; em vez de tapar a boca dos outros, preparar-se para ser o melhor possível. Com este vaticínio, despeço-me de vós que me condenastes.

*Aos que o Absolveram*

Com os que votaram pela absolvição, gostaria de conversar a respeito do que se acaba de passar, enquanto estão ocupados os magistrados e antes de seguir para onde devo morrer. Portanto, senhores, ficai comigo mais um pouco; nada impede que nos entretenhamos enquanto dispomos de tempo. Quero explicar-vos, como a amigos, o sentido exato do que me sucedeu agora.

O que me aconteceu, senhores juízes — a vós é que chamo com acerto juízes — foi uma coisa prodigiosa. A inspiração costumada, a da divindade, sempre foi rigorosamente assídua em opor-se mesmo a ações mínimas, quando eu ia cometer um erro; agora, porém, acaba de suceder-me o que vós estais vendo, o que se poderia considerar, e há quem o faça, como o maior dos males; mas a advertência divina não se me opôs de manhã, ao sair de casa, nem enquanto subia aqui para o tribunal, nem quando ia dizer alguma coisa; no entanto, quantas vezes ela me conteve em meio de outros discursos! Mas hoje não se me opôs nenhuma vez no decorrer do julgamento, em nenhuma ação ou palavra. A que devo atribuir isso? Vou dizer-vos: é bem possível que seja um bem para mim o que aconteceu e não é forçoso que acertemos quantos pensamos que a morte é um mal. Disso tenho agora uma boa prova, porque a costumada advertência não poderia deixar de opor-se, se não fosse uma ação boa o que eu estava para fazer.

Façamos mais esta reflexão: há muitos visos de que isto seja um bem. Morrer é uma destas duas coisas: ou o morto é igual a nada, e não sente nenhuma sensação de coisa nenhuma; ou, então, como se costuma dizer, trata-se duma mudança, uma emigração da alma, do lugar deste mundo para outro lugar. Se não há nenhuma sensação, se é como um sono em que o adormecido nada vê nem sonha, que maravilhosa vantagem seria a morte!

Bem posso imaginar que, se a gente devesse identificar uma noite em que tivesse dormido tão profundamente que nem mesmo sonhasse e, contrapondo a essa as demais noites e dias de sua vida, pensar e dizer quantos dias e noites de sua existência viveu melhor e mais agradavelmente do que naquela noite, bem posso imaginar que, já não digo um particular, mas o próprio rei da Pérsia acharia fáceis de enumerar essas noites entre as outras noites e dias. Logo, se a morte é isso, digo que é uma vantagem, porque, assim sendo, tôda a duração do tempo se apresenta como nada mais que uma noite. Se, de outro lado, a morte é como a mudança daqui para outro lugar e está certa a tradição de que lá estão todos os mortos, que maior bem haveria que esse, senhores juízes?

Se, em chegando ao Hades, livre dessas pessoas que se intitulam juízes, a gente vai encontrar os verdadeiros juízes que, segundo consta, lá distribuem a justiça, Minos ([12]), Radamanto, Éaco, Triptólemo e outros semideuses que foram justiceiros em vida, não valeria a pena a viagem? Quanto não daria qualquer de vós para estar na companhia de Orfeu ([13]), Museu, Hesíodo e Homero? Por mim, estou pronto a morrer muitas vezes, se isso é verdade; eu de modo especial acharia lá um entretenimento maravilhoso, quando encontrasse Palamedes ([14]), Ájax de Telamão e outros dos antigos, que tenham morrido por uma sentença iníqua; não me seria desagradável comparar com os deles os meus sofrimentos e, o que é mais, passar o tempo examinando e interrogando os de lá como aos de cá, a ver quem dêles é sábio e quem, não o sendo, cuida que é. Quanto não se daria, senhores juízes, para sujeitar a exame aquêle que comandou a imensa expedição contra Tróia ([15]), ou Ulisses, ou Sísifo — milhares de outros se poderiam nomear, homens e mulheres, com quem seria uma felicidade indizível estar junto, conversando com eles, sujeitando-os a exame! Os de lá absolutamente não matam por uma razão dessas! Os de lá são mais felizes que os de cá, entre outros motivos, por serem imortais pelo resto do tempo, se a tradição está certa.

Vós também, senhores juízes, deveis bem esperar da morte e considerar particularmente esta verdade: não há, para o homem bom, nenhum mal, quer na vida, quer na morte, e os deuses não descuidam de seu destino. O meu não é efeito do acaso; vejo claramente que era melhor para mim morrer agora e ficar livre de fadigas. Por isso é que a advertência nada me impediu. Não me insurjo absolutamente contra os que votaram contra mim ou me acusaram. Verdade é que não me acusaram e condenaram com esse modo de pensar, mas na suposição de que me causavam dano: nisso merecem censura. Contudo, só tenho um pedido que lhes faça: quando meus filhos crescerem, castigai-os, atormentai-os com os mesmíssimos tormentos que eu vos infligi, se achardes que eles estejam cuidando mais da riqueza ou de outra coisa que da virtude; se estiverem supondo ter um valor que não tenham, repreendei-os, como vos fiz eu, por não cuidarem do que devem e por suporem méritos, sem ter nenhum. Se vós o fizerdes, eu terei recebido de vós justiça; eu, e meus filhos também.

Bem, é chegada a hora de partirmos, eu para a morte, vós para vida. Quem segue melhor rumo, se eu, se vós, é segredo para todos, menos para a divindade.

# UM BANQUETE

*Introdução*

APOLODORO

— Creio-me preparado para satisfazer vossa curiosidade. Com efeito, subia anteontem de minha casa em Falero para a cidade, quando um conhecido me avistou pelas costas e me chamou de longe, em tom de gracejo:

— Ó Falerense! Tu aí, de nome Apolodoro! Espera!

Eu parei e esperei. Ele, então, disse:

— Apolodoro, há pouco eu estava à tua procura; desejava informações da reunião de Agatão, Sócrates, Alcibíades e demais presentes no banquete ([16]) aquele dia e saber de suas dissertações sobre o Amor. Tenho já o relato de alguém que o ouviu de Fênix, filho de Filipe; disse-me que tu também o sabias. Mas era incapaz de qualquer exatidão; conta-me, pois, tu, capacitado a reproduzir-me as palavras de teu amigo melhor do que ninguém. Antes, porém, — lembrou ele — dize-me: assististe àquela reunião pessoalmente ou não?

— Vê-se perfeitamente — respondi — que o narrador não te contou nada de preciso, se a reunião de que indagas imaginas realizada há tão pouco tempo que eu pudesse estar presente.

— Ah! Não?!

— Mas como, Glaucão? — prossegui. — Não sabes que há muitos anos Agatão ([17]) não vem aqui e não faz três que ando na companhia de Sócrates, cuidando de saber cada dia o que ele diz ou faz? Antes, eu vagava ao acaso; na ilusão de ter alguma serventia, era mais digno de dó que ninguém; tanto como hoje tu, que supões tôda e qualquer ocupação melhor do que filosofar.

Então ele:

— Deixa-te de caçoadas e dize-me quando foi aquela reunião.

— Éramos ainda crianças — respondi; — foi por ocasião do prêmio ganho por Agatão com sua primeira tragédia, no dia seguinte ao do sacrífico oferecido por ele e pelos coreutas ([18]) em celebração da vitória.

— Então, — disse ele, — parece ter sido mesmo há muito tempo. E quem te contou? Sócrates mesmo?

— Não, por Zeus! Foi a mesma pessoa que contou a Fênix, certo Aristodemo, do demo de Cidateneu, um atarracado, sempre descalço. Ele assistiu à reunião, apaixonado que andava de Sócrates, entre os que mais o eram então, segundo me parece. Nem por isso deixei de fazer a Sócrates algumas perguntas sôbre o que dele ouvi, e este me confirmou a exatidão da narrativa.

— Então, — tornou ele, — por que não me contares? O caminho para a cidade é o que há de mais ajeitado para a gente ir andando e conversando.

Assim, pusemo-nos a caminhar e, juntamente, a falar daqueles assuntos. Em conseqüência, como disse inicialmente, acho-me preparado. Se, pois, vos tenho de contar, não há alternativa. Aliás, discorrendo eu mesmo sobre filosofia ou escutando a outrem, à parte o proveito que julgo estar colhendo, que prazer maravilhoso experimento! Doutro lado, além de me enfadarem outros assuntos, sobretudo os vossos, de gente rica e homens de negócio, ainda fico penalizado por vós, meus amigos, que supondes ter algum préstimo e não tendes nenhum. Quiçá, por vossa vez, imagineis que eu seja um infeliz e desconfio que desconfiais a verdade; quanto a mim, não desconfio, tenho certeza de que vós o sois.

O Amigo

— Tu és sempre o mesmo, Apolodoro! sempre a dizer mal de ti mesmo e do próximo. Toda gente, acredito, exceto Sócrates, te parece desventurada na extensão da palavra, a começar por ti. Agora, por que cargas-d'água te puseram aquela alcunha de Meiguice eu não sei; tuas palavras são sempre assim, repassadas de crueldade para contigo e para com os outros, menos Sócrates.

APOLODORO

— Ah! meu grande amigo, não está claro? Com essa opinião a meu respeito e ao vosso, perco a tramontana e enfureço.

O AMIGO

— Não vale a pena brigar por isso agora, Apolodoro. Antes, como te pedimos, não mudes de assunto e conta-nos o que foram aquelas palestras.

### *O Relato de Aristodemo*

APOLODORO

— Está bem; foram mais ou menos assim... É melhor, porém, tentar reproduzir, desde o comêço, a história narrada por Aristodemo. Êle contou que encontrara Sócrates; êste havia tomado banho e calçava sandálias, coisas que raramente fazia; perguntou-lhe aonde ia tão garrido. Sócrates respondeu:

— A um jantar em casa de Agatão. Ontem, na hora da celebração da vitória, eu lhe escapei, com medo da multidão, mas comprometi-me a comparecer hoje; daí esta garridice; um garrido visita outro garrido. Mas tu, acrescentou, que tal? Não te animarias a ir ao jantar sem convite?

— Eu — disse-me Aristodemo — respondi que faria o que êle mandasse.

— Então — volveu Sócrates — vem comigo; assim alteramos e desmentimos o rifão que diz que as excelências ([19]) vão sem convite aos festins das excelências. Com efeito, talvez Homero tenha desmentido ([20]) o rifão e até escarnecido dêle; êle fêz de Agamêmnon um herói extraordinàriamente excelente na militança e de Menelau um combatente desfibrado; mas, na hora em que Agamêmnon está oferecendo um sacrifício e dando um banquete, êle faz Menelau comparecer ao festim sem convite, levando o *poltrão* à mesa do *campeão.*

Aristodemo diz ter respondido a essa observação:

— Estou, talvez, correndo o risco de ir, não no sentido que dás ao provérbio, mas no que lhe dá Homero, sem convite, com a minha *nulidade,* ao festim duma *sumidade.* Vê, pois, que desculpa arranjarás de me levares; eu não confessarei ter ido sem convite; direi que tu me convidaste.

— *Indo* (21) *juntos os dois* — asseverou Sócrates — ou *um ou o outro* decidiremos o que dizer. Portanto, a caminho!

Ditas coisas assim, conta ele, puseram-se a caminho. Sócrates, entretanto, seguia retardado na caminhada, como se concentrado em meditações sôbre si mesmo e, quando ele o esperava, mandava que fôsse adiante. Chegado à casa de Agatão, Aristodemo achou a porta escancarada e ali aconteceu-lhe uma passagem divertida; um servo veio de dentro prontamente ao seu encontro para levá-lo aonde estavam instalados os outros, que ele surpreendeu prestes a dar começo ao jantar. Mal o viu, Agatão lhe disse:

— Olá, Aristodemo! chegaste em boa hora para jantares conosco. Se vieste por algum outro motivo, deixa-o para depois; tanto mais que te procurei ontem para convidar-te e não te pude ver. Mas por que não nos trazes Sócrates?

Eu, prosseguiu, voltei-me e não vi Sócrates atrás de mim em lugar nenhum; respondi, então, que realmente viera com Sócrates, por quem fora convidado àquele jantar.

— Fizeste muito bem — disse Agatão; — mas onde está ele?

— Há pouco ele vinha entrando após mim, mas gostaria também eu de saber onde se terá metido.

— Servo — ordenou Agatão, — vá correndo em busca de Sócrates; tu, Aristodemo, deita-te (22) vizinho a Erixímaco.

Então, o servo se pôs a lavá-lo, para que pudesse tomar lugar à mesa, e surgiu um outro com esta notícia:

— O tal Sócrates se meteu no vestíbulo do vizinho; está lá parado e não quer atender meu convite para entrar.

— Absurdo o que você está dizendo — protestou Agatão; — vá chamá-lo e não o largue.

— Isso não! — interveio Aristodemo — ao contrário, deixai-o estar; é costume dele; às vezes se afasta para qualquer lugar ao acaso e ali fica. Logo estará aqui, penso eu. Não o perturbeis; deixai-o em paz.

— Então, deixemo-lo, — disse Agatão — se esse é teu parecer. Escravos, sirvam a nós outros. Vocês servem sempre o que bem entendem, quando não há ninguém superintendendo, coisa que nunca fiz em minha vida; portanto, façam agora de conta que eu sou um convidado seu para jantar, como os demais presentes, e sirvam-nos de forma que os venhamos a elogiar.

Após isso, conta ele, passaram a jantar e nada de entrar Sócrates; várias vezes Agatão mandou buscá-lo, mas Aristodemo se opunha. Por fim, chegou; não se havia demorado tão longamente como costumava; todavia, o jantar andava já, a bem dizer, em meio. Então, Agatão, que ocupava sozinho um leito na extremidade, chamou-o:

— Aqui, Sócrates; deita-te a meu lado; quero, ao teu contacto, aproveitar também eu do conhecimento que te foi revelado no vestíbulo; evidentemente, fizeste a descoberta e a estás guardando; aliás, não terias saído de lá antes.

Sócrates tomou lugar e respondeu:

— Bom seria, Agatão, se o saber tivesse uma consistência tal que se pudesse vazar do mais cheio para o mais vazio, ao entrarmos em contacto um com o outro, como acontece com a água nas taças, que se faz passar por um fio de lã da mais cheia para a mais vazia. Se com o saber se dá o mesmo, dou muito valor a este lugar a teu lado; imagino que tu me encherás dum saber copioso e belo. O meu deve ser um saber insignificante, discutível até, como são discutíveis os sonhos; mas o teu é brilhante, rico de pujança; pelo menos, fulgiu tão intensamente quando és ainda moço e se manifestou anteontem ao testemunho de mais de trinta mil gregos!

— Tu exorbitas, Sócrates — replicou Agatão. — Essa dúvida sobre o saber, vamos dirimi-la dentro em pouco eu e tu, tomando Dioniso como árbitro (28); por enquanto, dirige tuas primeiras atenções para o jantar.

Em seguida, continua Aristodemo, depois que Sócrates se deitou e jantou, assim como os outros, fizeram suas libações, entoaram cânticos ao deus e cumpriram os ritos do costume; por fim, ocuparam-se da bebida.

*Sugestão de Pausânias*

Foi Pausânias quem puxou assunto, mais ou menos com estas palavras:

— Vejamos, senhores, qual será a maneira mais agradável de bebermos. Eu, por mim, confesso, realmente me ressinto muito da bebida de ontem e preciso tomar um pouco de fôlego; creio o mesmo da maioria de vós, pois lá estáveis ontem. Vede, portanto, qual será a maneira de podermos beber com o mínimo de esforço.

Aristófanes tomou a palavra:

— Fazes bem, Pausânias, em propor de qualquer forma alguma trégua à bebida. Eu próprio sou um dos que ontem mergulharam fundo.

Atento ao que eles diziam, interveio Erixímaco, filho de Acúmeno:

— Folgo com o que dissestes; falta-me, porém, ouvir ainda um de vós; como vão as tuas forças de bebedor, Agatão?

— Muito mal — respondeu; — estou fraco também eu.

— Ao que parece, é uma fortuna para nós — volveu aquele, — para mim, Aristodemo, Fedro e estes outros, que vós, os mais valentes na bebida, tenhais capitulado, porque nós sempre fomos uns incapazes. Excluo Sócrates; ele é tão forte na bebida quanto na abstenção e se dará bem como quer que façamos. Portanto, como nenhum dos presentes parece inclinado a beber muito vinho, talvez eu não vos seja tão enfadonho expondo a verdade sobre a natureza da embriaguez. Da prática da medicina, creio, aprendi que a embriaguez é nociva ao homem; espontaneamente, eu não me disporia a levar longe a bebida, nem o aconselharia a outrem, principalmente a quem está de ressaca da véspera.

— Muito bem — interrompeu Fedro de Mirrinunte; — de minha parte, costumo acreditar em ti, sobretudo quando falas como médico; os outros, se pensarem bem, farão o mesmo agora.

Ouvindo isso, concordaram todos em não realizar aquela reunião com o fito de embriagar-se, mas bebendo apenas pelo prazer da bebida. Erixímaco retomou a palavra:

— Uma vez assentado que beberá cada um o quanto lhe aprouver, sem obrigatoriedade alguma, proponho, em conseqüência, a dispensa da flauteira que acaba de entrar; que toque para si mesma ou, se quiser, para as mulheres no gineceu, enquanto passamos o dia juntos a palestrar entre nós. Se quiserdes, estou pronto a sugerir também o tema.

*Proposta de Erixímaco*

Declararam todos que assim o desejavam, convidando-o a propor a sua sugestão. Então, Erixímaco disse:

— Meu exórdio será uma citação da *Melanipe* de Eurípides: *não são minhas as palavras* que vou proferir, mas aqui de Fedro. De fato, volta e meia, Fedro me diz indignado:

"Não é estranho, Erixímaco, que os poetas hajam composto hinos e péãs a alguns outros deuses, mas ao Amor, divindade tão poderosa e tão grande, jamais, de tão grande número de poetas, nenhum tenha composto um encômio? Outrossim, se queres considerar os sofistas de valor, a Héracles e outros é que escrevem louvores em prosa, como o excelente Pródico. Isso, afinal, é menos de admirar; eu já tive em mãos um livro dum cientista, onde se erguiam louvores extraordinários ao sal, mercê de sua utilidade. Muitas coisas que tais verás elogiadas. Tanta atenção dedicada a quejandos, quando ninguém se abalançou até hoje a cantar o Amor como merece! Tamanho descaso a um deus tão grande!""

Fedro me parece ter carradas de razão. Por isso, quero dar-lhe este presente, fazer-lhe esta gentileza; concomitantemente, acho que, neste momento, a nós presentes ficará muito bem prestar uma homenagem ao deus. Se sois do mesmo parecer, teríamos aí matéria suficiente para passarmos o tempo a palestrar; a minha idéia é fazer cada um de nós, da esquerda para a direita, um elogio do Amor, tão belo quanto puder. O primeiro será Fedro, não só por estar na extremidade, como também por ser o pai da idéia.

— Ninguém votará contra a tua proposta, Erixímaco — disse Sócrates; — certamente não a recusaria eu, que declaro de nada entender senão de assuntos amorosos; não o faria decerto Agatão, nem Pausânias, tampouco Aristófanes que só se ocupa de Dioniso e Afrodite ([24]), nem qualquer outra dentre as pessoas que estou vendo. Verdade é que não ficaremos em situação de igualdade nós, os ocupantes da extremidade oposta; não obstante, se os precedentes tiverem esgotado o assunto com brilho, nós nos conformaremos. Bem, boa sorte a Fedro, e que dê início aos louvores do Amor.

Os demais concordaram todos com essas palavras de Sócrates e repetiram sua exortação.

Aristodemo não estava bem lembrado de quanto dissera cada um; nem eu, de quanto ele contou, mas do mais importante, sim; o que no discurso de cada um me pareceu mais digno de lembrar é o que vos repetirei.

*Fala de Fedro*

Como dizia segundo Aristodemo, Fedro foi o primeiro a discorrer; começou dizendo, mais ou menos, que o Amor é uma grande divindade, admirável entre os homens e entre os deuses por muitos diferentes motivos, dos quais não é o menor seu nascimento.

— O ser esse deus contado entre os mais antigos — disse ele — é um título de glória; prova da antigüidade do Amor é que ele não tem pais; não os menciona nenhum autor em prosa ou em verso. Hesíodo ([25]) diz que o primeiro a existir foi o Caos,

*depois a Terra, com seu vasto peito,*
*fundamento de tudo, eterno e firme;*
*veio em seguida o Amor...*

Afirma, portanto, que ao Caos sucedem esses dois, a Terra e o Amor. Já Parmênides ([26]) relata assim o nascimento:

*Foi o Amor a primeira divindade*
*por ela imaginada...*

Acusilau ([27]), por sua vez, concorda com Hesíodo. Assim, testemunhos de origens múltiplas confirmam ser o Amor dos mais antigos.

Por ser tão antigo, é quem os maiores benefícios nos proporciona. Não vejo como afirmar exista, para quem entra na juventude, maior bem do que um amante leal e, para o amante, maior bem do que um amado, isso porque uma diretriz que norteie a vida inteira dos homens destinados a uma existência plena de beleza, não a pode dar, tão esplendidamente como o

Amor, a parentela, nem as honrarias, nem a riqueza, nem outra força qualquer.

Mas pergunto: que diretriz é essa? Nos atos indecorosos, o sentimento da vergonha; nos decorosos, o amor da honra. Sem este e aquele, é impossível a um povo, bem como a um indivíduo, a realização de feitos grandiosos e belos. A um homem que ama, eu vos assevero, surpreendido na prática duma ação indecorosa ou quando a está sofrendo da parte de outrem, sem que, por covardia, se defenda, menos lhe pesa de ser visto pelo pai, pelos amigos, por outra pessoa qualquer, do que por seu amado. O mesmo verificamos com o amado, que tem vergonha extrema dos amantes, quando surpreendido nalguma situação indecorosa.

Se, pois, dalgum modo pudesse existir uma cidade, ou um exército composto de amantes e amados, não poderiam basear melhor sua constituição do que na abstenção de tudo quanto é indecoroso e na procura da consideração recíproca; num combate, uns ao lado dos outros, tais soldados, em pequeno número, levariam de vencida, pode-se dizer, a toda a Humanidade.

Com efeito, para um amante, ser visto do amado desertando o posto ou arrojando de si as armas seria, sem dúvida, menos suportável que ser visto de todos os outros; a isso preferiria mil vezes a morte; outrossim, quanto a abandonar o amado ou deixar de socorrê-lo no perigo, ninguém há tão poltrão que o Amor mesmo não lhe pudesse inspirar do alto uma bravura que o igualasse ao mais valente por natureza.

É simples: como dizia Homero (28) da coragem, que insufla um alento divino em alguns heróis, assim o Amor passa aos amantes o alento que dele procede.

Ademais, só os que amam estão prontos a morrer por outrem; não só os homens, também as mulheres. Alcéstis, a filha de Pélias, oferece desse devotamento uma prova suficiente em abono de minha tese em face da Grécia, por se ter prontificado, só ela, a morrer em lugar do seu marido, embora tivesse ele o pai e a mãe vivos; a estes ela superou tanto no querer bem, por obra do Amor, que os apresenta como estranhos a seu filho, parentes só de nome; assim procedendo, pareceu praticar uma ação tão bela, aos olhos não só dos homens, como também dos deuses, que, dentre tantos autores de tantos belos gestos, contando-se nos dedos aqueles a quem os deuses outorgaram o privilégio de subir sua alma de volta do Hades, a dela eles fizeram voltar, cheios de admiração por seu feito [29]; logo, os próprios deuses dão apreço incomparavel ao zelo e à coragem que o Amor infunde.

A Orfeu [30], filho de Éagro, ao contrário, eles o mandaram de volta do Hades malogrado; mostraram-lhe um espectro da esposa que fora buscar, em vez de lha entregarem, por acharem que era por covardia de citaredo, sem coragem de, como Alcéstis, morrer por amor, que se engenhara em penetrar vivo no Hades. Essa, por certo, a razão de o terem castigado, fazendo-o morrer às mãos de mulheres.

Não assim com Aquiles [31], filho de Tétis; a este honraram, enviando-o para as Ilhas dos Bem-Aventurados, porque ele, advertido pela mãe de que, se matasse a Heitor, morreria e, se não o matasse, voltaria para casa e se finaria em idade avançada, preferiu, corajosamente, socorrer e vingar Pátroclo, seu amante, não apenas morrendo por ele, mas acompanhando-o na morte. Eis por que, tomados de admiração extrema, os deuses lhe prestaram honras excepcionais: foi por ter dado tamanho valor a seu amante. Ésquilo [32] comete um dislate ao fazer Aquiles amante de Pátroclo, quando ele era mais atraente, não só do que Pátroclo, mas do que todos os heróis, ainda imberbe e, portanto, muitíssimo mais moço, como diz Homero.

Na realidade, os deuses honram grandemente a coragem oriunda do amor; porém, sua admiração cresce de ponto, votando maior estima e favorecendo mais, quando é o amado quem quer bem ao amante, do que quando é este quem quer bem àquele; pois o amante é mais divinal do que o amado, por estar inspirado do deus; por essa razão, honraram mais a Aquiles do que a Alcéstis, enviando-o para as Ilhas dos Bem-Aventurados.

Por tudo isso, assevero ser o Amor o mais antigo dos deuses, o mais digno de homenagem e o que mais poderes tem para conduzir os homens à conquista da prestança e da felicidade, na vida como na morte.

### *Fala de Pausânias*

Foi mais ou menos esse o teor do discurso de Fedro, segundo Aristodemo: seguiram-se alguns outros, de que ele não estava inteiramente lembrado; deixou-os de parte e relatou-me o de Pausânias, que assim falou:

— Na minha opinião, Fedro, o tema não nos foi bem proposto nestes singelos termos: o elogio do Amor. Se houvesse um só Amor, estaria bem; mas eis que não é um só; não sendo um só, é mais acertado precisar de antemão a qual devemos louvar. Eu, portanto, tentarei corrigir a falha, dizendo primeiramente qual Amor deve ser louvado e compondo em seguida um elogio digno do deus.

Todos sabemos que não há Afrodite sem Amor. Se houvesse uma única, único seria o Amor; mas como são duas, dois forçosamente hão de ser os Amores. Como negar que as deusas são duas? Uma, por certo mais antiga, filha sem mãe de Urano, a quem, por sinal, denominamos Urânia; outra, mais nova, filha de Zeus e Dione, a quem, por sinal, denominamos Vulgar. Forçosamente cumpre chamar corretamente Vulgar também ao Amor coadjuvante da segunda, e Urânio ao da outra.

Louvores são devidos, sem dúvida, a todos os deuses; não obstante, convém se tente esclarecer o que se atribui a um e outro amor. Aplica-se a tôda ação o princípio seguinte: considerada em si mesma, praticá-la não é decente nem indecente; sirva de exemplo o que estamos fazendo. Beber, cantar, conversar, nenhum desses atos é decente por si mesmo; mas na execução, conforme for executado, assim resultará; se é executado com beleza e correção, é decente; sem correção, indecente. O mesmo quando se ama; nem todo amor é decente e digno de louvores; só aquele em que a beleza é o que nos move a amar.

Ora, o da Afrodite Vulgar é vulgar na acepção da palavra e obra ao acaso; é o amor dos homens ordinários. Ésses, em primeiro lugar, não amam às mulheres menos do que aos rapazes; em segundo, amam-lhes mais o corpo do que a alma; em terceiro, dão, quanto possível, preferência aos mais embotados, atentos apenas à prática do ato, tanto se lhes dando que haja beleza ou não haja; em resultado, praticam-no como der e vier, sem distinção entre o bem e seu contrário. A razão disso está na deusa, que é muito mais nova que a outra e, por seu nascimento, participa do sexo feminino e do masculino.

Porém, o da Urânia, que, em primeiro lugar, não participa do sexo feminino, mas só do masculino (e êsse é o amor dos rapazes) e, em segundo, é mais velha, carece de arrebatamento; daí voltar-se para o sexo masculino quem desse Amor é inspirado, preferindo, dos dois sexos, o que tem mais força e mais inteligência.

Pode-se reconhecer, mesmo na pederastia, quais são os que recebem impulso exclusivamente desse Amor, por amarem a quem está, não mais na infância, mas na idade em que começa a ter discernimento, o que se dá ao tempo dos primeiros fios de barba. Quem espera o amado atingir essa idade, penso, apresta-se para uma ligação por toda a vida e para uma existência em comum, e não para enganar alguém surpreendido na adolescência ingênua, de quem se há de rir e de afastar em busca de outro.

Deveria também ser de regra não amar a rapazes, para não se desperdiçar excessivo zelo na caça ao incerto; não se sabe até que ponto, na maturidade, os rapazes virão a ser bons ou ruins, na alma como no corpo. Os homens de escol impõem essa regra a si próprios espontaneamente e deveriam ser compelidos a procedimento igual os amantes vulgares, da mesma forma que os compelimos, tanto quanto podemos, a não amar a mulheres de condição livre. São eles os responsáveis também pela desmoralização, que leva certas pessoas à ousadia de tachar de indecente a concessão de favores a um amante; se o fazem, é porque põem os olhos nêles, observando sua falta de compostura e de honestidade, pois, certamente, nada pode merecer censuras quando se faz com observância dos bons modos e das boas normas.

Outrossim, o uso que rege o Amor nas outras cidades é fácil de compreender, porque definido num princípio único; o daqui, porém, é complexo.

Em Élis, na Lacedemônia, bem como na Beócia e onde quer que não tenham loqüela fácil, adotou-se o princípio simples de que é decente conceder favores aos amantes, e ninguém, moço ou velho, diria que é indecente; a razão, penso, é evitarem o esforço de convencer os jovens pela palavra, incapazes que são de falar.

Já em muitos lugares da Jônia e de outras regiões, onde quer que dominem os bárbaros, aquele amor é tido por indecente. Entre os bárbaros, dado o regime tirânico, é tido por indecente pela mesma razão que a cultura intelectual e a cultura física; não convém, creio, aos governantes se produzam entre seus governados idéias altaneiras, nem amizades ou ligações robustecidas, de que, entre muitas outras causas, costuma ser o amor a principal. Também os tiranos nossos hauriram essa lição na experiência; foi o amor de Aristogíton (33) e a firmeza da amizade de Harmódio o que pôs fim ao seu poder. Assim, onde se considera uma indecência conceder favores ao amante, a causa foi a ruindade dos que o estatuíram, ambição de mando nos governantes e covardia nos governados; onde simplesmente se considerou decente, a causa foi o comodismo mental dos que o estatuíram.

Entre nós, porém, adotaram-se normas muito mais belas que nesses lugares e, como disse, difíceis de compreender. Basta refletir nestes fatos: diz-se que é mais decente amar às claras que às ocultas, dando preferência aos de melhor linhagem e da nata, embora mais feios que outros; tôda gente dispensa ao amante um acoroçoamento extraordinário, que não teria se estivesse cometendo uma indecência; reputa-se honroso triunfar numa reqüesta e vergonhoso malograr nela; enfim, no tocante ao empreendimento duma conquista, o costume autoriza-nos a aprovar as extravagâncias do procedimento do amante — extravagâncias que se alguém ousasse praticar no encalço de qualquer objetivo outro que não esse, decidido a levá-lo a cabo, colheria a mais severa reprovação da filosofia.

Com efeito, se, no intuito de receber dinheiro de outrem ou de exercer algum cargo público ou alguma outra autoridade, se aventurasse alguém aos mesmos despropósitos que os amantes no assédio a seus amados, formulando súplicas, implorando, proferindo juras, deitando-se nas soleiras, prontificando-se a gêneros de escravidão que escravo algum suportaria, seria obstado em tais práticas pelos amigos como pelos inimigos, estes verberando-lhe a bajulação e o servilismo, aqueles dando-lhe conselhos e envergonhando-se dele; mas quando é um amante quem faz tudo isso, a sua simpatia aumenta e o costume consente que o faça sem opróbrio, como se estivesse realizando obra de inexcedível beleza. O mais de admirar é que, ao menos no dizer da multidão, só a ele concedem os deuses o perdão da quebra dos juramentos, porque, dizem, *juras de amor não têm valor*.

Assim, tanto os deuses quanto os homens outorgaram inteira liberdade ao amante, como dá a entender o costume local. Por aí se poderia acreditar que nesta cidade se reputa de inteira decência não só o ser amante, como também o ser amorável para com os amantes. Porém, quando os pais, confiando os reqüestados à guarda de aios, não os deixam conversar com os reqüestadores e dão aos aios instruções nesse sentido, e quando os companheiros da mesma idade os repreendem ao verificarem um fato daquela natureza, sem que os mais velhos, por sua vez, atalhem a repreensão ou a censurem como descabida, quem atentasse nesse procedimento seria levado a pensar, ao invés, que tais amores se consideram aqui o que há de mais indecente.

A verdade, penso, é a seguinte: não há um princípio simples, como disse ao começar, pelo qual o fato seja de per si decente ou indecente, mas, quando praticado com decência, é decente, quando praticado com indecência, indecente. Com indecência quer dizer concedendo-se favores a um depravado, com depravação; com decência, a um de escol, com distinção. Depravado é aquele amante vulgar, mais amoroso do corpo que da alma; esse nem mesmo é constante, por não ser constante o objeto de seu amor; apenas perde o corpo o seu viço, que era o que ele amava, ele *bate as asas e se evola* ([34]), desrespeitando tudo quando dissera e prometera. Já quem tem amor ao caráter porque este é bom, continua amando vida em fora, ligado que está a algo constante.

Quer o nosso uso sejam os reqüestadores passados na pedra de toque, com todo cuidado, para que a uns se concedam as graças e de outros se fuja; por isso, recomenda sejam procurados estes, evitados aqueles, arvorando-se em árbitro nas provas que decidem a qual das duas categorias pertence o reqüestador e a qual o reqüestado.

Assim, por obediência a esse princípio se assentou, em primeiro lugar, ser indecente a pressa de entregar-se, para que se interponha o tempo, que é, no consenso geral, uma excelente pedra de toque; em segundo lugar, ser indecente entregar-se o reqüestado sob a pressão do dinheiro ou do poder político, quer haja o medo das malfeitorias aniquilado sua resistência, quer não tenha sabido desdenhar os benefícios recebidos na aquisição da fortuna ou nas conquistas políticas. Isso porque não se tem por sólida nem constante nenhuma dessas vantagens, sem contar que delas não procede, tampouco, uma nobre amizade.

Nossos costumes deixam apenas uma saída para um reqüestado conceder com decência as suas graças a um reqüestador. Com efeito, é um princípio nosso que, assim como nos amantes não é bajulação nem ignomínia a submissão voluntária a cativeiros de todo gênero por seus amados, assim também a estes resta uma única outra servidão voluntária não ignominiosa: a que se aceita por amor da perfeição. Admite-se deveras entre nós que, se alguém se sujeita a servir a outrem, acreditando vir a melhorar por seu intermédio seja em certo ramo do saber, seja em qualquer outra prenda, nessa servidão voluntária não há vergonha nem bajulação.

Pois bem; devemos conjugar esses dois princípios, o que se aplica à pederastia e o que se aplica à filosofia e a outras prendas, para resultar decência na concessão de favores de amado a amante. Com efeito, quando amante e amado se coadunam um e outro na conformidade do princípio, aquele servindo, em tudo que é possível servir com retidão, ao amado que lhe concede favores, e este, de seu lado, prestando todos os serviços que é possível prestar com retidão a quem o torna culto e distinto, se aquele, outrossim, é capaz de contribuir para a sabedoria e mais prendas e este acalenta o desejo de adquirir educação e demais conhecimentos, então se dá a única hipótese em que, fundidos num só aqueles dois princípios, há decência na concessão de favores de amado a um amante; em outras circunstâncias, jamais.

Nessas condições, nenhum desaire, mesmo que se saia logrado; em todas as outras, há vergonha, haja ou não haja logro. Se alguém concedeu favores a um amante suposto rico, com o fito de enriquecer, mas saiu logrado e não aufere riquezas porque se patenteia a pobreza do amante, nem por isso é menor a indecência; pois, no consenso geral, quem assim procede demonstra o que é, alguém capaz de prestar a quem quer que seja o serviço que for, por amor do dinheiro, o que não é decoroso. Pela mesmíssima razão, se alguém concedeu favores a um suposto virtuoso, com o fito de aperfeiçoar-se por via da amizade do amante, mas saiu logrado por se patentear aquele vicioso e desprovido de qualidades, ainda assim há decência no logro, pois esse também, no consenso geral, revela o que é, alguém disposto a prestar a quem quer que seja o obséquio que for, por amor à virtude e ao aperfeiçoamento; isso, outrossim, é o que há de mais decoroso.

Assim sendo, é por todos os títulos decente conceder favores por amor à virtude. Esse é o Amor da deusa Urânia, o Amor Urânio, de imensa importância para o estado e para os indivíduos, porque impõe, tanto ao amante quanto ao amado, uma ilimitada vigilância sobre si mesmos no sentido da perfeição. Os outros amores todos são da outra deusa, da Vulgar.

Essa, Fedro, concluiu Pausânias, é a minha contribuição, a bem dizer improvisada, a teu elogio do Amor.

*Soluços de Aristófanes*

Depois que *Pausânias pausou* (35) (quem me ensinou a trocadilhar assim foram os sofistas), a palavra, segundo Aristodemo, tocava a Aristófanes, mas, devido à repleção ou a alguma outra causa, estava atacado de soluços e incapaz de falar; disse, contudo, ao médico Erixímaco, que ocupava lugar imediato ao seu:

— Ó Erixímaco, é de justiça que tu ou me cures dos soluços ou fales em meu lugar até que eu sare.

— Farei ambas as coisas — respondeu Erixímaco. — Falarei na tua vez e tu na minha, quando sarares. Enquanto eu estiver falando, talvez te cessem os soluços espontaneamente com o reteres bastante tempo a respiração; se não, faze um gargarejo com água; mas se forem por demais resistentes, apanha alguma coisa com que possas fazer cócegas no nariz e espirra; se o fizeres uma ou duas vezes, por mais fortes que sejam, hão de passar.

— Vai falando — disse Aristófanes; — eu vou seguir tua prescrição.

*Fala de Erixímaco*

Então Erixímaco falou:

— A meu ver, uma vez que Pausânias, apesar do esplêndido arranque de seu discurso, não lhe deu um final terminante, necessariamente tenho de tentar eu o remate.

Acho que fez uma distinção feliz da duplicidade do Amor; porém, sua aplicação não só à alma humana em relação aos moços atraentes, mas também a outros seres e em relação a muitas outras coisas, aos corpos de todos os animais e ao que brota da terra e, por assim dizer, a tudo que existe, é observação que me vem, parece, da medicina, a minha especialidade; esta mostra esse deus, imenso e assombroso, estendendo o seu domínio sôbre tudo, tanto no âmbito humano como no âmbito divino. Começarei, pois, falando como médico, para prestar homenagem também à Ciência.

A natureza dos corpos comporta esse amor desdobrado; a saúde corporal e a moléstia são, não há discrepar, estados distintos e desiguais; ora, os desiguais desejam e amam os desiguais; um, portanto, é o amor do sadio e outro o do doentio.

Pois bem; se, como dizia há pouco Pausânias, é decoroso conceder favores aos homens distintos e indecoroso aos depravados, igualmente no que toca propriamente aos corpos, ao que há de bom e sadio em cada corpo é decoroso e obrigatório favorecer, e isso é o que se chama *medicar;* ao que há de mau e doentio, é indecoroso, antes se deve desfavorecer para merecer o nome de médico.

A medicina, numa definição concisa, é a ciência das disposições amorosas do corpo em face da repleção e do esvaziamento; quem diagnostica nesses amores qual o conveniente e qual o inconveniente é o mais apto na medicina; quem opera a transformação, fazendo o corpo adquirir um amor em substituição a outro, e sabe criar determinado amor nos corpos dele carecidos e necessitados, assim como extirpá-lo quando existente neles, será um facultativo competente. Porque tem de tornar capazes de ser amigos, de fazer com que se amem mutuamente as mais inimigas condições existentes no corpo; as mais inimigas são as mais opostas, o frio e o quente, o amargo e o doce, o seco e o úmido, todos os contrários que tais. Por ter sabido introduzir amor e concórdia nesses contrários é que nosso antepassado Asclépio ([36]), como dizem aqui os poetas e eu acredito, foi o fundador da nossa ciência.

A medicina, pois, dizia eu, é toda regida por esse deus. Da mesma forma, a ginástica e a agricultura. A música, quem quer o vê claramente, por menos atenção que preste, também se comporta como as ditas artes; é o que provavelmente queria dizer Heráclito ([37]), porque, afinal, suas expressões não foram claras. A unidade, diz ele, é uma composição oposta a si mesma, tal como a harmonia do arco e a da lira. Ora, é demasiado contra-senso fazer a harmonia consistir numa oposição ou compor-se de oposições subsistentes. Mas talvez quisesse dizer isto: do agudo e do grave, antes opostos, depois de se combinarem, nasce a harmonia, por efeito da arte musical; não poderia por certo haver harmonia, se o agudo e o grave continuassem a opor-se. A harmonia é uma consonância e a consonância um acordo. Ora, um acordo de opostos, enquanto se opuserem, é impossível e, doutro lado, é impossível harmonizar um oposto que não entra em acordo. Tal como o ritmo, que resultou do breve e do longo, depois que de opostos passaram a combinados. Quem introduz acordo em todos esses opostos é aqui a música, como lá a medicina, impondo amor e mútua concórdia. Assim, por sua vez, a música, no que toca à harmonia e ao ritmo, é uma ciência das disposições amorosas.

Ademais, nessa mesma constituição da harmonia e do ritmo, não é nada difícil diagnosticar a amorosidade e em parte alguma se depara aqui a duplicidade do amor. Todavia, quando se tem de usar de ritmo e harmonia em relação aos homens, seja criando — e a isso se chama composição — seja utilizando corretamente melodias e cadências já compostas — e a isso se deu o nome de execução — é aí que há dificuldade, requerendo um hábil artista.

Retorna, com efeito, o mesmo princípio de que aos homens morigerados e com o fito de se tornarem mais morigerados aqueles que ainda não o são é que devem ser concedidos favores e o seu amor é que deve ser preservado; esse é o amor decoroso, o Urânio, o amor da musa Urânia; o da Polímnia é o Vulgar, e cumpre ser prudente no empregá-lo com os seres com que vier a ser empregado, para dele se desfrutar o prazer sem que dê azo a nenhuma libertinagem; igualmente em nossa ciência, é importante operação utilizar os apetites relativos à arte culinária, de sorte que se desfrute o prazer sem prejuízo da saúde.

Tanto na música como na medicina e em tudo mais no âmbito humano e no divino, deve-se, tanto quanto é facultado, exercer vigilância sobre um e outro amor; porque ali estão ambos. Até a seqüência das estações do ano está cheia dos dois; quando ocorre, bem ordenado, amor recíproco entre os opostos há pouco referidos, o quente e o frio, o seco e o úmido, adquirindo harmonia e uma fusão acertada, eles vêm proporcionar abundância e saúde aos homens e aos outros animais e plantas; e nenhum mal lhes causam. Mas quando o amor arrebatado se torna predominante no que tange às estações do ano, estraga e danifica quase tudo; costumam originar-se daí as pestes, bem como muitas outras doenças diversas, tanto nos animais como nas plantas; com efeito, geadas, granizos, mangra, originam-se do excesso e do comportamento desordenado das relações recíprocas dessas disposições amorosas; desses fenômenos ocupa-se a ciência dos movimentos dos astros e das estações do ano, que se chama astronomia.

Mais ainda, o conjunto dos sacrifícios e ritos regidos pela adivinhação — e são eles o intercâmbio entre os deuses e os homens — não tem outro objetivo senão a preservação e a cura do amor. Toda impiedade, com efeito, provém, de ordinário, de se favorecer, respeitar e venerar, em toda atividade, não êsse amor bem ordenado, mas o outro, seja no tocante aos pais, em vida ou na morte, seja no tocante aos deuses. Para esse efeito é que se atribuiu à adivinhação a vigilância e a cura dos amores; doutro lado, a adivinhação deve o seu papel de operadora da amizade dos deuses e dos homens ao conhecimento de quais impulsos amorosos, nos seres humanos, tendem à obediência aos decretos divinos e à piedade.

Assim é que o amor, seja qual for, contém em conjunto um poder múltiplo, imenso, digamos universal; mas aquele que se realiza no que é bom, com moderação e justiça, assim entre nós como entre os deuses, esse possui o máximo poder, aparelha-nos toda felicidade e faculta-nos relações e amizade de uns para com os outros e para com os nossos superiores, os deuses.

É bem provável que, no meu elogio do Amor, tenha omitido muitos aspectos, mas não terá sido por gosto; se houve alguma omissão, cabe a ti, Aristófanes, preencher a lacuna; ou então, se tens acaso em mente um louvor diferente do deus, faze-lhe o elogio, uma vez que já te cessaram os soluços.

Recebendo a palavra, continua Aristodemo, Aristófanes disse:

— Cessaram bem cessados, mas não antes de lhes ser administrado o espirro. Admira-me que a boa ordem do corpo reclame semelhante estardalhaço e cócegas, de que o espirro é constituído. Palavra! cessaram apenas lhes administrei o espirro!

E Erixímaco:

— Meu caro Aristófanes, vê lá o que estás fazendo. Tu já provocas o riso antes de começares a falar, obrigando-me a vigiar teu discurso para evitar que digas coisas cômicas, quando bem podias discursar em paz.

Aristófanes riu-se e respondeu:

— Tens razão, Erixímaco; fica o dito por não dito. No entanto, não me montes guarda; não receio proferir, no que vou dizer, alguma coisa cômica — afinal, seria uma vantagem, além de muito próprio de minha Musa — mas sim, alguma coisa ridícula.

— Pensas, Aristófanes — volveu aquele — que vais escapar após disparada a seta? Não senhor; está atento e não esqueças em teu discurso que me vais prestar contas; contudo, talvez eu te perdoe, se achar que deva.

*Fala de Aristófanes*

— Realmente, Erixímaco — retomou Aristófanes ([38]) — pretendo falar de maneira diversa daquela que falastes tu e Pausânias.

A meu ver, os homens não se dão conta nenhuma do poder do Amor; se se dessem, ter-lhe-iam edificado os mais magníficos templos e altares, oferecer-lhe-iam os mais pródigos sacrifícios, não como agora, que nada disso ocorre em sua honra, quando devia mais que tudo ocorrer. Com efeito, dos deuses ele é o mais amigo dos homens, aliado que é da Humanidade e médico daqueles males cuja cura talvez seja a felicidade máxima da espécie humana. Eu, portanto, vou tentar instruir-vos sobre o seu poder e vós sereis os mestres dos demais.

É mister começardes por aprender o que é a natureza humana e as mudanças por que passou. Outrora, realmente, nossa constituição não era a mesma de hoje, mas diferente. Em primeiro lugar, os sexos da espécie humana eram três, não dois como hoje, masculino e feminino; havia ainda um terceiro, que participava de ambos aqueles; o nome conservou-se até hoje, embora o sexo mesmo tenha desaparecido; existia, naquele tempo, um que era o andrógino; participava, assim, no aspecto como no nome, de ambos os sexos, macho e fêmea; hoje não existe senão como um nome insultuoso. Em segundo lugar, a figura de cada homem estava inteira, sendo as costas redondas e as costelas em círculos; tinham quatro mãos, e pernas em número igual ao das mãos; sobre o pescoço bem redondo, dois rostos, em tudo iguais, mas o crânio, sobre os dois rostos colocados um ao contrário do outro, era um só; as orelhas, quatro; duas as pudendas e tudo o mais dobrado como daí se pode imaginar. Não só caminhava erecto, como presentemente, no sentido que quisesse, como também, toda vez que se lançava numa carreira veloz, girava as pernas em círculo e as reconduzia à vertical, como quem vira cambota; como então eram oito os membros em que se apoiava, avançava rapidamente rodando.

A razão de serem então os sexos em número de três e assim formados é que o masculino era primitivamente um rebento do Sol; o feminino, um da Terra e o comum-de-dois, um da Lua, porquanto também a Lua é comum-de-dois. Eram circulares, não só na figura como na locomoção, justamente por serem semelhantes a seus progenitores.

Eram, por conseguinte, dotados duma força e duma robustez formidáveis, inflados dum orgulho imenso; atreveram-se contra os deuses e também a eles se aplica o que diz Homero de Efialtes e Oto ([89]), o terem empreendido a escalada do céu para medir-se com os deuses.

Ora, Zeus e os outros deuses puseram em deliberação o que lhes cumpria fazer e viram-se embaraçados; matá-los, fulminá-los com um raio, como aos gigantes e extinguir a espécie, não era possível; extintas ficar-lhes-iam as honras prestadas pelos homens, bem como os templos; tampouco podiam tolerar a sua insolência.

Depois de muito excogitar, Zeus disse:

— Acho que descobri um jeito de existir a Humanidade, mas deixar de insubordinações: enfraquecê-la. Por ora — disse — vou cortar cada um dêles em dois; serão, ao mesmo tempo, mais fracos e mais proveitosos para nós, por aumentarem de número. Hão de andar erectos, sobre duas pernas; mas, se ainda acharem de ser arrogantes e não quiserem sossegar — disse, — tornarei a cortá-los em dois, de sorte que caminhem com uma perna só, aos pulinhos.

Dito isso, fendeu os homens em dois, como quem talha as sorvas para fazer conserva ou como quem corta os ovos com fios de cabelo. De cada um dos que fendia, mandava Apolo virar a cara e a metade do pescoço para o lado do corte, para que o homem, contemplando o seu talho, tivesse melhor comportamento; quanto ao resto, mandava-o medicar.

Apolo ia virando as caras e, arrepanhando de toda parte a pele sôbre a hoje chamada barriga, como quem fecha uma sacola, deixava uma abertura só que amarrava no meio da barriga; é o que se chama umbigo. Ia aplainando a maior parte das dobras restantes, que eram muitas, e modelava o peito, manejando um instrumento mais ou menos como o dos sapateiros que alisam na forma as rugas do couro; deixou, porém, umas poucas, as situadas em torno da barriga mesma e do umbigo, para memória da passada mudança.

Ora, fendido o físico em dois, cada metade sentia saudade da outra e juntavam-se; envolvendo-se com os braços e enlaçados uns nos outros, no desejo de unificar-se, iam morrendo da inanição e da completa desídia, por não se disporem a fazer nada um sem o outro. Toda vez que morria uma das metades e sobrava a outra, a restante buscava uma nova e se lhe enlaçava, quer topasse a metade duma, quando inteira, mulher (isto é, do que hoje chamamos mulher), quer dum homem; e dessa forma se iam acabando.

Condoído, Zeus atinou com um novo artifício; passou-lhes as pudendas para o lado da frente — pois, até então, traziam-nas do lado externo, gerando e reproduzindo-se, não uns nos outros, mas na terra, como as cigarras. Passou-lhas, pois, assim, para a frente, fazendo-os gerar por intermédio delas um no outro, o macho na fêmea.

A intenção era esta; se, naquela juntada, um macho encontrasse um fêmea, ocorria geração e a espécie se conservava; ao mesmo tempo, ainda que se encontrassem macho com macho, da união resultaria ao menos a satisfação e, aquietados, se entregariam ao trabalho, cuidariam dos outros interesses da vida. Data de tão longe, na espécie humana, o amor recíproco, o restaurador do físico primitivo, que procura de dois compor um e curar a natureza do homem.

Cada um de nós, portanto, é uma meia-senha humana, um ser fendido, como os solhos, um feito em dois, cada qual sempre em demanda da meia-senha correspondente. Todos os varões, pois, que são segmento do comum-de-dois, então chamado andrógino, são mulherengos e a maioria dos adúlteros deriva daquele sexo, e todas as mulheres caídas por homens e adúlteras procedem daquele sexo. Porém, todas as mulheres que são segmento de fêmea, não dão a mínima atenção aos varões; ao contrário, são mais voltadas para as mulheres, e daquele sexo é que procedem as lésbicas. Por fim, todos quantos são segmento de macho procuram o macho e, enquanto estão na infância, fatias que são de macho, gostam de homens, comprazem-se em deitar-se e enlaçar-se com homens. São eles os meninos e rapazes mais perfeitos, por serem, por natureza, os mais viris; há quem os acoime de desavergonhados, mas é falso; não fazem isso por sem-vergonhice, mas por arrojo, coragem, virilidade, pela atração do que lhes é semelhante.

Quereis uma prova? Os únicos que, na maturidade, acabam entrando na política são os homens dessa espécie. Homens feitos, são pederastas e por natureza desinteressados do casamento e da procriação, conquanto a isso os force o costume; a eles, basta-lhes a vida de solteiros, entre eles. Em todo caso, esses é que são os pederastas, amigos de amantes, sempre atraídos pelos do mesmo sexo.

Quando cada um, dos pederastas e dos outros, depara aquele exatamente que é a sua própria metade, passa por sensações extraordinárias de afeição, de parentesco e amor, sem ânimo, digamos assim, de separar-se um do outro, embora por breve tempo. Esses são os que atravessam a vida juntos, e não saberiam dizer o que desejam obter um do outro; ninguém pode pensar que é o gozo em comum a razão de um gostar da companhia do outro e trocarem tantas solicitudes; mas visivelmente a alma de cada um deseja uma outra coisa, que não pode exprimir; mas ela adivinha e dá a entender o que deseja.

Suponha-se que assomasse Hefesto ([40]), com sua ferramenta, quando estão deitados juntos, e perguntasse:

— Homens, que é o que desejais obter um do outro?

E, diante da sua perplexidade, tornasse a perguntar:

— O que desejais não é unir-vos um com o outro o mais possível, de modo que não vos aparteis um do outro noite e dia? Se é o que desejais, estou pronto a derreter-vos juntos e formar uma liga, de maneira que, sendo dois, fiqueis um; enquanto viverdes, vivais ambos em comunhão, como se fôsseis um e, quando morrerdes, sejais lá no Hades um em vez de dois, numa comunhão da morte. Bem, vede se é isso o que desejais e se tal sorte vos contentará.

Ouvindo essa proposta, sabemos, nenhum a rejeitaria nem mostraria nutrir desejo diferente, mas simplesmente creria ter ouvido aquilo a que há muito tempo aspirava, isto é, encontrar-se e fundir-se com o amado, tornados um, de dois que eram.

A razão disso é que nosso físico primitivo era o sobredito e estávamos inteiros; portanto, é ao desejo e à procura da integração que se dá o nome de amor. Anteriormente, como dizia, éramos um; atualmente, em conseqüência da nossa falta, estamos divididos pelo deus, tal como os árcades pelos lacedemônios.

É de se temer, portanto, que, se não formos bem comportados para com os deuses, venhamos a ser novamente divididos ao meio e tenhamos de locomover-nos como os perfis esculpidos em relevo nas estrelas, fendidos pela linha do nariz, transformados em meias-senhas. Por esses motivos, todo homem deve ser exortado a votar toda veneração aos deuses, a fim de escaparmos a um destino e lograrmos o outro, sob a guia e comando do Amor. Que ninguém o contrarie em seus atos — e o contraria quem se faz dos deuses odiado — porque, amistados e conciliados com o deus, havemos de encontrar e deparar os amados próprios nossos, o que atualmente poucos conseguem.

E não vá Erixímaco cair-me na cola, dizer por caçoada que aludo a Pausânias e Agatão. Realmente, é provável que eles sejam daqueles poucos; são ambos de físico macho. Assevero, porém, com relação a todos em geral, homens e mulheres, que o meio de ser feliz a nossa espécie é levarmos o amor a bom termo e cada um encontrar o seu amado próprio, retornando ao físico primitivo. Se aquele era a perfeição, necessariamente, nas presentes conjunturas, perfeito é o que dele mais se aproxima, isto é, topar um amado conforme, por natureza, com os nossos anelos.

Celebrando o deus autor desse benefício, ergueríamos, para ser justos, hinos ao Amor, que no presente mais serviço nos presta conduzindo-nos ao nosso próprio estado e também nos oferece as esperanças mais amplas de, no porvir, se observarmos a piedade para com os deuses, restaurar nosso físico primitivo e curar-nos, tornando-nos ditosos e bem-aventurados.

Aí está, Erixímaco, meu discurso sôbre o Amor. Saiu diverso do teu. Como te pedi, não vás fazer dêle caçoada, para podermos ouvir o que dirá cada um dos outros, ou melhor, dos dois, pois só restam Agatão e Sócrates.

— Bem eu te vou atender — respondeu Erixímaco. — Deveras, deu-me prazer o teu discurso; se não reconhecesse em Sócrates e Agatão profundos conhecedores de temas amorosos, muito recearia que lhes viesse a faltar assunto, tanto já se disse e com tanta variedade. Espero confiante, todavia.

Disse-lhe, então, Sócrates:

— Participaste com brilho do certame, Erixímaco; mas, se estivesses no meu lugar, pior, no lugar em que deverei estar apenas tenha Agatão terminado um lindo discurso, bem receoso te acharias e te sentirias em tudo e por tudo como me sinto eu agora.

### *Sócrates Inicia um Diálogo*

— Tu, Sócrates, me queres envenenar — disse Agatão — com a idéia perturbadora de grande expectativa da platéia, de que eu fale brilhantemente.

— Ruim memória a minha, Agatão — retrucou Sócrates, — se, depois de ver com que coragem e altivez subiste ao palco com os atores e encaraste, sem o mínimo abalo, auditório tão numeroso no momento de lhe apresentares uma obra tua, imaginasse agora te possa perturbar o pequeno número de homens que somos.

— Por que não, Sócrates? — volveu Agatão. — Decerto não me acreditas tão atufado de teatro que ignore serem para uma pessoa sensata muito mais de temer uns poucos inteligentes do que uma multidão de imbecis?

— Eu andaria bem errado, Agatão, imaginando em ti um nadinha de impolidez. Não; sei bem que, deparando pessoas que tivesses por sábias, farias delas mais caso que da multidão. Meu receio é não sejamos nós essas pessoas; afinal, nós estávamos lá e éramos parte da multidão. Mas, se encontrasses outras pessoas, gente sábia, decerto corarias diante delas à idéia de estares fazendo algo desairoso. Não concordas?

— Dizes a verdade — respondeu.

— Diante da multidão não corarias à idéia de praticares um ato desairoso?

Nisso, conta Aristodemo, interveio Fedro, dizendo:

— Meu caro Agatão, se responderes a Sócrates, nada mais lhe importará o rumo de nosso entretenimento presente; basta-lhe ter com quem conversar, tanto mais se for um homem atraente. Tenho prazer em escutar as conversas de Sócrates, mas é imprescindível que zele pelo elogio do Amor e cobre de cada um de vós a contribuição de seu discurso. Quando um e outro tiverem pago ao deus, então poderão conversar.

### *Fala de Agatão*

— Tens razão, Fedro — respondeu Agatão — e nada impede que faça meu discurso; terei depois muitas ocasiões de conversar com Sócrates. Mas desejo dizer primeiro como devo fazê-lo e discorrer depois.

Todos os que me precederam com a palavra, parece, em vez de tecerem o elogio do deus, congratularam-se com os homens pelos benefícios proporcionados por ele; em virtude de quais predicados lhes fez esse deus aqueles dons, nenhum o disse. Só há um modo certo de fazer o elogio que for do que quer que seja: é discorrer sobre os atributos que fazem o merecimento do alvo do elogio. Faremos ao Amor o elogio devido, dizendo, primeiro, de suas qualidades e, depois, de suas dádivas.

Eu afirmo, pois, que de todos os deuses, embora felizes todos, o Amor, se é lícito dizê-lo sem despertar ciúmes, é o mais feliz, por ser o mais belo e o melhor.

É o mais belo pelas seguintes qualidades: primeiro, por ser o mais jovem, Fedro. Prova concludente do argumento ele próprio ministra, quando foge para longe da velhice, a qual, evidentemente, é veloz, pelo menos corre em nossa direção mais ligeira do que é preciso; o Amor lhe tem uma aversão natural e não se aproxima dela nem a distância. Mas com a mocidade sempre se junta e fica. Diz certo o velho rifão: *cada qual com seu igual.*

Embora concordando em muitas outras coisas com Fedro, não concordo em fazer o Amor mais antigo que Crono e Jápeto ([41]). Sustento, ao contrário, que é o mais novo dos deuses e sempre jovem, e aquelas velhas desavenças contadas a respeito dos deuses por Hesíodo e Parmênides, se não mentiram, criou-as a Necessidade, não o Amor; não teria havido mutilações nem mútuos agrilhoamentos, nem tantas outras violências, se estivesse o Amor entre eles, mas amizade e paz, como atualmente, depois que passou a reinar sobre os deuses o Amor.

Portanto, é jovem e, sobre jovem, delicado. Mas falta-lhe um poeta, um Homero, que dê a conhecer a sua delicadeza. Com efeito, diz Homero que a Fatalidade é uma deusa delicada, ao menos que tem pés delicados, quando canta ([42]):

> *Seus pés são delicados; pois não corre*
> *pisando o chão; ela, ao invés, caminha*
> *nas cabeças dos homens.*

Ele parece mostrar a delicadeza por um testemunho gracioso, fazendo-a caminhar não sobre algo duro, mas sôbre algo tenro.

Usemos também nós do mesmo testemunho da delicadeza do Amor; ele não caminha no chão, nem sobre crânios, que não são assim tão tenros, mas anda e mora no que há de mais tenro no mundo, pois constrói sua morada no caráter e na alma dos deuses e dos homens; não, porém, indiferentemente em toda alma; daquela em que topa um caráter duro ele se afasta; naquela em que depara um delicado ele se aloja. Portanto, sempre em contacto, com os pés e com todo o seu ser, com o que há de mais delicado entre as coisas mais delicadas, por força tem de ser delicadíssimo.

É, pois, o mais novo e o mais delicado; além disso, sua consistência é aquosa. Aliás, não teria aquela flexibilidade onímoda, nem, para começar, poderia, despercebido, entrar em toda alma e sair, se fosse duro.

De sua flexibilidade e de sua natureza aquosa uma grande prova é a graciosidade que, no consenso universal, o Amor possui em alto grau; a desgraciosidade e o Amor se batem numa guerra perene.

A beleza da pele do deus é atestada por sua dieta de flores, pois o Amor não pousa em corpo ou alma ou qualquer outra coisa que não dê ou já tenha deixado de dar flores, mas onde houver um lugar florido e perfumado, ali pousa, ali fica.

Quanto à beleza do deus, basta esse argumento, embora restem muitos outros; devo falar agora das virtudes do Amor. A mais importante é que o Amor nem comete nem sofre injustiças, nem contra nem da parte dum deus, nem contra nem da parte dum homem. Com efeito, nenhuma violência padece, se algo padece, porque a violência não atinge o Amor, nem a pratica em suas ações, porque ao Amor todos servem de bom grado em tudo; ora, naquilo em que de parte a parte se concorda de bom grado consiste o Direito, dizem as *Leis, raínhas da cidade*.

Além da justiça, ele tem um grande quinhão de temperança. Segundo opinião geral, a temperança consiste no domínio dos prazeres e dos apetites; doutro lado, não há prazer mais forte que o Amor. Se, por serem mais fracos, são dominados pelo Amor e se este é um vencedor que subjuga os prazeres e os apetites, o Amor é dotado duma extraordinária temperança. Outrossim, no tocante à bravura, *nem Ares pode competir* com o Amor. Com efeito, não é Ares quem agarra o Amor, mas o Amor quem agarra Ares; o de Afrodite, diz a tradição. Ora, o que agarra é mais forte que o agarrado; se ele subjuga o mais valente dos outros, tem de ser o mais valente de todos.

Já disse de sua justiça, temperança e bravura; resta dizer de sua sabedoria; devo esforçar-me quanto posso por não omitir nada. Primeiramente, para homenagear, por minha vez, a minha arte, como Erixímaco a sua, o deus é um hábil poeta tanto que pode tornar poetas os outros; pois não há quem não se torne poeta, quando tocado pelo Amor, ainda que *seja iletrado antes.* Desse testemunho nos quadra bem lançar mão para provar que o Amor é um excelente criador em geral em todo gênero de criação no domínio artístico; com efeito, o que não se tem ou não se sabe não se pode dar ou ensinar a outrem.

Outrossim, quanto à criação de todos os seres vivos, — quem o contestará? — é por uma das habilidades do Amor que se geram e nascem todos os viventes.

Mas, considerando a criação nas artes, não sabemos que adquire fama e lustre aquele de quem esse deus se faz mestre, e permanece obscuro aquele que o Amor não toca? A arte do frecheiro, a do médico e a do adivinho, Apolo as inventou guiado pelo desejo e pelo Amor, de sorte que ele também terá sido um discípulo do Amor. Igualmente as Musas, na música; Hefesto, na fundição; Atena [43], na tecelagem e Zeus *no governo dos deuses e dos homens.*

Tem a mesma origem a organização das relações entre os deuses, depois de aparecido o Amor; evidentemente, o Amor da beleza, porque da fealdade não decorre amor. Até então, como disse no começo, aconteciam aos deuses, segundo a tradição, muitas coisas terríveis, por exercer o império a Necessidade; mas depois de nascido esse deus, do amor das coisas belas derivaram todos os bens, não só para os deuses, mas também para os homens.

Assim, Fedro, sou de opinião que o Amor, por ser ele próprio, em primeiro lugar, belíssimo e boníssimo, é, em seguida, quem suscita outras qualidades semelhantes nos outros seres.

Ocorre-me dizer algo em versos; que é ele quem faz

*paz entre os homens e, no mar, bonança;*
*calma do vento recolhido ao leito*
*e o sossego do sono entre os cuidados.*

Ele esvazia-nos da indiferença e a alma nos enche de benquerença, promovendo todas as reuniões entre nós, como a presente, assumindo a direção nas festividades, nos coros, nos sacrifícios; ele a lhaneza instila e a aspereza exila, ele afetos distribui e para os ódios não contribui; ele é propício aos bravos; dos sábios contemplado, dos deuses admirado; cobiça de quem não partilha, tesouro de quem compartilha; pai do Requinte, da Ternura, da Volúpia, das Graças, do Desejo, da Saudade; é quem pelos bons zela e pelos maus não vela; na dor, no medo, nos anseios, na loqüela, um piloto, um combatente; camarada de armas e salvador inexcedível; mantenedor supremo da ordem entre os deuses e entre os homens; regente o mais belo e capaz, a quem devemos seguir, todos os homens, entoando com harmonia seus hinos, participando dos cantares com que ele enfeitiça a mente de todos os deuses e homens.

Seja minha oferenda ao deus esse discurso, Fedro — concluiu — obra minha, composta, quanto sou capaz, de tanto chiste quanta seriedade.

*Sócrates Faz Crítica*

Quando Agatão terminou, conta Aristodemo, todos os presentes aclamaram tumultuosamente a finura das palavras do moço, dignas dele e do deus. Então, Sócrates, voltando-se para Erixímaco:

— Ora, pois — disse, — ó filho de Acúmeno, achas infundado o receio que eu tinha? não falei como profeta ao dizer, há pouco, que discorreria Agatão maravilhosamente e ficaria eu no embaraço?

— Num ponto — replicou Erixímaco — me pareces ter falado como profeta: na beleza do discurso de Agatão; quanto a te embaraçares tu, não creio.

— Mas como não me hei de embaraçar, meu caro — tornou Sócrates, — eu ou quem quer que tenha de falar depois de pronunciado discurso tão belo e tão variado? Tudo nele, embora não por igual, foi maravilhoso; mas, na peroração, quem não se emocionaria ouvindo a beleza do vocabulário e do fraseado? Tanto é assim, que a idéia de não ser capaz de dizer nada de beleza sequer aproximada quase me faria escapulir de vergonha, se houvesse um jeito. Deveras, esse discurso me lembrava Górgias (44), dando-me, sem tirar nem pôr, a sensação referida por Homero: medo de que, em seu discurso, Agatão acabasse por lançar sôbre o meu a cabeça de *Górgias*, o orador formidável, deixando-me sem palavras, petrificado! Compreendi, então, quão ridículo fui quando me comprometi convosco a celebrar a meu turno os louvores do Amor, dando-me por entendedor profundo de assuntos amorosos, sem de fato saber nada de como se deve fazer o elogio do que quer que seja. Na minha necedade, supunha ser preciso, em cada caso, dizer verdades sôbre o objeto dos louvores; o fundo seria esse; partindo dessas verdades, escolher as mais belas e dispô-las na ordem mais esmerada. E me enfatuava supinamente com a presunção de fazer um belo discurso por saber a verdadeira arte de todo e qualquer elogio. Todavia, ao que vejo, não consistia nisso o louvor correto do que quer que seja, mas sim em atribuir ao objeto méritos os mais valiosos e belos possíveis, fôsse ou não fôsse assim na realidade. Se os méritos fôssem falsos, que importava? O que se combinou antes, ao que vejo, foi simular cada um de nós fazer um elogio do Amor, não fazê-lo de fato. Essa, quero crer, a razão de moverdes céus e terra para tudo conferir ao Amor, dando-lhe uma natureza tal e atribuindo-lhe benefícios tamanhos, que ele surja como o mais belo dos seres e o mais bondoso; aos olhos de quem não o conheça, é claro, pois aos de quem o conhece não poderia ser. Sai um elogio bonito e solene! Bem, assim sendo, eu não sabia como se faz o elogio e, por não o saber, comprometi-me a também eu pronunciar um, na minha vez. *Juraram* (45) os *meus lábios, não minh'alma!* Adeus! Já não farei o elogio, se é assim; eu não seria capaz. Não obstante, se o quiserdes, estou pronto a dizer coisas verdadeiras, à minha moda e não à dos vossos discursos; não quero cair no ridículo! Vê, pois, Fedro, se vos interessa escutar semelhante discurso, uma dissertação verídica sobre o Amor, com vocabulário e arranjo de frases ao sabor do acaso.

Então, Fedro e os outros, conta Aristodemo, convidaram-no a falar da maneira que lhe parecesse certa.

### *Sócrates Trava Novo Diálogo*

— Ainda uma coisa, Fedro; permite-me dirigir umas perguntinhas a Agatão, para que, antes de falar, tenha com ele uns pontos de acôrdo.

— Pois não! Permito — respondeu Fedro: — faze as tuas perguntas.

Após isso, conta Aristodemo, Sócrates começou mais ou menos assim:

— Sem dúvida, meu caro Agatão, fizeste muito bem, na minha opinião, em preceder teu discurso da advertência de que cumpria em primeiro lugar mostrar qual a natureza do Amor e depois as suas obras. Gostei imenso desse exórdio. Por obséquio, a respeito do Amor, já que, de resto, discorreste com beleza e magnificência sobre sua natureza, dize-me também isto: é da essência do Amor ser amor dalguma coisa, ou não é amor de nada? Não estou perguntando se é amor de certa mãe ou de certo pai (ridícula pergunta seria "se Amor é amor de pai ou de mãe"), mas, por exemplo, se eu perguntasse sobre a idéia essencial de *pai*: *Pai* é o pai de alguém ou não? tu me responderias, decerto, para dares uma resposta correta, que *pai* é pai dum filho ou duma filha. Não é assim?

— Sem a mínima dúvida — respondeu Agatão.

— Não se dá o mesmo com *mãe*?

Ele admitiu também isso.

— Continua respondendo ainda um pouco — prosseguiu Sócrates — para te aprofundares mais no meu pensamento. Se eu perguntasse: Adiante! *Irmão,* essencialmente, é irmão de alguém, ou não?

Agatão respondeu que sim.

— Não é dum irmão ou duma irmã?

Êle concordou.

— Tenta agora — continuou Sócrates — aplicar isso ao Amor; o Amor é amor de nada ou dalguma coisa?

— Dalguma coisa, sem dúvida.

— Bem, — volveu Sócrates — guarda à vista essa resposta, reservando contigo o *do que.* Dize apenas isto: se o Amor deseja aquilo de que ele é amor, ou não.

— Não há dúvida, — confirmou Agatão.

— Aquilo que ele deseja e ama, o Amor o deseja e ama quando o possui ou quando não?

— Provavelmente quando não o possui — respondeu.

— Examina — continuou Sócrates — se, em vez de provável, não é forçoso desejar quando se carece e não desejar quando não se careça. Eu tenho, Agatão, uma prodigiosa impressão de que é forçoso. Que achas tu?

— Eu tenho a mesma impressão — respondeu.

— E com razão. Acaso alguém quereria ser corpulento, se já é corpulento? ou forte, se já é forte?

— Impossível, de acordo com o que admitimos.

— Porque não poderia carecer dos atributos enquanto os tem.

— Deveras.

— Com efeito, se, sendo forte, quisesse ser forte — disse Sócrates — e ligeiro, sendo ligeiro, sadio, sendo sadio... Alguém pode, talvez, supor, nos exemplos citados e noutros semelhantes, que as pessoas dotadas e possuidoras de certas qualidades desejem as qualidades que já têm. Não nos deixemos confundir; por isso é que estou exemplificando.

Se refletires, Agatão, essas pessoas têm, no momento, necessariamente, cada uma das qualidades que têm, queiram ou não queiram; como poderiam ter esse desejo? Não é? Quando, porém, alguém nos dissesse: "Eu tenho saúde e quero ter saúde; tenho riqueza e quero ter riqueza; logo, desejo as mesmas coisas que tenho", poderíamos dizer-lhe: "Tu, homem, enquanto tens riqueza, saúde e vigor, queres tê-los também no futuro, pois que no presente os tens, quer queiras, quer não; vê, pois, se, dizendo "desejo o que tenho", não dizes apenas isto; "desejo que não me falte no futuro o que tenho agora". Êle deixaria de concordar?

Agatão disse que não, segundo Aristodemo; então, Sócrates foi adiante:

— Isso não é desejar aquilo que ainda não está à mão, nem se tem, isto é, a conservação e posse daqueles bens no porvir?

— Sem dúvida alguma — respondeu.

— Tanto esse, pois, como todo aquele que nutre desejo, deseja o que não está ao alcance, o que não está presente. Aquilo que ela não tem, o que ela mesma não é e de que carece, tais são as coisas de que uma pessoa tem desejo e amor.

— Sem dúvida — admitiu Agatão.

— Prossigamos — disse Sócrates; — recapitulemos os pontos de acordo. O amor é o desejo, em primeiro lugar, dalguma coisa; em segundo, só de coisas que estejam faltando. Não é?

— Sim — respondeu.

— Junto com isso, recorda o que em teu discurso dizias ser o Amor. Se preferes, vou eu te lembrar; dizias, creio, algo assim como terem-se as relações entre os deuses organizado por via do amor do belo, pois não existe amor do feio. Não dizias mais ou menos isso?

— Sim, dizia-o — confirmou Agatão.

— E o confirmas muito a propósito, meu amigo — tornou Sócrates. — Se assim é, o Amor só pode ser desejo do belo, nunca do feio?

Agatão concordou.

— Não ficou assentado que o que se deseja é aquilo que está faltando e não se tem?

— Sim — respondeu.

— Então, o Amor carece de beleza e não a tem?

— A conclusão se impõe — reconheceu.

— Mas como? Uma coisa carecida de beleza, que não tem beleza de forma alguma, dirás tu que é bela?

— Claro que não.

— Continuas a admitir que o Amor é belo, assim posta a uestão?

Então, Agatão reconheceu:

— Provavelmente, Sócrates, eu não sabia nada do que estava falando naquele momento.

— Sem embargo — asseverou Sócrates — fizeste, Agatão, um lindo discurso. Mais uma pequena pergunta: Não achas que as coisas boas são belas também?

— Acho.

— Logo, se o Amor carece do que é belo e as coisas boas são belas, ele carecerá das coisas boas.

— Sócrates — admitiu Agatão, — eu não seria capaz de manter um debate contigo. Bem; admitamos que é como dizes.

*As Lições de Diotima*

— Oh! Não! Não é verdade, querido Agatão, que não sejas capaz dum debate comigo; Sócrates não oferece dificuldades.

Contudo, deixo-te em paz agora e passo à palestra sobre o Amor, que ouvi um dia a uma dama de Mantinéia, Diotima ([46]). Era entendida nessa matéria e em muitas outras; certa vez, fazendo os atenienses oferecer sacrifícios antes da peste, ela retardou a epidemia dez anos. Foi ela quem me instruiu em matéria de amor... Ora, pois, tentarei recompor a conversa que ela sustentou, com base naquilo em que chegamos a acordo eu e Agatão, usando, como puder, de meus próprios recursos. Sem dúvida, Agatão, devemos, como aconselhavas, explicar, primeiro, o que é o Amor e como é; depois, as suas obras. Acho mais fácil dar à exposição o rumo por onde aquela estrangeira guiava as perguntas que me fazia. Com efeito, eu lhe dissera mais ou menos o mesmo que me vinha dizendo agora Agatão: que o Amor era um grande deus, que era o amor da beleza... e ela me refutou com os mesmíssimos argumentos que eu a ele; segundo meus próprios raciocínios, nem era belo, nem bom. E eu:

— Que dizes, Diotima? — perguntei; — o Amor, feio e mau?!

Ela:

— Não blasfemes. Acaso achas que, se uma coisa não é bela, tem de ser forçosamente feia?

— Mas é claro!

— E o que não é saber é ignorância? Não compreendeu que, entre saber e ignorar há um meio-termo? Formar opiniões acertadas ([47]) sem ser capaz de dar as suas razões, ignoras tu — disse ela — que não é saber (que saber seria esse, sem razões?) nem ignorância (que ignorância seria essa, dona da verdade?) Deve existir algo como uma *opinião acertada,* meio-termo entre o conhecimento e a ignorância.

— O que dizes é verdade — reconheci.

— Portanto, não consideres necessariamente feio o que não for belo, nem mau o que não for bom. Assim com o Amor; admitindo que ele não é bom nem belo, nem por isso vás imaginá-lo necessariamente feio e mau, mas um meio-termo entre esses opostos — concluiu.

— Não obstante — insisti, — todos admitem ser ele um grande deus.

— Tu dizes todos os que não sabem, ou também os que sabem?

— Ora, todos, sem exceção.

Ela deu uma risada.

— Como poderiam, Sócrates, admitir ser êle um grande deus aquêles que chegam a negar sua divindade?

— E quem são êsses? — perguntei.

— Um — respondeu ela — és tu; outra sou eu.

— Como podes dizer isso? retruquei.

E ela:

— É fácil. Dize-me: não afirmas que todos os deuses são felizes e belos? ou terias a coragem de dizer que algum deus não é belo e feliz?

— Eu não, por Zeus! — protestei.

— Por feliz não entendes quem possui as coisas boas e belas?

— Certamente.

— Pois bem, tu admitiste que o Amor, pela carência das coisas boas e belas, desejava essas mesmas coisas de que carecia.

— Sim; admiti.

— Logo, como pode ser um deus um ente carecido das coisas boas e belas?

— De modo algum, ao que parece.

— Estás vendo, então? Também tu não consideras o Amor um deus.

— O que seria, então, o Amor? — perguntei; — um mortal?

— Absolutamente não.

— Mas, então, o quê?

— Como nos exemplos anteriores — respondeu ela, — um meio-termo entre mortal e imortal.

— Afinal, o quê, Diotima?

— Um grande espírito, Sócrates; realmente, todo espiritual situa-se entre o divino e o mortal.

— Com que atribuições? — perguntei.

— Com as de intérprete, que transmite aos deuses as mensagens dos homens, e aos homens as dos deuses; de uns, as súplicas e oferendas, de outros, os mandamentos e a retribuição das oferendas; situado entre estes e aqueles, preenche o vão, de sorte que o todo fica unido a si próprio. Por obra sua funciona toda vaticinação, assim como a técnica dos sacerdotes, no tocante aos sacrifícios e iniciações, bem como aos encantamentos e a toda adivinhação e magia. Um deus não se mistura com os homens, mas através daquele ser se realiza todo contacto e comunicação dos deuses com o homem, quer na vigília, quer no sono. O entendido naquelas artes é um homem inspirado; o entendido nas outras matérias, como nos ofícios e nas artes manuais, é o artesão. Tais espíritos são numerosos e de toda espécie; o Amor vem a ser um dêles.

— Quem é o pai e quem a mãe? — perguntei.

— A história é um tanto longa — respondeu; — contudo, vou contá-la. No dia em que Afrodite nasceu ([48]), os deuses davam um banquete. Achava-se entre eles o filho de Astúcia, que é Engenho. Acabado o banquete, chegou Penúria, para mendigar, visto que havia mesa farta, e parou à porta. Entretanto, Engenho, ébrio de néctar — o vinho ainda não existia — saiu para o jardim de Zeus e caiu num sono pesado. Penúria, eternamente em dificuldades, entendeu de ter um filho de Engenho; deitou-se com ele e concebeu o Amor. Eis uma das razões de se ter tornado o Amor companheiro e servo de Afrodite: ter sido concebido no nascimento dela; outra é ser Afrodite bela e ele, por natureza, um amante do belo. Filho, pois, de Engenho e Penúria, o Amor teve esta sina: primeiro, é um eterno mendigo, longe de ser um ente mimoso e bonito, como pensa a maioria; ao contrário, é aturado, poento, descalço, sem teto, sempre deitado no chão, sobre terra nua, dormindo ao relento nas soleiras e nos caminhos, porque herdou a natureza da mãe e passa a vida na indigência. Mas, puxando pelo pai, vive espreitando o que é belo e bom, porque é viril, acometedor, teso um caçador exímio, sempre a urdir suas malhas, ávido de inventivas e talentoso, passando a vida a filosofar, um mago extraordinário, um feiticeiro, um sofista. Ademais, não nasceu imortal nem mortal, mas, no mesmo dia, ora viça e vive, ora falece, para de novo surgir vivo quando entra a operar a natureza engenhosa que lhe vem do pai. Todavia, a renda dos seus talentos sempre se lhe esvai, de sorte que o Amor nunca está na miséria e nunca na opulência. Também fica a meio caminho entre o saber e a ignorância. Eis a explicação: deus nenhum se entrega à filosofia, nem aspira a tornar-se sábio, porque já o é; nem se entrega à filosofia outro qualquer que seja sábio; por sua vez, os ignorantes não se ocupam de filosofia, nem aspiram a ser sábios; pois nisto mesmo consiste a desgraça do ignorante, em julgar, não sendo distinto nem inteligente, que o é quanto lhe basta; porquanto quem não se crê carecido não aspira àquilo que não imagina lhe falte.

— Então, Diotima — perguntei, — quem se ocupa de filosofia, se não são os sábios nem os ignorantes?

— Isso — respondeu — é claro até para uma criança: são os que se acham a meio caminho entre aquêles e estes, e no seu número pode ser contado o Amor. Com efeito, o saber está entre as coisas mais belas e o Amor é desejo do belo; portanto, forçosamente o Amor é um filósofo e, sendo filósofo, está situado entre o sábio e o ignorante. Ainda é sua origem a causa disso, pois é filho dum pai sábio e industrioso e duma mãe ignorante e apalermada. A natureza dêsse espírito, meu caro Sócrates, é essa. Quanto ao que imaginavas fôsse o Amor, nada de admirar no teu engano; crias, segundo depreendo de tuas palavras, que o Amor fosse o objeto amado e não o amante; daí, penso, veres no Amor uma suprema beleza. Na realidade, o ente amável é que é belo, mimoso, perfeito e merecedor da felicidade; o amante, êsse tem outra figura, a que te descrevi.

Então eu disse:

— Concedo que assim seja, estrangeira, porque falas tão bem. Sendo o Amor o que dizes, que serventia tem para os homens?

— Êsse ponto, Sócrates, tratarei de ensinar-te em seguimento daquele. De fato, tal é o Amor e tal a sua origem. É o amor do belo, como dizes. Se alguém nos perguntar: "Que vem a ser o amor do belo, ó Sócrates e Diotima?" ou, com mais clareza: "Amar as coisas belas é sentir um desejo; desejo do quê?"

— De possuí-las — respondi.

— Bem, essa resposta ainda suscita uma pergunta como esta: "Que acontecerá a quem vier a possuir as coisas belas?"

Eu confessei não ter à mão absolutamente nenhuma resposta àquela pergunta.

— Bom — disse ela — é como se alguém, substituindo *belo* por *bom*, perguntasse: "Dize-me lá, Sócrates: amar as coisas boas é sentir um desejo; desejo do quê?"

— De possuí-las — respondi.

— E que acontecerá a quem vier a possuir as coisas boas?

— Para isso — respondi, — tenho resposta fácil: será feliz.

— Sim, por ser pela posse das coisas boas que os felizes são felizes e não é preciso perguntar ainda para que quer ser feliz quem o quer; essa resposta parece dar o remate.

— É verdade o que dizes — disse eu.

— Esse desejo e esse amor, pensas que são comuns a todos os homens e que todos desejam possuir as coisas boas para sempre? Dirias outra coisa?

— Diria isso — respondi; — que é comum a todos.

— Por que, pois, Sócrates — tornou ela, — em vez de dizermos, de todos os homens, que amam, se deveras todos desejam as mesmas coisas e sempre, de alguns o dizemos, de outros não?

— Isso — respondi — também a mim causa espanto.

— Bem, não te espantes; é que, tendo distinguido uma das formas de amar, nós a denominamos amor, aplicando-lhe o nome de todas; para as outras, servimo-nos de nomes diversos.

— Como por exemplo? — pedi.

— Eis um exemplo: como sabes, criação é palavra de grande amplitude, pois é criação toda causa de qualquer passagem do não-ser para o ser, de modo que as obras de todas as artes são criações e os autores delas são todos criadores.

— É verdade o que dizes.

— Contudo — disse ela, — como sabes, não os chamamos criadores, mas eles têm nomes diversos. Do conjunto das criações, distinguimos uma parte, a da música e metro, e a designamos pelo nome do todo; só ela se chama poesia ([49]), isto é, criação, e aos possuidores dessa parte da criação chamamos poetas, isto é, criadores.

— Dizes a verdade — disse eu.

— Com o amor se dá o mesmo. Em seu sentido geral, o *amor sem limites e em tudo ardiloso* é todo desejo das coisas boas e da felicidade. Contudo, de uns que a ele se entregam por muitas e variadas formas, seja na faina dos negócios, seja nos exercícios ginásticos, seja no estudo da filosofia, não dizemos que amam, nem que são amantes; mas outros, que seguem determinada forma com afã, esses detêm as designações gerais de *amor, amar, amantes.*

— É possível que estejas dizendo a verdade — disse eu.

— E há uma teoria — prosseguiu ela — segundo a qual amar é estar à procura de sua própria metade! Minha teoria, porém, afirma que o objeto do amor não é nem a metade, nem o inteiro, salvo, meu amigo, se por acaso são uma coisa boa; porquanto os homens estão prontos a amputar até os pés e as mãos, se lhes parecer que os seus não prestam; pois não é ao que é seu que cada um se apega, penso eu, exceto se a gente chama bom ao que é seu ou de sua pessoa, e mau o alheio. Tanto é verdade que os homens não amam senão o que é bom. Discordas?

— Eu não, por Zeus! — respondi.

— Portanto — prosseguiu ela, — podemos dizer assim simplesmente que os homens amam o que é bom?

— Sim — respondi.

— Sim? Não se deve acrescentar — disse ela — que eles desejam seja seu o que é bom?

— Deve-se.

— Acaso não apenas que o seja, mas que o seja sempre?

— Isso também se deve acrescentar.

— Logo, o amor, em síntese — concluiu — é o desejo da posse perpétua do que é bom.

— Dizes o que há de mais verdadeiro — disse eu.

— Se amar é sempre o que acabamos de ver — volveu ela — daríamos o nome de amor ao afã e esforço intensos de quem procura atingi-lo de certa maneira e por determinados atos; qual essa maneira? Quais esses atos? Essa operação, em que consiste? Sabes dizer?

— Se soubesse, Diotima — respondi, — eu não seria um admirador de teu saber, nem freqüentaria tuas aulas para aprender precisamente isso.

— Bem, eu to vou dizer. Consiste numa procriação no belo; não só segundo o corpo; também segundo a alma.

— O que estás dizendo requer um poder divinatório — atalhei; — não o compreendo.

— Bem, falarei mais claro. Há em todos os homens, Sócrates, uma prenhez, não só segundo o corpo, como também segundo a alma. Quando chegamos a determinada idade, nossa natureza anseia por dar à luz; mas esse parto lhe é impossível no domínio da fealdade; só no da beleza. Com efeito, a união do homem e da mulher é uma procriação; há, na gestação e no parto, um fato de ordem divina, atributo imortal inerente a um ser vivo que é mortal. Sua produção é impraticável num meio discordante e a fealdade destoa de tudo que é divino, enquanto a beleza se harmoniza. Na procriação, a Beleza faz os papéis de Parca ([50]) e de Ilitia. Por essa razão, sempre que se aproxima do que é belo, o gestante sente um bem-estar, um derretimento de gozo, e tem um parto feliz; mas sempre que se acerca do que é feio, encolhe-se, sombrio e aflito, esquiva-se, recusa-se e não pare, antes, retendo o seu fruto, entra a padecer. Daí provém ao ser prenhe e já pejado tamanha emoção diante do belo, porque a posse deste o liberta de suas fortes dores. Porquanto, Sócrates, não se trata do desejo do belo, como pensas tu.

— Então, do quê?

— De gerar e de parir na beleza.

— Vá lá que seja — disse eu.

— Não cabe a mínima dúvida — insistiu ela. E por que de gerar? Porque a geração é, para um mortal, a perpétua renovação, a imortalidade. É conclusão necessária dos pontos admitidos que o desejo da imortalidade acompanha o do que é bom, se o Amor é o desejo de possuir para sempre o que é bom; é conclusão certamente necessária desse raciocínio ser o Amor desejo também da imortalidade.

Isso tudo ela ensinava, quando discorria sobre assuntos de Amor. Perguntou-me certa vez:

— Qual Sócrates, na tua opinião, a causa desse amor e desse desejo? Não notas em todos os brutos, quer nos terrestres, quer nos do ar, um comportamento estranho quando desejam reproduzir-se, adoecidos todos com os sintomas do amor, primeiro no tocante à união de uns com os outros, depois no tocante à criação da prole? Por esta estão prontos mesmo a lutar os mais fracos com os mais fortes, até a morrer, perecendo eles próprios de fome para poder sustentá-la e fazendo qualquer outro sacrifício. Os homens — acrescentou — pode-se pensar que obrem assim por reflexão; mas nos brutos, qual a causa de amor tão entranhado? Sabes dizer?

Tornei a confessar que não sabia. Ela advertiu:

— Pretendes ser um dia um entendido em assuntos amorosos, quando não tens idéia disso?

— Mas, Diotima, por que, como te disse há pouco, vim ter contigo, senão por saber que necessito de mestres? Pois bem, dize-me a causa desse e dos demais fenômenos de natureza amorosa.

— Ora — disse ela, — se estás convencido de que o objeto natural do amor é aquele sobre o qual tantas vezes chegamos a acordo, de que te admiras? Neste exemplo temos a mesma teoria daquele outro; a natureza mortal procura, na medida do possível, ser eterna e imortal. E ela só o pode ser por esse meio, a reprodução, pela qual sempre substitui o velho por outro novo; tanto é assim que, no termo *viver* quando aplicado a cada um dos seres animados, está implícito que ele permanece o mesmo; por exemplo, diz-se que uma pessoa é a mesma da infância à velhice; embora jamais conserve em si os mesmos atributos, diz-se que é a mesma; todavia, com algumas perdas, está sempre se renovando, nos cabelos, na carne, nos ossos, no sangue, em todo o seu corpo. Isso acontece não só segundo o corpo, mas também segundo a alma; os modos, o caráter, as opiniões, os desejos, os prazeres, as dores, os receios, nenhuma dessas particularidades é sempre a mesma em cada pessoa, mas umas nascem, outras perecem. Ainda, muito mais desconcertante que isso tudo é que também os conhecimentos mudam; não só uns nascem e outros perecem em nós e não somos jamais os mesmos nem em nossos conhecimentos, mas até cada um dos conhecimentos passa por igual mutação. A palavra *estudar* supõe que a ciência se ausenta; o esquecimento é a saída dum conhecimento; o estudo, formando uma lembrança nova em lugar da que se foi, recupera o conhecimento, e assim ele parece ser o mesmo. Desta maneira se preserva tudo que é mortal; não, como o divino, pela absoluta constância de seu ser, mas pela substituição do que envelheceu e se foi, por outro novo, semelhante ao que havia. Por esse mecanismo, Sócrates — acrescentou ela — o mortal participa da imortalidade, no corpo e em tudo mais; por outro, é impossível. Portanto, não te admires de que todo ser faça, por natureza, tanto caso de seu próprio rebento; é o anseio da imortalidade que a cada um associa aquele afã e aquele amor.

Eu, ouvida essa exposição, perguntei, cheio de espanto:

— Cáspite! sapientíssima Diotima! Isso é verdadeiramente assim?

E ela, com o entono dos sofistas consumados:

— Podes estar certo, Sócrates. Queres uma prova? Se quiseres atentar no amor que os homens têm às honrarias, pasmarás de sua absurdeza, se não refletires no que acabo de dizer, compreendendo o extraordinário efeito do desejo de ter nome e adquirir *uma glória imorredoura para a eternidade*. Com essa mira estão prontos a correr todos os perigos, bem mais do que em defesa da prole, a despender suas riquezas, a submeter-se a fadigas sejam quais forem, até a dar a vida. Ora — continuou ela, — Alcéstis, pensas tu, teria morrido em lugar de Admeto ([51]), ou Aquiles teria acompanhado Pátroclo na morte ou teria o vosso Codro ([52]) ido ao encontro dela para assegurar aos filhos a realeza, se não esperassem deixar de sua bravura uma lembrança imorredoura, que ainda conservamos? Que esperança! Ao contrário, creio, por amor dum merecimento imortal e duma celebridade gloriosa igual, todos fazem tudo, e quanto melhores forem, tanto mais farão; porque os inspira o desejo de imortalidade. Ora, pois — prosseguiu, — os prenhes segundo o corpo se voltam de preferência para as mulheres e praticam essa espécie de amor, providenciando para si próprios, como acreditam, por meio da procriação, imortalidade, memória e felicidade *para todo o tempo vindouro*. Já os prenhes segundo a alma... porque existe, asseverou ela, quem se emprenhe na alma, mais ainda que no corpo, das concepções que à alma compete conceber e dar à luz. E o que lhe compete? O pensamento e toda outra excelência. De tais concepções são genitores não só todos os poetas, como também, entre os artífices, aqueles denominados inventores. Dos pensamentos — acrescentou — mais se distingue pelo valor e beleza o que diz respeito à ordenação das cidades e das casas, ao qual se dá o nome de prudência e justiça. Quando, outrossim, um desses homens tem desde a juventude a alma em gestação, inspirado do alto, e, chegada a idade, começa a querer dar à luz e ser pai, sai também ele, segundo creio, em busca do belo onde se possa reproduzir; porque, no feio, jamais se reproduzirá. Devido à prenhez, procura antes os corpos belos do que os feios e, se acerta com uma alma bela, nobre e bem dotada, então se apega perdidamente ao conjunto e, diante de tal pessoa, logo se lhe destrava a língua para discorrer sobre a virtude, sobre as qualidades e ocupações necessárias ao homem de bem e empreende sua educação. A razão, a meu ver, é que, tendo contacto e familiaridade com o belo, ele procria, dando à luz o que há muito trazia em si; com o pensamento, de longe ou de perto, posto no seu rebento, entrega-se, em colaboração com aquele companheiro, à tarefa de criá-lo; em conseqüência, pessoas tais mantêm entre si uma comunhão muito mais íntima que a dos filhos e amizade mais firme, por terem em comum uma prole mais bela e mais imortal. Outrossim, toda gente preferirá ter gerado filhos dessa natureza aos da natureza humana, se puser os olhos em Homero, Hesíodo e nos outros poetas de valor, invejando os rebentos que de si deixaram, os quais lhes asseguram uma glória e memória imperecíveis, por serem imperecíveis eles próprios. Se quiseres, acrescentou, rebentos como os que deixou Licurgo na Lacedemônia ([53]), preservadores da Lacedemônia e, pode-se dizer, da Hélade. Entre vós, presta-se culto a Sólon por ter dado nascimento às leis; igualmente em muitos outros lugares, na Hélade como entre os bárbaros, a outros homens, por terem trazido à luz muitas belas obras, gerando excelências de toda sorte. Até cultos sem conta se instituíram por causa de semelhantes filhos em homenagem a tais homens, ao passo que, por causa dos de natureza humana, a ninguém. Nessa parte dos mistérios do amor, Sócrates, talvez possas também tu ser iniciado; mas do aprofundamento e da contemplação, objetivo da iniciação quando bem seguida, não sei se serias capaz. Eu farei a exposição, por certo, sem a mínima falha na boa vontade; mas faze por me acompanhar, se puderes. Quem vai a esses mistérios pelo caminho certo — explicou, — tem de começar saindo, na juventude, em busca da formosura física e, primeiramente, se o guia o dirigir com acerto, amar um só corpo, produzindo, nessa altura, belos discursos; depois, aprender que a beleza de todo corpo é irmã da de outro corpo e que, se o dever é buscar a beleza da forma, grande estultícia é não considerar a beleza de todos os corpos como uma só e a mesma: compreendido isso, tornar-se apaixonado da beleza corpórea em geral e afrouxar o forte apego a um corpo só desdenhando-o, menosprezando-o. O estágio seguinte é considerar mais preciosa a beleza das almas que a do corpo e, em conseqüência, se uma pessoa de alma bem dotada for provida de parcos atrativos, dar-se por satisfeito, amá-la, cuidar dela, dar à luz discursos daquele gênero, procurando os que possam melhorar a mocidade; isso para ser, agora, obrigado a contemplar a beleza existente nas atividades e nos preceitos, a verificar a afinidade de toda beleza e, assim, dar pouco valor à formosura do corpo. Depois das atividades, rumar para os conhecimentos, a fim de, a essa altura, verificar a beleza das ciências e, de olhos postos doravante na imensidade da beleza, não mais, como um servo, contemplar a de um só, amando a formosura dum menino, dum homem ou duma só ocupação, a amesquinhar-se na servidão e a falar de assuntos rasteiros, porém, vistas voltadas para o vasto mar da beleza, gerar em profusão belos e esplendorosos discursos e idéias formadas numa cultura copiosa, até que, robustecido e crescido nesses estágios, possa atinar com certa ciência única, a da beleza de que passo a tratar. Esforça-te, por favor — pediu — por estar o mais atento possível. Quem tiver sido instruído em matéria de amor até este ponto, contemplando, umas após outras, na devida ordem, as coisas belas, já prestes a concluir o aprendizado do amor, de repente dará com os olhos em algo duma beleza natural maravilhosa — daquela mesma, Sócrates, visada por todos os esforços anteriores, a qual, em primeiro lugar, é eterna, não nasce nem perece, não cresce nem míngua; em segundo, não é dum lado bela e doutro feia, nem ora bela ora não, nem bela a um respeito e feia a outro, nem bela aqui e feia ali, por ser bela para uns e feia para outros. Não mais fantasiará o belo como um rosto, uns braços ou qualquer outra parte dum corpo, nem como uma teoria ou uma ciência, nem como algo existente noutro ente de si distinto, por exemplo, num vivente, na terra, no céu, ou nalgum outro ser, mas uma beleza em si mesma e consigo mesma, eternamente invariável, da qual todas as demais belezas participam de maneira tal que, com o nascerem ou perecerem elas, aquela nada aumenta nem diminui, nem passa por alteração nenhuma. Quando alguém, tendo partido destas outras e ascendido por efeito do amor dos rapazes, bem orientado, começa a contemplar aquela beleza, pode-se dizer que está atingindo a culminância. Com efeito, o método certo de se encaminhar ou de ser por outrem guiado aos mistérios do amor é este: partindo das belezas ao alcance, com aquela beleza em mira, ascender continuamente, como se se usassem degraus, dum belo corpo para dois, de dois para a totalidade, dos belos corpos para as belas atividades, das belas atividades para as belas ciências e, das ciências, culminar naquela que não é outra senão a ciência mesma daquela Beleza, e conhecer, ao cabo, o que é o Belo em si. Se nalguma altura da vida, meu caro Sócrates — prosseguiu a estrangeira de Mantinéia, — vale a pena que um homem viva, é nessa, quando contempla o Belo em si. Se o contemplares um dia, verás que ele não se relaciona com o ouro, com as roupagens, com a formosura dos meninos e adolescentes, vendo os quais no presente ficas disposto — e como tu muitos outros — a passar, se possível, na admiração dos namorados e na sua perpétua companhia, sem comer nem beber, mas só admirando e fazendo companhia! Que pensar, então, se fosse dado a alguém ver o Belo em si, estreme, puro, sem mescla, e pudesse mirar não uma beleza contaminada de carne humana, de cores e tantas outras frioleiras mortais, mas a própria Beleza divinal invariável? Acaso — perguntou — supões mesquinha a vida do homem que, de olhos postos nessa direção, contempla a dita beleza pelo meio certo e goza de sua presença? Não compreendes que tão-somente nessa altura lhe será dado, mirando a beleza pelo meio certo de mirá-la, dar à luz não simulacros de méritos, visto que não está em contacto com um simulacro, mas méritos verdadeiros, visto que está em contacto com a verdade? E que, tendo gerado e criado um mérito verdadeiro, a ele pertence a estima dos deuses e, mais do que a qualquer outro homem, a imortalização também?

Essas, Fedro e demais presentes, as palavras de Diotima. Elas me convenceram. Convicto, tento convencer os outros de que, na conquista desse bem, dificilmente se poderia tomar um colaborador da natureza humana mais eficiente que o Amor. Por isso eu assevero que todo homem deve render culto ao Amor; eu próprio reverencio as questões de amor, nelas me exercito com muito zelo, recomendo aos outros que o façam e entôo loas agora e sempre à força e varonilidade do Amor tanto quanto está em mim. Esta fala, Fedro, hajas por bem aceitá-la como louvores entoados ao Amor; se não, como te aprouver, assim a denomines.

*Um* Intermezzo *Alegre*

Assim que Sócrates acabou de falar, refere Aristodemo, enquanto uns o aclamavam e, de seu lado, Aristófanes se esforçava por dizer-lhes alguma coisa — que Sócrates aludira a ele, quando, a propósito de sua teoria... — bateram de repente à porta de entrada e por ela varou uma algazarra, como de foliões, ouvindo-se a voz duma flauteira.

Agatão ordenou:

— Servos, vão ver o que há. Se for algum dos amigos, mandem entrar; se não, digam que não estamos bebendo e que já nos deitamos.

Pouco depois se ouvia no pátio a voz de Alcibíades [54], numa tremenda bebedeira, a perguntar em altos brados "onde está Agatão?", a pedir "levem-me a Agatão". Conduziram-no, então, para onde estavam os convivas, amparado pela flauteira e por alguns outros do cortejo. Ele parou à porta; cingia uma coroa folhuda de hera com violetas e trazia na cabeça uma multidão de fitas. Saudou-os:

— Senhores, boa tarde. Consentis que beba convosco um homem bêbado a mais não poder? Ou devo partir, sem mais, depois de coroar a Agatão, propósito que me trouxe aqui? É que eu — explicou — não consegui ontem chegar até ele; mas aqui estou, trazendo as fitas na cabeça, para tirá-las da minha cabeça e com elas coroar a cabeça de quem é, como o proclamo, o mais talentoso e o mais belo. Acaso vos rireis de mim por estar embriagado? Podeis rir; sem embargo, eu sei muito bem que digo a verdade. Bem, dizei-me sem mais delongas; nas ditas condições, entro ou não entro? Bebereis comigo ou não?

Todos, em tumulto, convidaram-no a entrar e deitar-se à mesa.

Agatão chamou-o e ele aproximou-se, levado por seus homens, retirando, entrementes, as fitas para coroá-lo; como as trazia sobre os olhos, não reparou em Sócrates e foi sentar-se junto de Agatão, entre Sócrates e este; Sócrates se arredara um pouco, para ele sentar-se. Uma vez sentado, ele abraçou a Agatão e pôs-lhe a coroa. Agatão, então, ordenou:

— Servos, descalcem a Alcibíades, para que se deite conosco a três.

— Caramba! — exclamou Alcibíades. — Quem é êsse terceiro conviva?

Ao mesmo tempo, voltando-se, deu com os olhos em Sócrates. Ao vê-lo, recuou de um salto, dizendo:

— Valha-me Héracles! Que é isso? Esse é Sócrates? Tu me esperavas aí deitado de alcatéia, como costumas, para surgires de surpresa onde menos eu imaginaria que estivesses! Que vieste fazer aqui agora? E por que te instalaste neste lugar? Foi para não ficares ao lado de Aristófanes ou de outro que é ou deseja ser pândego; sempre deste um jeito de te deitares ao lado do mais bonito dos presentes cá dentro!

E Sócrates:

— Agatão, vê se tu me defendes, pois o amor desse homem me tem dado muito que fazer. Desde o dia em que me enamorei dele, nunca mais pude deitar os olhos nem falar a nenhum moço bonito, sem que, tomado de ciúmes e de inveja, ele desande a fazer maluquices e a dizer desaforos, e por pouco não me agrida. Vê, pois, que ele agora não faça nenhum despropósito; promove a nossa reconciliação, ou, então, defende-me se ele tentar violência, que a sua fúria e seu erotismo me trazem apavorado.

— Impossível reconciliar-me contigo — opôs Alcibíades; — e pelo que disseste me hás de pagar mais tarde. Por enquanto, Agatão — acrescentou, — reparte comigo essas fitas, para que eu cinja também essa maravilhosa cabeça desse homem e não possa êle queixar-se de eu ter coroado a ti e deixado de coroá-lo em seguida a ele, que vence a todos os homens nos debates, não só como tu, anteontem, mas toda a vida.

Dizendo isso, tomou algumas fitas, cingiu com elas a Sócrates e estendeu-se no leito. Depois de estendido, disse:

— Vamos, senhores; vós me pareceis sóbrios. Não deveis deixar para depois; deveis beber; foi o que nós combinamos. Elejo, pois, para presidir à bebida, até que tenhais bebido quanto baste... a minha pessoa. Bem, Agatão, que me tragam a taça maior que houver. Ou melhor, não é preciso; servo, traga-me aquele balde.

Tinha visto um balde gelador de capacidade maior de oito cótilos ([55]). Mandou-o encher e primeiro o esvaziou êle mesmo;

em seguida mandou enchê-lo para Sócrates, dizendo, entrementes:

— Quanto a Sócrates, senhores, não estou empregando trica nenhuma; ele bebe tanto quanto a gente mandar, sem jamais ficar mais bêbado por isso.

O servo encheu o vaso e Sócrates bebeu. Nisso, Erixímaco perguntou:

— Como queres que façamos, Alcibíades? que bebamos assim simplesmente, como quem está com sede, sem nada dizer por cima da taça, sem nada cantar?

Alcibíades respondeu:

— Ó Erixímaco, excelente filho dum pai excelente e sapientíssimo, minhas saudações.

— Outro tanto — tornou Erixímaco; — mas que devemos fazer?

— O que tu mandares; temos de obedecer-te, porque *um médico* (56) *é um homem que vale por muitos outros.* Receita, pois, o que te aprouver.

— Então, escuta — disse Erixímaco; — antes de chegares, tínhamos resolvido que cada qual por sua vez, da esquerda para a direita, pronunciasse o melhor elogio do Amor que pudesse. Nós outros já falamos todos. Tu não falaste e já bebeste; é justo que fales e, depois, ordenes a Sócrates o que quiseres e ele ao de sua direita, e assim por diante.

— Muito bem, Erixímaco — disse Alcibíades; — excelente a tua proposta. Contudo, os discursos dum homem embriagado não podem ser confrontados com os dos sóbrios de igual para igual. Ademais, meu bem-aventurado amigo, acreditaste alguma coisa do que Sócrates disse há pouco? Ou sabes que tudo é o contrário do que ele dizia? De fato, nunca louvo alguém, na sua presença, seja deus, seja outro homem que não ele, sem que ele me agrida.

— Olha essa maledicência! — reclamou Sócrates.

— Por Posidão — protestou Alcibíades, — não vás reclamar, porque eu, na tua presença, não louvaria a ninguém mais.

— Está aí — interveio Erixímaco; — faze isso mesmo, se quiseres: o elogio de Sócrates.

— Que dizes? — replicou Alcibíades; — achas que eu devo, Erixímaco?... Que eu me lance contra o homem e o castigue diante de vós?

— Tu aí — exclamou Sócrates, — que é que tens em mente? Vais fazer um elogio que aumente o ridículo? ou o que tencionas?

— Dizer a verdade; vê se não atrapalhas.

— Por certo — respondeu, — à verdade não ponho obstáculos e convido-te a falar.

*Fala de Alcibíades*

— Com todo o prazer — volveu Alcibíades. — Tu, outrossim, faze o seguinte: toda vez que eu faltar à verdade, interrompe-me, se quiseres, e dize que minto; porque eu não direi mentira alguma por querer. Entretanto, não te espantes se, na evocação de minhas lembranças, as enunciar fora da ordem; não é fácil, no meu estado, enumerar tuas excentricidades, desembaraçada e seguidamente.

O louvor de Sócrates, senhores, eu o tentarei fazer assim: por meio de imagens. Ele cuidará, talvez, que é com o fito da galhofa. Não; a imagem terá a intenção da verdade, não a do riso.

Digo, com efeito, ser ele o que há de mais parecido com aqueles silenos (57) sentados nas oficinas de escultura, que os artistas modelam com umas gaitas ou flautas na mão, os quais, abertos pelo meio, se revelam recheados de efígies de deuses.

Digo mais: ele se parece com o sátiro Mársias (58). Que, nas feições pelo menos, te assemelhas a ele, Sócrates, tu mesmo não o negarias; quanto a te pareceres com ele também no resto, ouve o que se segue. Tu és um atrevido. Ou não és? Se discordares, apresentarei testemunhas. Mas flautista não? Por sinal muito mais admirável que Mársias.

Sim. Ele usava um instrumento para encantar os homens com o poder emanado de sua boca; como ainda hoje quem tocar na flauta as suas melodias, pois as que tocava Olimpo (59), sustento, eram de Mársias, que lhas ensinara. Portanto, as dele, quer as toque um flautista exímio, quer uma flauteira ordinária, são as únicas a pôr em estado de possessão e revelar quem necessita de deuses ou de iniciações; por serem divinas.

Tu, porém, dele diferes apenas em produzires aquele mesmo efeito, sem instrumentos acompanhando tuas palavras. Deveras, quando escutamos outra pessoa falando sobre outros assuntos, seja embora um mestre de eloqüência consumado, nenhum de nós, ouso dizer, se abala; mas quando o escutado és tu, ou alguém a reproduzir tuas conversações, não importa seja o narrador medíocre e o ouvinte uma mulher, um homem ou um adolescente, eis-vos perturbados, caídos em transe!

Quanto a mim, senhores, se não houvesse de parecer bêbado a valer, contar-vos-ia, sob juramento, os efeitos produzidos em mim mesmo pelos discursos dêsse homem, que até este momento perduram. Quando o escuto, meu coração pula muito mais que o dos coribantes em transe e lágrimas me correm sob o influxo de suas palavras. E tenho visto acontecer o mesmo a muitas outras pessoas. Ouvindo a Péricles e outros bons oradores, eu achava que falavam bem, mas nada experimentava de semelhante, minha alma não se conturbava, nem se irritava com uma espécie de escravização. Mas este Mársias, quantas vezes me fez sentir que não poderia viver sem mudar de comportamento! Isso, Sócrates, não hás de acusar de falso.

Neste mesmo instante, tenho consciência de que, se me dispuser a dar-lhe ouvidos, não poderei resistir, e terei de passar pela mesma sensação. Porque ele me força a reconhecer que, quando tantas coisas faltam a mim mesmo, persisto no descuido de mim próprio para cuidar dos interesses de Atenas. Faço-me, pois, violência, obstruindo os ouvidos (60), para dele me escapar como das Sereias, e não ficar sentado aí a seu lado até envelhecer.

Só diante desse homem me aconteceu aquilo de que ninguém me creria capaz: corar diante de quem quer que seja. Só dele tenho vergonha; sinto cá dentro que não posso recusar obediência a suas recomendações, mas, apenas dele me afasto, deixo-me vencer pelas homenagens da turbamulta. Por isso, dele me esquivo e fujo e, toda vez que o vejo, coro das minhas confissões. Quantas vezes teria prazer em não o ver entre os homens, mas, se isso acontecesse, sei muito bem, o meu pesar seria muito maior, de sorte que não sei como me arranjar com esse homem.

Tais são os efeitos exercidos, em mim e muitos outros, por esse sátiro com seus amavios de flauta. Ouvi de mim outras provas de quanto se parece com os entes a que o comparei, e de que espantosos poderes ele possui. Estai bem certos, ninguém dentre vós o conhece; sou eu quem lhe porá a calva à mostra, já que comecei.

Vós verificais que Sócrates é um enamorado dos moços bonitos, que sempre os está rodeando e por eles se inflama. Doutro lado, tudo ele ignora, não sabe nada; basta olhar para o seu aspecto. Não é de sileno? Por demais! Ele se reveste desse aspecto por fora, como o sileno esculpido; mas por dentro, uma vez aberto, de quanta sabedoria o imaginais recheado, senhores convivas?

Ficai sabendo, não lhe importa nada que uma pessoa seja bela — ao contrário, despreza esse predicado a um ponto inimaginável; nem que seja rica ou tenha outra vantagem daqueles que o vulgo reputa felizes. Todos esses bens, na sua opinião, não têm nenhum valor e nós não somos nada; eu vo-lo asseguro. Passa a vida inteira a fingir de ignorante e infantil perante os homens; mas quando se põe sério e se abre, não sei se alguém já viu as efígies de seu interior.

Bem, eu já as vi uma vez; pareciam tão divinais, tão áureas, tão lindas e admiráveis, que eu devia fazer prontamente o que Sócrates me recomendasse.

Pensando que se afanava interessado em meus atrativos, achei um alto negócio, uma extraordinária fortuna minha, poder, em troca de favores a Sócrates, ouvir dele tudo quanto ele sabia. Eu tinha, naturalmente, uma presunção espantosa de meus atrativos.

Com tais idéias, eu, que até então não costumava estar só com ele sem um lacaio, aquela vez dispensei o lacaio e fiquei só com ele. Tenho, com efeito, de contar-vos toda a verdade. Bem, prestai atenção. Se eu mentir, Sócrates, desmente-me.

Fiquei, senhores, só por só com ele; esperava me falasse imediatamente naquelas mesmas coisas em que falaria um amante a seu namorado, quando sós, e sentia-me contente. Mas nada disso aconteceu, após conversar dos assuntos costumeiros, deixou-me e foi embora.

Ulteriormente, convidei-o para meus exercícios ginásticos e pratiquei-os junto com ele, com a esperança de que ali alguma coisa se consumasse. Pois bem, ele se exercitou comigo, travamos diversas lutas, sem testemunhas. É preciso dizê-lo? Não adiantou nada.

Como não alcançava resultado algum por aquele meio, achei que o certo era impor-me ao homem pela fôrça, não desistindo já que tentara a emprêsa, mas tirando a limpo o que havia. Convidei-o, pois, a jantar comigo, simplesmente como faz um amante armando uma cilada ao seu amado. Êle nem mesmo se apressou a aceitar esse convite; contudo, com o tempo, atendeu.

A primeira vez que veio, apenas jantou, queria ir-se embora; nessa ocasião, humilhado, deixei que fosse. Renovei, porém, a cilada; após o jantar, sustentei a conversa até altas horas e, quando se quir retirar, pretextei ser muito tarde e forcei-o a ficar.

Êle repousava no acúbito contíguo ao meu, onde havia jantado. No aposento não dormia ninguém além de nós...

Até este ponto, os fatos poderiam ser narrados, sem desaire, perante qualquer pessoa; mas o seguimento vós não o ouviríeis de mim, em primeiro lugar, se, como diz o provérbio, não estivesse *no vinho a verdade* (e não sei se acrescento *também nas lábios das crianças*); em segundo lugar, para mim é uma flagrante injustiça quem atacou o elogio de Sócrates dar sumiço a uma ação sua esplendorosa.

Ademais, a mim ocorre o mesmo fenômeno de quem foi picado duma víbora; quem passou por isso, dizem, não gosta de contar o que sentiu a não ser aos que já foram picados, certo de que são os únicos a compreender e desculpar tudo quanto a dor o levou a fazer e dizer.

Portanto, eu, que levara a picada mais dolorosa no ponto mais dolorido onde se pode ser picado... eu, que, no coração, na alma ou que nome tenha, fora ferido e picado pelos temas da filosofia, mais cruéis de suportar que a picada da víbora quando se aferram a uma alma jovem e não desprovida de talentos naturais, levando a gente a fazer e dizer sei lá o que... eu ao ver também uns Fedros, Agatões, Erixímacos, Pausânias, Aristodemos e Aristófanes (para que mencionar o próprio Sócrates?) e todos os outros, pois todos vós já participastes do delírio do filósofo e dos seus arrebatamentos... Eis a razão por que todos me escutareis; haveis de me desculpar o que fiz então e o que digo agora.

Os criados e, se houver algum presente, o profano e o inculto, que fechem os ouvidos com portas bem grossas.

Quando, pois, senhores, se apagou a candeia e os servos haviam saído, achei que não devia usar de nenhum rodeio com ele, mas dizer abertamente o que pensava. Sacudi-o e perguntei:

— Sócrates, estás dormindo?

— Eu? Não! — respondeu ele.

— Sabes no que estou pensando?

— Em que, precisamente?

— Tu me pareces — disse eu — a única pessoa digna de ser meu amante e noto que hesitas em tocar no assunto diante de mim. Sabes o que sinto a esse respeito? Acho que seria uma grande tolice não te satisfazer nesse particular, ou em qualquer outra precisão que tenhas, seja de meus haveres, seja de minhas amizades. Para mim, nada importa mais do que tornar-me o melhor possível e, nesse aperfeiçoamento, não acredito haja colaborador mais apto que tu. Realmente, eu me envergonharia muito mais, diante das pessoas inteligentes, de não ter concedido favores a um homem como tu, do que, diante da multidão imbecil, de os ter concedido.

Ele, depois de me ouvir, com todo aquele ar de ingênuo, que lhe é tão peculiar e costumeiro, pôs-se a falar:

— Meu caro Alcibíades, é bem possível que, na realidade, não sejas um leviano, se o que dizes a meu respeito é verdade e se há em mim alguma força pela qual te possas tornar melhor. Talvez tenhas visto em mim uma beleza inconcebível e absolutamente diversa da formosura que em ti existe. Se, deveras, notando-a, empreendes participar dela comigo, permutando beleza por beleza, tencionas pregar-me não pequeno logro; tentas obter a beleza verdadeira, dando em paga uma de aparência, e pretendes de fato cambiar *cobre por ouro* (61). Contudo, ó bem-aventurado, examina melhor se não te enganas a meu respeito, sobre o nada que valho. Deveras, a vista da inteligência se vai aguçando quando a dos olhos começa a embotar, mas tu ainda estás longe desse ponto.

Ouvindo isso, repliquei:

— Quanto a mim, tenho dito; não há em minhas palavras nada em desacordo com meu pensamento. Da tua parte, decide o que achas melhor para ti e para mim.

— Mas decerto! — volveu ele; — tens toda a razão; nos próximos dias veremos e faremos o que se revelar melhor para ambos, quanto a teus propósitos e quanto ao resto.

Eu, crede-me, depois das palavras que ouvira e das que dissera, desfrechadas como setas, cuidava tê-lo ferido. Ergui-me e, sem lhe dar azo a acrescentar mais nada, cobri-o com este meu manto, pois estávamos no inverno, estirei-me sob o manto bate-enxuga desse homem e, envolvendo nos meus braços essa criatura verdadeiramente divinal e admirável passei a noite inteira a seu lado.

E não vás, Sócrates, dizer, outra vez, que minto nesta história. Com essa minha atitude, tanto maior foi o seu triunfo; ele desdenhou minha juventude, ridiculizou-a, escarneceu-a; e era nela que eu imaginava estar o meu forte, senhores juízes! — que juízes sois da presunção de Sócrates. Pois sabei, pelos deuses! pelas deusas! após passar a noite com Sócrates, levantei-me sem me haver acontecido nada mais extraordinário do que se tivesse dormido com um pai ou um irmão mais velho!

O que imaginais que, ao depois, se passava em meu íntimo? se, dum lado, me acreditava desprezado e, de outro, admirava a sua índole, a sua sabedoria, a sua bravura? se havia encontrado um homem como jamais esperara encontrar outro com tamanha prudência e fortaleza?

O fato é que não podia exaltar-me e perder sua convivência, nem achava meios de trazê-lo a meus intuitos. Com efeito, eu bem sabia que ele era muito mais invulnerável por todos os lados ao dinheiro do que Ájax ao ferro (62), e ao único jeito, a meu ver, de capturá-lo, ele me havia escapado. Assim, sem uma saída, escravizado àquele homem como ninguém a nenhum outro, eu vivia ao seu redor.

Tudo isso me acontecera quando, em seguida, participamos ambos duma expedição contra Potidéia (63) e tínhamos as refeições juntos.

Pois bem, para começar, ele superava, a mim e todos os outros, nas fadigas. Toda vez que, com as comunicações cortadas, como sucede nas guerras, éramos forçados a ficar sem provisões de boca, perto dele os outros não valiam nada para suportar a situação.

Ao contrário, na abundância de víveres, ninguém era capaz de a desfrutar como ele, máxime no beber; quando, a seu pesar, o forçavam a isso, superava a todos e, o mais espantoso de tudo, nenhum dos homens jamais viu Sócrates bêbado. Disso, estou certo, dentro em pouco se terá uma prova.

Outrossim, quanto a suportar o inverno (e lá os invernos são terríveis), obrou prodígios. Certa vez, dentre tantas, tivemos uma geada das mais terríveis; ninguém saía ao relento ou, se algum saía, ia embrulhado numa espantosa quantidade de agasalhos, calçado e com os pés envoltos em tiras de feltro e pele de carneiro; mas ele, nessa ocasião, saiu sem nada levar além daquela mesma manta que costumava vestir antes e, descalço, caminhava sobre o gelo com mais desenvoltura do que os outros, calçados; os soldados olhavam-no de esguelha, pensando que os queria humilhar com isso.

Quanto a isso, tenho dito; *mas* (64) *o que, doutro lado, realizou e suportou esse herói valoroso* certa vez, naquela campanha, vale a pena ouvir. Entregue a seus pensamentos, achava-se de pé desde o amanhecer, à procura duma idéia; como esta não lhe acudia, ele não se dava por vencido; mantinha-se de pé, procurando. Já era meio-dia, quando os homens o observaram e, maravilhados, comentavam de um para outro: "Sócrates está de pé desde o alvorecer, a pensar nalguma coisa." Por fim, sobreveio a tarde; alguns dos que o tinham observado, depois de jantarem e estenderem suas camas ao relento, porque era estio então, ficaram deitados tomando a fresca e ao mesmo tempo espreitando se ele permanecia de pé a noite toda. Ele se quedou lá de pé até vir a manhã e sair o sol. Depois, fez uma prece ao sol e retirou-se.

E nos combates, se vos apraz! Eis uma dívida que é justo se lhe pague. Quando se feriu aquela batalha após a qual os comandantes me conferiram a insígnia de bravura, quem me salvou não foi outro senão ele; não me quis abandonar ferido, mas salvou juntamente minhas armas e minha pessoa. Eu, Sócrates, aquele dia, propunha aos comandantes que dessem a insígnia a ti; não me hás de censurar por isso, nem desmentir tampouco. Todavia, se os comandantes estavam de olhos postos no meu valor e queriam conferir-me a insígnia, em ti era ainda maior que nos comandantes o desejo de que a recebesse eu e não tu.

Ainda mais, senhores, valia a pena observar Sócrates quando o exército batia em retirada fugindo de Délio. Acontece, com efeito, que estive a seu lado; eu tinha um cavalo; ele, seu equipamento de infantaria. Ia, pois, retirando, quando já os homens haviam debandado, junto com Laques. Deparei-os por acaso e, mal os vi, exortei-os a ter coragem, prometendo não abandoná-los. Ali melhor do que em Potidéia, pude examinar Sócrates, pois eu tinha menos que temer por ir montado. Em primeiro lugar, quanto sua inteligência superava a de Laques! Em segundo, Aristófanes, citando a tua comédia, lá parecia-me caminhar como aqui *empertigado e lançando os olhos para os lados* (65), observando de soslaio, serenamente, amigos e inimigos, deixando claro a todos, mesmo bem de longe, que, se alguém tocasse na sua pessoa, defender-se-ia com grande vigor. Por isso, retirava-se em segurança ele com seu companheiro; de fato, na guerra, quase nem tocam em pessoas que procedem dessa forma, mas perseguem aos que fogem desordenadamente.

Ainda muitas outras coisas admiráveis se poderiam dizer em louvor de Sócrates. Bem, no tocante a outras ocupações, talvez se pudessem dizer coisas semelhantes a respeito de outrem; mas naquilo em que ele não se assemelha a homem algum nem do passado nem do presente, é que ele é digno de toda admiração. Ao que foi Aquiles podemos comparar Brásidas (66) e outros; ao que é Péricles, Nestor e Antenor (67) e há ainda outros; com os demais se podem encontrar comparações igualmente. Mas do que este homem tem de desconcertante, em sua pessoa e em seus discursos, por mais que se procure não se acha símile nem mesmo aproximado, nem no presente, nem no passado, salvo se a comparação se fizer, como eu fiz, não com homem algum, mas com os silenos e sátiros, quer quanto à pessoa, quer quanto aos discursos.

Há, com efeito, uma particularidade que omiti no começo; os seus discursos também são parecidíssimos com os silenos abertos ao meio. Se alguém se dispuser a escutar as conversas de Sócrates, a princípio lhe parecerão inteiramente risíveis; tais vocábulos e expressões as revestem por fora, que se diria uma real pele dum sátiro insolente. Ele fala de bestas de carga, de ferreiros, sapateiros, curtidores; parece dizer sempre as mesmas coisas com as mesmas palavras, de sorte que toda pessoa ignorante ou estúpida se põe a rir de suas conversas.

Mas quem as vê abertas ao meio e penetra em seu interior, descobre, primeiro, que, por dentro, são as únicas conversas cheias de inteligência; em seguida, que são as mais inspiradas, em si contendo maior número de imagens de virtude e que tendem à maior soma possível, ou melhor, à totalidade dos objetivos que deve ter em mira quem aspira a tornar-se um homem de escol.

Aí está, senhores, o que louvo em Sócrates. Doutra parte, o que lhe reprovo, já vo-lo disse de mistura com as afrontas que me fez. Deveras, não só comigo se portou ele dessa maneira; também com Cármidas, filho de Glaucão, com Eutidemo, filho de Díocles, e com muitíssimos outros a quem enganou fingindo-se amante, quando ele se situa mais como um amado do que como um amante.

Isso te digo a ti também, Agatão, para não te deixares embair por esse homem, mas, prevenido pelas provações por que passamos nós outros, te acautelares e não fazeres como o ingênuo do provérbio, que *aprende à própria custa.*

Essas palavras de Alcibíades, por sua franqueza, provocaram risadas, conta Aristodemo, porque acreditavam que ele ainda nutria amor a Sócrates. Este respondeu, então:

— Quero crer, Alcibíades, que te passou a bebedeira. Se não, jamais terias tentado encobrir, lançando-lhe tão engenhosos circunlóquios em toda a volta, o alvo que visavas em tudo que disseste, nem, como se o mencionasses secundariamente, o terias relegado para o final; como se tudo o que disseste não tivesse o intuito de separar-nos, a mim e a Agatão, imaginando que eu devo ser amante teu e de mais ninguém, e Agatão, amado teu e de ninguém mais. Mas não passaste despercebido; ao contrário, aquele teu drama de sátiros e silenos foi por demais transparente. Porém, meu caro Agatão, que ele não saia ganhando; fica prevenido para que ninguém nos venha a intrigar um com o outro.

Agatão respondeu:

— Deveras, Sócrates, bem pode ser que digas a verdade; vejo a prova disso até em como ele se acomodou entre mim e ti, para manter-nos apartados. Pois ele não lucrará nada com isso, porque eu é que me vou estirar a teu lado.

— Bravos! — disse Sócrates; — deita-te aqui, abaixo de mim.

— Ó Zeus! — exclamou Alcibíades; — que novos suplícios me impõe o homem! Pensa que tem de vencer-me em toda as frentes; ao menos, ó prodígio, deixa Agatão instalar-se entre nós dois.

— Impossível — replicou Sócrates; — tu pronunciaste o meu elogio e devo eu, por meu turno, pronunciar o de quem me está à direita; se Agatão tomar lugar abaixo de ti, não vai fazer de novo o meu elogio em vez de fazer eu o dele? Vamos lá, ó ser divinal; deixa-o estar e não te enciúmes de ver este jovem elogiado por mim. De fato, estou sumamente desejoso de entoar os louvores dele.

— Hurrah! — exclamou Agatão. — Alcibíades, de modo nenhum hei de ficar aqui; muito pelo contrário, vou mudar de lugar, para que Sócrates faça o meu elogio.

— Aí está — disse Alcibíades; — é o velho costume; onde Sócrates está presente, ninguém mais pode desfrutar os formosos. Vistes com que facilidade achou um argumento convincente para que este homem se instale a seu lado?

Assim, pois, Agatão se levantou para ir alojar-se ao lado de Sócrates. Nisto, um bando numeroso de foliões surge às portas; deparando-as abertas por alguém que saía, penetram diretamente até onde estavam os convivas e tomam lugares nos leitos. Tudo ficou tumultuado e teve-se por força de beber vinho em grande quantidade, sem mais ordem alguma.

### *Depois de Baco, Morfeu*

Então, refere Aristodemo, Erixímaco, Fedro e outros se foram embora, ao passo que ele, tomado de sono, dormiu durante muitas horas, dado que as noites eram longas. Acordou ao romper do dia, quando já cantavam os galos. Desperto, notou que, dos demais, uns dormiam, outros se tinham ido, enquanto Agatão, Aristófanes e Sócrates, únicos acordados, bebiam duma tigela enorme, passada da esquerda para a direita. Sócrates, pois, conversava com êles.

Aristodemo declarou não se recordar de todas as palavras, porque não assistira desde o começo e estava sonolento; mas, em substância, Sócrates os ia forçando a admitir que um homem, se sabe compor uma comédia, sabe também uma tragédia, e que um artista na composição de tragédias também o é na das comédias. E que êles toscanejavam, submissos, sem o acompanharem com tôda a atenção. Aristófanes caiu no sono primeiro; Agatão, já dia claro.

Então, Sócrates, depois de os ter posto a dormir, levantou-se e saiu. Aristodemo, como de costume, seguiu-o. Chegado ao Liceu (68), Sócrates lavou-se; passou aquêle dia do modo que passava os outros e, assim o tendo empregado, ao cair da noite foi repousar em casa.

# ÊUTIFRON

*Personagens — Êutifron e Sócrates. A cena se passa à porta do edifício do arconte-rei.*

*ÊUTIFRON* — Que novidade aconteceu, Sócrates, que você largou os entretenimentos do Liceu ([68]) e passa agora o tempo aqui perto do Pórtico do Rei? Será que você tem um processo junto ao arconte, como eu?

*SÓCRATES* — Não, Êutifron; não é o que em Atenas chamam processo; é uma denúncia.

*E.* — O quê?! Então alguém denunciou você? Eu não posso conceber que você tenha denunciado outrem.

*S.* — Realmente não.

*E.* — Então, outrem denunciou você.

*S.* — Precisamente.

*E.* — Quem foi?

*S.* — Eu mesmo não sei bem quem é o homem, Êutifron. Fiquei sabendo que é moço e pouco conhecido. Creio que se chama Meleto; é do bairro de Piteu. Você tem idéia de algum Meleto de Piteu? um de cabelos lisos, barba rala e nariz adunco?

*E.* — Não faço idéia, Sócrates. Mas, afinal, que acusação lhe fez?

*S.* — Que acusação? Uma nada ordinária, a meu ver. Um moço tomar uma decisão dessas não é coisa de somenos. Ele, pelo que diz, sabe como e por quem são corrompidos os jovens. Talvez seja um sábio, que notou a minha ignorância, pela qual eu estaria corrompendo os de sua idade, e vem acusar-me diante da autoridade como diante de uma mãe. No meu entender, é o único a começar sua atividade política por onde deve; o primeiro zelo deve ser para com os jovens, a fim de que sejam tão bons quanto possível. É como faz o bom agricultor, que cuida naturalmente das plantas novas em primeiro lugar e das outras depois. Aí está; Meleto talvez comece por varrer-nos, os que, como diz, estragamos o crescimento dos moços; depois disso, evidentemente, cuidará dos velhos e virá a ser autor dos mais abundantes e vultosos benefícios ao povo, como é de esperar de quem parte de tais começos.

*E.* — Eu folgaria com isso, Sócrates, mas receio muito que saia ao contrário. Tentando prejudicar você, ele me parece simplesmente que começa por Héstia [69] a ser daninho à cidade. Diga-me, porém; que fez você para que o acuse de corromper os moços?

*S.* — Assim, para contar, coisas estranhas, meu admirável amigo. Diz que sou um fazedor de deuses e por eu fabricar novos deuses e não crer nos antigos é que ofereceu denúncia contra mim; é o que ele diz.

*E.* — Estou compreendendo, Sócrates; de fato, você costuma dizer que tem aquela "inspiração" em todas as ocasiões; é isso. É um pé para ele denunciar você como inovador em matéria religiosa e vir a juízo acusar, porque sabe que acusações dessa ordem acham boa acolhida entre a multidão. De mim também, quando discorro na assembléia sobre assuntos religiosos e lhes predigo o futuro, eles caçoam como de um louco; no entanto, eu nada disse que não fosse verdade; mas eles têm inveja de gente como nós. Nós, porém, não temos que inquietar-nos por causa deles, e sim de enfrentá-los.

*S.* — Meu caro Êutifron, agüentar as caçoadas não seria nada. Parece que os atenienses, quando consideram alguém talentoso, desde que incapaz de ensinar a sua sabedoria, pouco se importam; mas se é um que eles acham capaz de tornar iguais a si os outros, aí eles se irritam, ou por inveja, como você diz, ou por outras razões.

*E.* — Nesse particular não tenho vontade nenhuma de apurar o que sentem a meu respeito.

*S.* — Pode ser que pensem que você se apresenta de raro em raro e não pretende ensinar a sua arte. Quanto a mim, o meu medo é parecer-lhes que, movido de sentimentos humanitários, eu diga a jorros a todo e qualquer homem o que tenho para dizer, não apenas de graça, mas até pagando com prazer, se for o caso, para que alguém se prontifique a ouvir. Pois, ia dizendo, se eles houverem de caçoar de mim como de você, como você mesmo conta, não será nada aborrecido passarmos o tempo no tribunal entre pilhérias e risos; mas se houverem de tomar o caso a sério, ninguém sabe no que vai dar isto — a não serem vocês, os adivinhos.

*E.* — Afinal, Sócrates, bem pode ser que não dê em nada e que você lide com o processo a seu gosto; acho que eu farei o mesmo com o meu.

*S.* — É verdade, Êutifron! O seu processo em que consiste? Você é réu ou autor?

*E.* — Autor.

*S.* — E o réu?

*E.* — Alguém que parece loucura eu processar.

*S.* — Como assim? Você está processando alguém com asas?

*E.* — Está muito longe de poder voar, de tão velho.

*S.* — Quem é?

*E.* — Meu pai.

*S.* — O seu, meu bravo?!

*E.* — Sem tirar nem pôr.

*S.* — Qual a queixa? Qual a acusação?

*E.* — Homicídio, Sócrates.

*S.* — Héracles! De fato, Êutifron, a maioria ignora o que é direito. Penso que obrar corretamente num caso deste não é de qualquer, só de alguém bem adiantado em sabedoria.

*E.* — Bem adiantado, por Zeus, Sócrates!

*S.* — A vítima de seu pai é alguém da família, não é? Por um estranho é que você não o haveria de processar como assassino.

*E.* — É engraçado, Sócrates, você achar diferença entre ser a vítima parente ou estranho, e não que devemos atentar sòmente nisto: se o matador tinha ou não direito de matar e que, se tinha, é deixá-lo; se não tinha, é processá-lo, ainda que o matador seja de nossa casa e de nossa mesa. A mácula é igual, uma vez que a gente convive com o criminoso sabendo-o tal e não providencia a purificação de si mesmo e dele, levando-o à Justiça. Com efeito, o morto era um empregado meu e, como temos uma lavoura em Naxos, trabalhava lá conosco. Tomou um dia uma carraspana, brigou com um de nossos servos e cortou-lhe o pescoço. Então, meu pai o amarrou de pés e mãos, lançou-o num valo e despachou para cá um próprio, a indagar do exegeta o que se devia fazer. Entrementes, deu pouca importância ao preso; descuidou dele como de um assassino que, se morresse, tanto faria; pois foi o que lhe sucedeu; morreu de fome, de frio e dos nós, antes que o mensageiro voltasse do exegeta. Os fatos são esses e meu pai mais os outros parentes ainda se mostram indignados porque eu, por causa dum assassino, estou processando por crime de morte o meu pai, que, dizem êles, não matou e, mesmo que houvesse matado, sendo o morto um assassino, não nos devíamos preocupar com ele; que é impiedade um filho denunciar o pai por homicídio. Eles têm idéia errada, Sócrates, do que é piedade ou impiedade, sob o ponto de vista religioso.

*S.* — Então, por Zeus, Êutifron, você acredita saber tão bem o que é piedade e impiedade aos olhos dos deuses, que, tendo acontecido os fatos como conta, processa o pai sem medo de estar cometendo por sua vez uma impiedade?

*E.* — Aliás eu não prestaria para nada, Sócrates, nem se distinguiria Êutifron do comum dos homens em nada, se não soubesse com exatidão todas essas questões.

*S.* — Se assim é, meu extraordinário Êutifron, o melhor que posso fazer é tornar-me discípulo seu, para desafiar Meleto nesta matéria, antes do debate em juizo, dizendo-lhe que, se já antes dava suma importância ao conhecimento da religião, agora, depois que ele me acusa de errar levianamente inovando na matéria, até me fiz discípulo de você. Eu lhe diria: "Meleto, se admites que Êutifron é competente nesses assuntos, deves reconhecer a retidão de meu pensamento e não processar-me; se não, deves apresentar denúncia primeiro contra ele, como corruptor dos velhos, de mim e de seu pai; de mim, ensinando-me; do pai, censurando-o e punindo-o." Se ele não me atender, se não retirar a denúncia contra mim, nem processar você em meu lugar, deverei alegar no tribunal essas mesmas razões que lhe alegaria pessoalmente, não é?

*E.* — Por Zeus, Sócrates! se ele intentasse processar-me, penso que eu saberia achar o seu ponto fraco e o debate no tribunal seria muito mais a respeito dele que de mim.

*S.* — É por saber disso, caro amigo, que desejo tornar-me discípulo seu; sei que ninguém, muito menos esse Meleto, supõe compreender você, mas a mim êle me entende tão a fundo e sem esfôrço, que me denuncia por impiedade. Agora, por Zeus, diga-me o que há pouco asseverou saber com clareza; no seu entender, o que é piedade e o que é impiedade, em matéria de morte e no mais? Não é certo que a piedade é sempre igual a si mesma em tôdas as ações, e a impiedade, por sua vez, é sempre o contrário da piedade e sempre igual a si mesma? Não tem uma feição única de impiedade tudo que se há de ter como ímpio?

*E.* — Absolutamente certo, Sócrates!

*S.* — Então, diga-me o que entende por piedade e por impiedade.

*E.* — Entendo — sabe? — que piedade é o que estou fazendo agora — proceder contra o culpado, quer de morte, quer de roubo sacrílego, ou contra quem comete outra falta dessas, seja o pai, seja a mãe, seja outra pessoa qualquer — e impiedade não proceder. Demais, Sócrates, repare com que grande argumento vou provar que é assim — a outros também já o disse: o certo é não tolerar nenhuma impiedade, seja lá de quem for. Acontece que os homens que admitem ser Zeus o melhor e mais justo dos deuses, são os mesmos a aceitar que ele acorrentou o pai, porque devorava criminosamente os filhos, e que este, por sua vez, mutilou o seu por motivos semelhantes, e os mesmos a indignar-se comigo por estar processando meu pai por seu crime; assim, êles próprios dizem uma coisa quando se trata dos deuses e outra quando se trata de mim.

*S.* — Não estará aí, Êutifron, a razão por que me estão processando? é que eu, sempre que contam coisas assim sôbre os deuses, reluto em acreditar. Há quem diga, parece, que êsse é o meu êrro. Ora, se você, que é bem entendido no assunto, também pensa como êles, acho que devo dar-me realmente por vencido. Que hei de dizer, se eu próprio reconheço nada saber a êsse respeito? Mas, pelo deus da amizade, diga-me: você admite a veracidade dessas narrativas?

*E.* — Dessas, Sócrates, e também de outras ainda mais espantosas, que a maioria desconhece.

*S.* — E guerra? Você também acredita que ela exista deveras de uns deuses contra outros? e inimizades tremendas, batalhas e muitas outras calamidades da mesma ordem, quais descrevem poetas e hábeis pintores e nos figuram as cerimônias sacras, notadamente, nas grandes Panatenéias, o manto bordado de representações semelhantes, que é levado para o alto da acrópole? Devemos admitir que tudo é verdadeiro, Êutifron?

*E.* — Não só isso, Sócrates, mas, como dizia, poderei, se você quiser, contar-lhe sobre assuntos divinos tantas outras, que você, ouvindo, estou certo, ficará aturdido.

*S.* — Não duvido, mas você as contará com mais vagar outra ocasião; por ora, veja se me diz com mais clareza o que lhe perguntei há pouco, porque, meu caro, quando, antes, indaguei o que vem a ser a piedade, você, em vez de me dar uma explicação cabal, disse apenas que é piedade o que agora está fazendo, ao processar o pai como assassino.

*E.* — E é verdade o que eu disse, Sócrates.

*S.* — Pode ser, Êutifron, mas você diz que há muitas outras ações pias.

*E.* — Pois há.

*S.* — Então, lembra-se? eu não lhe havia pedido que me ensinasse uma ou duas das muitas ações pias, e sim a feição [70] mesma pela qual tudo que é piedoso é piedoso. Você disse, se bem me recordo, que há uma feição única pela qual a piedade é piedade, e a impiedade impiedade. Não se lembra?

*E.* — De fato.

*S.* — Então, ensine-me qual é essa feição, para que eu, atentando nela, usando dela como de um padrão, possa dizer, dos atos que você ou outra pessoa praticar, tendo aquela feição, que são piedosos, e, não tendo aquela feição, que são ímpios.

*E.* — Bem, Sócrates, se você quer assim, vou falar assim.

*S.* — Pois é o que estou querendo.

*E.* — Lá vai: o que é estimado pelos deuses é piedade; o que é aborrecido, impiedade.

*S.* — Excelente, Êutifron! Agora você me respondeu como eu procurava que me respondesse! Só não sei ainda se a resposta está certa, mas é claro que você me vai explicar como é certo o que diz.

*E.* — Naturalmente.

*S.* — Vamos, então, examinar o que dizemos; o que é estimado dos deuses, homem ou coisa, é piedoso; o aborrecido dos deuses, ímpio. Não são a mesma coisa a impiedade e a piedade, mas o que há de mais oposto. Não é assim?

*E.* — É bem assim.

*S.* — Você acha que está bem expresso?

*E.* — Acho que sim, Sócrates; é bem o que ficou dito.

*S.* — Dissemos também — não foi, Êutifron? — que os deuses brigam, que dissentem, que há ódios entre eles.

*E.* — Sim, dissemos.

*S.* — Ódios, raivas, meu caro, que divergência de vistas os pode causar? Examinemos este ponto: se eu e você divergíssemos sobre qual a maior de duas quantidades, a divergência sobre elas nos tornaria inimigos, nos indisporia um com o outro, ou nós faríamos o cálculo e logo nos reconciliaríamos a seu respeito?

E. — Que dúvida?!

S. — Se discordássemos quanto a mais comprido e a mais curto, não tomaríamos as medidas e acabaríamos logo com a diferença?

E. — Assim é.

S. — Também iríamos a uma balança, creio eu, se discordássemos quanto a mais leve e a mais pesado?

E. — Como não?

S. — Então, quais os temas controversos, quais os pontos de vista irreconciliáveis que nos tornariam inimigos um do outro e nos poriam exaltados? Você talvez não o tenha alcançado bem, mas vá examinando, enquanto discorro, se são estes: justo e injusto, belo e feio, bom e mau. Não é divergindo nesse terreno e por não atingirmos uma solução satisfatória a esse respeito que nos tornamos inimigos, quando isso acontece, eu e você e todos os outros homens?

E. — Sim, Sócrates, essa é a controvérsia, sobre essas questões.

S. — Então? Se os deuses dissentem, Êutifron, não é sobre essas mesmas questões que se hão de desentender?

E. — Forçosamente.

S. — Logo, meu bravo Êutifron, de acordo com o que você disse, uns deuses acham justas, belas, feias, boas e más umas coisas e outros, outras; não brigariam entre si, caso não discordassem nisso, não é?

E. — Você diz bem.

S. — E não é verdade que cada qual gosta do que acha belo, bom e justo, e aborrece o oposto?

E. — Certamente.

S. — Mas são as mesmas coisas, como você diz, as que uns acham justas e outros injustas e, sobre elas discrepando, brigam e se guerreiam. Não é assim?

E. — É.

*S.* — Em conclusão, as mesmas coisas são estimadas e aborrecidas dos deuses, e as mesmas coisas seriam agradáveis e desagradáveis aos deuses.

*E.* — Evidentemente.

*S.* — As mesmas coisas, Êutifron, seriam piedosas e ímpias, segundo esse raciocínio!

*E.* — É bem possível.

*S.* — Então, meu extraordinário amigo, você não respondeu à minha pergunta; eu não tinha perguntado o que é ao mesmo tempo piedoso e ímpio. Como vimos, o que é agradável aos deuses também lhes é desagradável. Assim, ó Êutifron, não é de espantar se, fazendo o que você faz ao processar seu pai, esteja procedendo ao agrado de Zeus, mas ao desagrado de Crono e de Urano, ao gosto de Hefesto, mas ao desgosto de Hera (71); da mesma sorte quanto a outros deuses, que pensem diversamente ao mesmo respeito.

*E.* — Mas, a meu ver, Sócrates, nenhum deus diverge dos outros na necessidade de ser punido quem mata outrem criminosamente.

*S.* — Não? E os homens, Êutifron? Você já ouviu algum contestar que deve sofrer castigo quem mata criminosamente ou comete qualquer outra injustiça?

*E.* — Êles não cessam de contestá-lo, principalmente no tribunal; cometem iniqüidades infinitas, mas fazem e dizem tudo para fugir ao castigo.

*S.* — Sim? Êles reconhecem sua iniqüidade, Êutifron, e, apesar de reconhecê-la, sustentam que não devem receber o castigo?

*E.* — Não, isso não.

*S.* — Então, nem tudo fazem e dizem; parece-me que não ousam dizer e sustentar que não devam ser punidos, quando cometem injustiças. Parece-me que o que negam é terem cometido a injustiça. Não é?

*E.* — Você tem razão.

*S.* — Assim, êles não contestam que o culpado deve sofrer sua pena; o que discutem, talvez, é quem teria cometido a falta, qual o seu ato e quando se teria dado.

*E.* — É verdade.

*S.* — Pois bem, não se passa o mesmo com os deuses, se, como você dizia, brigam a respeito do que é justo ou injusto, uns acusando os outros de injustiças e estes negando? Pelo menos, meu extraordinário amigo, este é um ponto que ninguém contesta no céu e na terra: o culpado deve ser punido.

*E.* — Sim, Sócrates; o que você está dizendo é verdade, ao menos em bloco.

*S.* — Mas é ato por ato, Êutifron, que disputam os disputantes, homens ou deuses, se é que os deuses disputam; divergindo sobre um ato, estes dizem que foi praticado com justiça, aqueles, que injustamente. Ou não é assim?

*E.* — É bem assim.

*S.* — Por favor, então, Êutifron, informe-me, também, para que eu fique mais sábio; que prova tem você de que os deuses todos achem injusta a morte de quem, sendo empregado, se tornou assassino, foi amarrado pelo amo do morto e assim veio a finar-se nos grilhões, sem dar tempo a que indagasse dos exegetas o que fazer dele quem o amarrou? e de que bem está que, por causa de tal homem, o filho processe o pai, acusando-o de homicídio? Vamos, procure provar-me com clareza que, sem a mínima dúvida, todos os deuses acham justo esse procedimento; se você me der uma demonstração cabal, jamais cessarei de gabar a sua sabedoria.

*E.* — Não será, talvez, pequena tarefa, Sócrates; no entanto, eu o poderia demonstrar com toda clareza.

*S.* — Compreendo; você acha que eu sou mais obtuso que os juízes, porque a eles, é claro, demonstrará que aquela morte foi iníqua e que todos os deuses abominam crimes desses.

*E.* — Com toda clareza, Sócrates; basta que me ouçam falar.

*S.* — Hão de escutá-lo, desde que você tenha fama de bom orador. Mas, enquanto você falava, ocorreu-me uma idéia, que estou examinando de mim para comigo: "Se Êutifron me ensinasse, o melhor possível, que todos os deuses consideram injusta aquela morte, terei aprendido melhor de Êutifron o que é piedade e impiedade? Aquela ação é, em conclusão, desagradável aos deuses; mas acabamos de ver que não é nisso que se distinguem a piedade e a impiedade, porquanto vimos que é também desagradável a deuses o que é agradável a deuses." Por isso, dispenso você dessa tarefa, Êutifron; se você quer, vá lá que todos os deuses achem aquilo injusto e o abominem. Corrigida, porém, nossa expressão e dizendo que é impiedade o que todos os deuses aborrecem, piedade o que estimam e nem uma nem outra coisa, ou ambas, o que uns estimam e outros aborrecem, quer você que dessa maneira separemos a piedade da impiedade?

*E.* — Que no-lo impede, Sócrates?

*S.* — De minha parte, nada, Êutifron, mas veja você, da sua, se, assentando isso, me poderá ensinar mais fàcilmente o que me prometeu.

*E.* — Bem, eu, por mim, afirmaria que piedade é o que todos os deuses estimam, e o oposto, o que todos os deuses aborrecem, impiedade.

*S.* — Não devemos agora examinar, Êutifron, se o que se disse está certo? Ou devemos deixar como está e, da mesma forma, assentir conosco mesmos e com os outros, admitindo que está certo toda vez que alguém disser de alguma coisa que "é assim"? Não devemos examinar o que diz o interlocutor?

*E.* — Devemos examinar; contudo, penso que está certo o que acabamos de dizer.

*S.* — Logo o saberemos melhor, bom amigo. Faça esta reflexão: a piedade é estimada dos deuses por ser piedosa, ou é piedosa por ser estimada dos deuses?

*E.* — Não percebo aonde você quer chegar, Sócrates.

*S.* — Bem, tentarei falar mais claro. Nós dizemos: o que é levado e o que leva; o que é guiado e o que guia; o que é visto e o que vê. Todas essas coisas você compreende que diferem umas das outras e no quê.

*E.* — Acho que compreendo.

*S.* — Igualmente, que há o estimado e, diferente dele, o que estima?

*E.* — Naturalmente.

*S.* — Agora, diga-me: o levado é levado porque o levam, ou por outra razão?

*E.* — Porque o levam.

*S.* — E o guiado porque o guiam, o visto porque o vêem.

*E.* — Claro!

*S.* — Não é, pois, porque é visto que o vêem, mas, ao contrário, porque o vêem é que é visto; nem é porque é guiado que o guiam, mas porque o guiam é que é guiado; nem porque é levado o levam, mas porque o levam é que é levado. Ficou, então, bem claro, Êutifron, o que estou querendo dizer? Quero dizer isto: se algo é produzido ou impressionado, não é por ser produzido que o produzem, mas porque o produzem é que é produzido; nem é por ser impressionado que o impressionam, mas é porque o impressionam que é impressionado. Está de acordo com essa exposição?

*E.* — Estou.

*S.* — Daí, o estimado não é algo que foi produzido ou impressionado?

*E.* — Sem dúvida.

*S.* — Agora, não é? dá-se o mesmo que antes: não é por ser estimado que o estimam os que o estimam, porém porque o estimam é que é estimado.

*E.* — Necessariamente.

*S.* — Daí, que devemos dizer com relação à piedade, Êutifron? Não é o que é estimado de todos os deuses, na sua expressão?

*E* — Sim.

*S.* — Será assim porque é piedosa ou por outra razão?

*E.* — Por essa, não por outra.

*S.* — Então, por ser piedosa é que é estimada, e não é por ser estimada que é piedosa.

*E.* — Parece.

*S.* — Mas não é porque os deuses a estimam que é estimada e agradável aos deuses?

*E.* — Como não?

*S.* — Logo, Êutifron, nem é piedoso o que é agradável aos deuses, nem é agradável aos deuses o que é piedoso, como você diz, mas trata-se de coisas diversas.

*E.* — Como assim, Sócrates?

*S.* — Porque acertamos que a piedade é estimada por ser piedosa, e não piedosa por ser estimada. Não foi?

*E.* — Foi.

*S.* — Que o agradável aos deuses é tal por ser deles estimado, e não é por ser agradável que é estimado.

*E.* — Você diz a verdade.

*S.* — Se, porém, caro Êutifron, fossem a mesma coisa o agradável aos deuses e a piedade, então, se a piedade fosse estimada por ser piedosa, também o agradável aos deuses seria estimado por ser agradável; continuando, se uma coisa fosse agradável aos deuses por ser deles estimada, também a piedade seria piedosa por ser estimada; mas vê-se que uma e outra coisa se opõem como sendo absolutamente diversas. Uma, porque a estimam, é estimável; outra, porque é estimável, a estimam. Dir-se-ia, Êutifron, que, interrogado sôbre o que vem a ser a piedade, você não me quer explicar a sua natureza e se põe a falar de uma casualidade que aconteceu a essa piedade, qual seja a de ser estimada de todos os deuses; do que ela é, disso você ainda não falou. Deixe, pois, por favor, de mo sonegar e repita desde o começo o que é a piedade, quer seja estimada dos deuses, quer lhe aconteça seja lá o que for. Não é nisso que havemos de dissentir. Diga-me, porém, de bom coração, o que são piedade e impiedade.

*E.* — De fato, Sócrates, eu não saberia dizer-lhe a idéia que tenho; tudo que formulamos se põe a girar em roda de nós, nada quer parar onde o assentamos!

*S.* — Suas proposições, Êutifron, assemelham-se a obras de meu antepassado Dédalo (72). Se fôsse eu quem as diz e assenta, você poderia troçar de mim, dizendo que, por causa de minha descendência, o que plasmo em palavras se escapole e não quer parar onde a gente o põe. Mas a verdade é que as proposições são suas e é preciso achar outra pilhéria; é para você que elas não querem aquietar-se, como você próprio reconhece.

*E.* — Eu, Sócrates, acho que a pilhéria se aplica bem às nossas palavras. Essa movimentação em giro, esse bulício, não sou eu que o estabeleço; você é que me parece o Dédalo; por mim, as coisas parariam no lugar.

*S.* — Quer dizer, meu amigo, que talvez eu seja mais perito na arte do que aquela celebridade; tanto mais, que ele só fazia movediças as próprias obras, ao passo que eu, como se vê, faço, além das minhas, as alheias. E o que é mais engenhoso no meu talento é que sou perito a contragosto; a ter o gênio de Dédalo somado aos tesouros de Tântalo (73), eu preferiria que meus raciocínios parassem, se assentassem quietinhos. Bem, chega de brincadeiras. Você parece que está afrouxando; por isso vou juntar meus esforços aos seus, para lhe mostrar de que maneira me pode ensinar o que é a piedade. Não vá desanimar antes da hora. Veja lá se não acha que tudo que é piedoso tem que ser também justo.

*E.* — Parece que tem.

*S.* — Conclui-se que tudo que é justo é piedoso? Ou, de um lado, tudo que é piedoso é justo, mas, de outro, nem tudo que é justo é piedoso, sendo a justiça parte piedade e parte não.

*E.* — Não consigo acompanhar o seu pensamento, Sócrates.

*S.* — Sem embargo, você é tão mais moço quão mais sábio que eu. Mas é o que digo: você está afrouxando sob a riqueza de sabedoria. Vamos, meu rico, retese-se; não há nada difícil de entender no que digo. Estou dizendo bem o contrário do pensamento do poeta (74) que disse: "Não queres mencionar Zeus que tudo isso fez e criou; onde há medo, há vergonha." Eu discordo do poeta num ponto. Posso dizer qual?

*E.* — Naturalmente!

*S.* — Não acho que haja vergonha onde há medo. Acho que muitos têm medo às doenças, à pobreza e a tantos outros males assim, mas, embora tenham medo, nem por isso têm vergonha do que temem. Você não acha também?

*E.* — Perfeitamente.

*S.* — Ao contrário, onde há vergonha há medo. Há aí alguém que se acanhe de certo ato, sem temer ao mesmo tempo a reputação de seu mal?

*E.* — Claro que teme.

*S.* — Logo, não está certo dizer "onde há medo há vergonha": mas sim dizer "onde há vergonha há medo"; porque nem sempre há vergonha onde há medo; o temor, entendo eu, vai mais longe que a vergonha; a vergonha é uma parte do temor, como o ímpar é uma parte do número, de sorte que nem todo número é ímpar, mas todo ímpar é número. Está-me acompanhando?

*E.* — Perfeitamente.

*S.* — Era uma coisa assim o que eu queria dizer à altura em que lhe perguntei se onde há justiça há piedade também ou se onde há piedade há também justiça, sem que haja piedade cada vez que há justiça. Que é que você acha? Vamos assentar isso, ou vamos mudar?

*E.* — Não vamos mudar. Acho que você está certo.

*S.* — Atente agora no que daí se segue: se a piedade é parte da justiça, penso que temos de achar que parte da justiça será a piedade. Se, no exemplo de há pouco, você me fizesse uma pergunta assim: "que parte do número é o par, e o que vem a ser esse número?", eu responderia que o par é aquele que não é coxo, mas tem pernas iguais. Não acha?

*E.* — Acho.

*S.* — Procure você também explicar-me dessa forma que parte da justiça é a piedade, para que eu possa dizer a Meleto que não me prejudique, nem me processe por impiedade, porquanto já terei aprendido bem com você o que é religioso e pio e o que não é.

*E.* — Parece-me, Sócrates, que a parte da justiça que é religiosa e pia é esta: o que concerne ao cuidado para com os deuses; o que concerne ao cuidado para com os homens é o restante da justiça.

*S.* — Você parece dizer muito bem, Êutifron, mas ainda me falta um bocadinho; ainda não compreendi o que você entende por cuidado; decerto você não quer dizer que o prestado aos deuses é igual aos demais cuidados que há. Por exemplo, costumamos dizer que nem todos sabem cuidar de cavalos; só o palafreneiro. Não é?

*E.* — É exato.

*S.* — O ofício de palafreneiro é cuidar de cavalos.

*E.* — É.

*S.* — Igualmente, nem todos sabem cuidar de cães; só o matilheiro.

*E.* — De fato

*S.* — O ofício de matilheiro é cuidar de cães.

*E.* — É

*S.* — E o de vaqueiro é cuidar de vacas.

*E.* — Certamente.

*S.* — A piedade e a religião, igualmente, é o cuidar dos deuses, Êutrifon? É isso que você diz?

*E.* — É isso.

*S.* — Então, todos os cuidados têm como que uma execução igual? Quero dizer: êles consistem num benefício e proveito daquele de quem cuidamos, como se verifica que aproveitam e melhoram os cavalos sob os cuidados dum palafreneiro. Ou você não acha?

*E.* — Acho.

*S.* — Igualmente os cães sob os do matilheiro, as vacas sob o do vaqueiro e tudo o mais da mesma forma. Ou você pensa que o cuidado é daninho àquele de quem cuidamos?

*E.* — Eu não, por Zeus!

*S.* — Então é benfazejo?

E. — Como não?

*S.* — Assim, pois, a piedade, sendo um cuidado para com os deuses, é proveitosa aos deuses e os melhora? Você admitiria também que está melhorando um dos deuses tôda vez que procede piedosamente?

*E.* — Eu não, valha-me Zeus!

*S.* — Eu também não acho, Êutifron, que você queira dizer tal coisa. Longe disso. Se perguntei o que você entende por cuidado para com os deuses, foi por não esperar que você dissesse que consiste nisso.

*E.* — Você pensou bem, Sócrates; não é isso o que eu quero dizer.

*S.* — Bem, mas que sorte de cuidado dos deuses é a piedade?

*E.* — É o mesmo cuidado, Sócrates, que o dos servos para com o amo.

*S.* — Compreendo. Seria, em conclusão, uma prestação de serviço aos deuses.

*E.* — Precisamente.

*S.* — Você sabe dizer-me a que visa o serviço prestado aos médicos? Não acha que à saúde?

*E.* — Acho.

*S.* — Adiante. A que visa o serviço prestado aos armadores?

*E.* — É claro que à navegação, Sócrates.

*S.* — E o prestado aos arquitetos visa às casas?

*E.* — Sim.

*S.* — Diga-me, por fim, bom amigo: a que obra visa o serviço prestado aos deuses? É óbvio que você sabe, pois sustenta saber melhor que ninguém os assuntos divinos.

*E.* — E digo a verdade, Sócrates.

*S.* — Diga, então, por Zeus, qual pode ser essa belíssima obra que os deuses levam a cabo usando de nós como seus servidores?

*E.* — São muitas e belas, Sócrates.

*S.* — Igualmente as dos capitães, meu caro; no entanto, quanto a estes, você não teria embaraço em resumir dizendo que levam a cabo a vitória na guerra. Ou não?

*E.* — Como não?

*S.* — Muitas belas coisas levam a cabo também os agricultores: no entanto, pode-se resumir tudo em extrair da terra os alimentos.

*E.* — Certamente.

*S.* — Então, como resumir a execução de tantas belas obras que os deuses realizam?

E. — Mas há pouco eu disse, ó Sócrates, que é muito trabalhoso aprender bem como é tudo isso. Contudo, digo-lhe, simplificando, que, se uma pessoa souber, quando reza e sacrifica, proferir palavras e praticar atos que agradem aos deuses, nisso está a piedade e tais práticas é que preservam os bens particulares e os do povo; o oposto do que agrada é a impiedade, e esta é que tudo revira e põe a perder.

S. — Com efeito, se você quisesse, Êutifron, bem poderia dizer o essencial do que eu perguntava, com muito maior brevidade. Você não está mesmo com vontade de me instruir, está-se vendo. Agora, quando estava justamente a pique de fazê-lo, você me escapuliu. Se me tivesse dado a resposta, eu já teria aprendido de você a piedade com precisão. Paciência! Quem ama tem mesmo de ir atrás do seu amor aonde quer que este o leve! Afinal, em que diz você consistir o que é pio e a piedade? Não é em certa ciência da reza e do sacrifício?

E. — Foi o que eu disse.

S. — Sacrificar não é presentear os deuses, e rezar não é pedir-lhes?

E. — Isso mesmo, Sócrates.

S. — De acôrdo com esses termos, a piedade seria uma ciência de pedir e dar aos deuses.

E. — Você apreendeu esplêndidamente o meu pensamento, Sócrates.

S. — Porque estou ávido de sabedoria, meu caro, e presto toda a atenção para não deixar cair no chão o que quer que você diga. Mas, diga-me, qual é o serviço prestado aos deuses? Você diz que é pedir-lhes e dar-lhes?

E. — Sim.

S. — Então, pedir-lhes bem seria pedir-lhes o de que necessitamos da parte deles?

E. — Que mais seria?

S. — Doutro lado, dar bem seria retribuir-lhes com aquilo de que possam necessitar de nossa parte? Aliás, seria inépcia presentear alguém dando-lhe coisa de que não tem precisão nenhuma.

*E.* — Você diz a verdade, Sócrates.

*S.* — Assim, pois, Êutifron, a piedade seria um escambo entre deuses e homens.

*E.* — Um escambo, se você prefere chamá-la assim.

*S.* — Bem, não prefiro nada, a menos que seja verdadeiro. Explique-me, porém, que proveito vêm a tirar os deuses dos dons que recebem de nós; o que eles nos dão, toda gente o vê, pois não há bem que não seja dádiva sua; mas do que recebem de nós, que proveito tiram? Ou nós somos mais espertos no escambo, a ponto de obtermos deles todos os bens, e eles de nós nada?

*E.* — Mas você cuida, Sócrates, que os deuses tiram proveito do que recebem de nós?

*S.* — Se assim não fosse, Êutifron, que dom poderia haver de nossa parte para os deuses?

*E.* — Que mais pensa você além da honra, do preito e do que eu disse há pouco, do agrado?

*S.* — Então, ó Êutifron, a piedade é o agradável e não o útil aos deuses ou deles estimado?

*E.* — O que acho é que acima de tudo é o que é estimado.

*S.* — Então, ao que parece, piedoso é aquilo que os deuses estimam.

*E.* — Perfeitamente.

*S.* — E, dizendo isso, você ainda pode espantar-se de ver que suas proposições não param, mas andam? E a mim é que você vai culpar de as fazer andantes, como um Dédalo, quando você é muito mais hábil que Dédalo em fazê-las girar em roda? Não percebe que nosso raciocínio deu uma volta e veio parar no mesmo lugar? Você se lembra de que havia ficado claro que "piedoso" e "estimado dos deuses" não eram a mesma coisa, mas diferiam um do outro? Não se lembra?

*E.* — Sim, lembro-me.

*S.* — E agora não percebe que está afirmando ser o "piedoso" o "estimado dos deuses"? E este o que é, senão "o que os deuses estimam"?

*E.* — Perfeitamente.

S. — Logo, ou chegáramos há pouco a uma conclusão errônea, ou, se estava certa, estamos errando agora.

E. — É o que parece.

S. — Em conclusão, temos que examinar de novo desde o comêço o que é a piedade, porque, enquanto não o souber, eu não desistirei espontâneamente. Vamos, não faça pouco caso de mim, mas, agora mais do que nunca, empregue toda a atenção em dizer-me a verdade. Se há homem que a saiba é você, e você, como Proteu [75], não é de se largar antes que fale; se não soubesse claramente o que é piedade e impiedade, absolutamente não se abalançaria a processar por homicídio seu velho pai por causa dum empregado; não só teria medo, perante os deuses, de o estar fazendo talvez indevidamente, como também teria vergonha perante os homens. Ao contrário, sei bem que você pensa distinguir claramente o que é piedade e o que não é. Fale, pois, excelente Êutifron; não me escamoteie o que pensa a esse respeito.

E. — Em outra ocasião, ó Sócrates; agora estou com pressa e está na hora de me retirar.

S. — Que é o que você está fazendo? Você vai embora e me deixa caído do alto da esperança que tinha de me desembaraçar da denúncia de Meleto, depois de aprender com você o que é piedade e impiedade? E eu que ia mostrar a ele que, inteirado por Êutifron dos assuntos divinos, não mais haveria de improvisar por ignorância, nem de inovar nessa matéria e que passaria, outrossim, a levar melhor vida no futuro!

# CRITÃO, OU O DEVER

*Personagens: Sócrates e Critão, dois velhos.*

*Cena: Uma cela, na prisão de Atenas.*

*SÓC.* — Por que vieste a estas horas, Critão? É madrugada ainda, não é?

*CR.* — Perfeitamente.

*SÓC.* — Que horas, precisamente?

*CR.* — Mal começa a clarear.

*SÓC.* — Admira-me que o guarda da prisão te haja atendido.

*CR.* — Ele já se acostumou comigo, Sócrates, de tanto eu freqüentar este lugar; demais, deve-me alguns favores.

*SÓC.* — Acabas de chegar ou faz tempo?

*CR.* — Faz já algum tempo.

*SÓC.* — Então, por que não me acordaste logo e te sentaste aí calado?

*CR.* — É que, por Zeus, Sócrates, em teu lugar, eu não gostaria de passar muito tempo acordado numa aflição assim; estou mesmo admirando, há tempo, a placidez do teu sono. Não te acordei, de propósito; para que pudesses gozar quanto mais dessa tranqüilidade. Já muitas vezes antes, em toda a nossa vida, te considerei feliz pelo teu gênio, porém muito mais agora, na presente desgraça, pela facilidade e brandura com que a suportas.

*SÓC.* — Realmente, Critão, eu destoaria, se, na minha idade, me agastasse por ter de morrer em breve.

CR. — Outros também, Sócrates, passam por provações assim na mesma idade; no entanto, os anos não os dispensam de se agastarem com a sorte que lhes toca.

SÓC. — Assim é. Mas, afinal, para que vieste tão cedo?

CR. — Para trazer uma notícia, Sócrates, dolorosa e desoladora — não assim para ti, pelo que vejo — mas dolorosa e desoladora para mim e para todos os teus amigos; acho que a poderia contar como uma das que mais o sejam.

SÓC. — Que vem a ser? Chegou de Delos o navio a cuja chegada devo morrer?

CR. — Bem, chegar não chegou, mas calculo que deve aportar hoje, pelo que noticiam pessoas vindas de Súnio e que lá o deixaram. As novas dão a entender que vai aportar hoje, e será fatalmente amanhã, Sócrates, que terás de cessar de viver.

SÓC. — Pois bem, Critão, à boa ventura! Se assim apraz aos deuses, assim seja. Todavia, acho que não vai aportar hoje.

CR. — Em que te baseias?

SÓC. — Vou dizê-lo. Devo morrer, penso, no dia seguinte ao da chegada do navio.

CR. — Ao menos, assim dizem as autoridades competentes.

SÓC. — Por isso, acho que não vai aportar no dia de hoje, mas no de amanhã. Baseio-me num sonho que acabo de ter esta noite. Talvez mesmo tenha sido oportuno não me haveres despertado.

CR. — Como foi o sonho?

SÓC. — Parecia-me que vinha uma mulher formosa, de lindas feições, vestida de branco, me chamava e dizia: "Sócrates, depois de amanhã poderás ter chegado às férteis campinas da Ftia" ([76]).

CR. — Sonho esquisito, Sócrates!

SÓC. — De sentido claro, ao que penso, Critão.

CR. — Por demais, penso eu. Contudo, meu pobre Sócrates, ainda uma vez, dá-me ouvidos e põe-te a salvo; porque, para mim, se vieres a morrer, a desdita não será uma só; à parte a perda de um amigo como não acharei nenhum igual, acresce que muita gente, que não nos conhece bem, a mim e a ti, pensará que eu, podendo salvar-te, se me dispusesse a gastar dinheiro, não me importei. Ora, existe reputação mais vergonhosa que a de fazer mais caso do dinheiro que dos amigos? O povo não vai acreditar que tu é que não quiseste sair daqui, a despeito de o querermos nós mais que tudo.

*SÓC.* — Mas para nós, meu caro Critão, é tão importante assim a opinião do povo? A gente melhor, com quem mais importa que nos preocupemos, cuidará que as coisas se terão passado tal como se tiverem passado.

*CR.* — Mas bem vês, Sócrates, que não se pode deixar de fazer caso também da opinião do povo. Os fatos mesmos de agora dizem claro que o povo é capaz de fazer, não os mais pequeninos dos males, mas como que os maiores; basta que entre ele se espalhem calúnias contra alguém.

*SÓC.* — Oxalá, Critão, fosse o povo capaz de praticar os maiores males, para ser capaz também dos maiores benefícios! Seria esplêndido. Não o é, porém, nem dêstes nem daqueles. Incapaz de dar o siso, bem como de tirá-lo, ele obra ao sabor do acaso.

*CR.* — Vá lá que assim seja. Mas dize-me uma coisa, Sócrates: estás procurando evitar, não é? que eu e os outros amigos teus, caso saias daqui, venhamos a ser molestados pelos sicofantas, sob a acusação de te subtrair daqui, e obrigados a abrir mão de todos os nossos haveres, ou pelo menos de grossas quantias, ou a sofrer, além disso, qualquer outra pena? Se é isso que temes, manda o mêdo às urtigas. É justo que nós, para salvar-te, corramos êsse perigo e maiores ainda, se for preciso. Vamos, dá-me ouvidos e não procedas de outra maneira.

*SÓC.* — Estou evitando isso tudo, Critão, e muitas outras coisas.

*CR.* — Pois não tenhas esse receio. Não é muito o dinheiro que certas pessoas querem receber para levar-te daqui e salvar-te. Depois, não vês como são baratos esses sicofantas? que não seria preciso gastar muito com eles? Os meus haveres estão à tua disposição e acho que são suficientes; além disso, caso, apreensivo por mim, te pareça não devas despender o meu, aí estão aqueles estrangeiros, prontos a gastar; um, até, trouxe exatamente para isso dinheiro suficiente, Símias de Tebas; Cebes também está pronto e muitíssimos outros. Por isso, repito, não seja por esse receio que desistas de te salvar; tampouco te embaraces, como dizias no tribunal, com a possibilidade de, partindo, não teres do que viver. Em muitos lugares, mesmo no exterior, onde fores parar, acharás amizades; se quiseres ir para a Tessália, tenho lá hóspedes que te darão grande aprêço e te oferecerão segurança, de sorte que ninguém na Tessália te molestará. Demais, Sócrates, acho que cometes uma injustiça entregando-te, quando te podes salvar; estás trabalhando para que te aconteça exatamente aquilo a que visariam os teus inimigos — a que visaram quando decidiram a tua perda. De mais a mais, a meu ver, atraiçoas também os teus filhos; podendo criá-los e educá-los, tu queres ir-te, abandonando-os; no que te concerne, fiquem eles entregues à sua sorte; a deles, é natural, será a sorte costumeira dos que caem na orfandade. A gente deve ou não ter filhos, ou sofrer juntamente com eles, criando-os e educando-os. Tu me dás a impressão de estares escolhendo a tua maior comodidade. Deve-se, porém, escolher o que escolheria um homem bom e de brio, ao menos quando se vive dizendo não ter outra preocupação na vida senão a da virtude. Eu, sabes? tenho vergonha por ti e por nós, os teus amigos, de que atribuam a covardia de nossa parte tudo que aconteceu contigo: o teu comparecimento diante do tribunal, quando podias deixar de comparecer; a maneira pela qual o processo mesmo correu; por fim, este desfecho, como que o mais ridículo da história, a impressão de que nos esgueiramos, covardes e sem brio, sem termos providenciado, nem nós outros nem tu, a tua salvação, possível e realizável se tivéssemos algum préstimo. Evita,

Sócrates, que essa pecha, em acréscimo a tua desgraça, caia sobre ti e sobre nós. Vamos, resolve-te, que já não é tempo de resolver, mas de ter resolvido. Só há, porém, uma resolução e tudo deve estar feito na noite de hoje; se nos demorarmos mais, já não será realizável nem possível. De tôda forma, Sócrates, dá-me ouvidos e não procedas de outra maneira.

*SÓC.* — Querido Critão! Quão precioso o teu ardor, se alguma retidão o acompanhasse! Não sendo assim, quanto mais insistente, tanto mais penoso. Temos, pois, de examinar se devemos proceder como queres ou não. Quanto a mim, não é de agora, sempre fui deste feitio: não cedo a nenhuma outra de minhas razões, senão à que minhas reflexões demonstram ser a melhor. As razões que alegava no passado, não as posso enjeitar agora em vista de minha sorte presente; elas se me apresentam como que inalteradas; são as mesmas de antes as que estou respeitando e acatando; se, nestas conjunturas, não temos outras melhores para alegar, fica certo de que não cederei absolutamente a tuas instâncias, ainda que, com mais ameaças que as atuais, nos acene o poderio da multidão, como a crianças, com o espantalho de prisões, mortes e confisco de bens. Como, portanto, faremos tal exame o mais acuradamente possível? Será retomando, em primeiro lugar, aquela razão que alegas a propósito das opiniões? Estávamos certos ou errados ao repetirmos que das opiniões umas devemos acatar, outras não? ou, antes de eu ter de morrer, era acertado dizê-lo, mas agora se patenteou — não é assim? — que falávamos por falar, mas não passava de brincadeira, futilidade? Francamente, Critão, desejo examinar contigo se aquela razão se nos apresentará um tanto modificada em vista da minha situação, ou idêntica, e se a mandaremos às urtigas, ou lhe obedeceremos. Costumavam dizer, creio eu, os que presumem falar seriamente, mais ou menos o mesmo que eu próprio dizia há pouco: que, das opiniões que os homens formam, a umas se deve grande acatamento, a outras não. Pelos deuses, Critão, não te parece uma boa norma? porque tu, tanto quanto alcançam as previsões humanas, não estás em vias de morrer amanhã, nem poderia ser abalado o teu juízo pela adversidade presente. Portanto, reflete; não achas acertado dizer que a nem todas as opiniões dos homens se deve acatamento, mas a umas sim e a outras não? e não às de todos, mas às de uns sim e às de outros não? Que dizes? Não é com razão que se diz isso?

*CR.* — É com razão.

*SÓC.* — Logo, acatar as boas, não as ruins.

*CR.* — Perfeitamente.

*SÓC.* — Boas não são as dos judiciosos, ruins as dos sandeus?

*CR.* — Como não?

*SÓC.* — Ora bem, em que sentido se faziam tais distinções? Um homem que pratica a ginástica e segue aquela norma dá atenção ao louvor, à censura, ao parecer de toda gente ou somente ao de quem porventura é médico ou instrutor de ginástica?

*CR.* — Só ao deste.

*SÓC.* — Assim, deve temer as censuras e folgar com o louvor deste único e não da multidão.

*CR.* — Evidentemente.

*SÓC.* — Deve, não é assim? conformar suas práticas, seus exercícios, sua alimentação, sua bebida, somente com a opinião do mestre e entendido, de preferência à de todos os demais juntos.

*CR.* — Assim é.

*SÓC.* — Bem. Se desobedece àquele único, se desacata ao seu parecer e ao seu louvor, para atender ao que diz a multidão que de nada entende, não sofrerá nenhuma conseqüência ruim?

*CR.* — Como não?

*SÓC.* — Qual é essa conseqüência ruim, que extensão tem e onde atinge o desobediente?

*CR.* — Está-se vendo que no corpo, porque é este que ele arruína.

SÓC. — Dizes bem. Portanto, Critão, para não passarmos tudo em revista, com tudo mais se dá o mesmo. Agora, quanto ao justo e ao injusto, ao feio e ao belo, ao bem e ao mal, objetos desta nossa deliberação, devemos nós seguir a opinião da multidão e temê-la, ou a do único, se algum existe, entendido, a quem devemos respeitar e temer mais do que a todos os demais juntos? se não obedecermos ao qual, corromperemos e danificaremos aquilo que melhora com a justiça e se arruína com a injustiça? Ou isto não tem cabimento?

CR. — Acho que tem, Sócrates.

SÓC. — Ora, pois, se aquilo que melhora com um regime saudável e se corrompe com um regime insalubre nós arruinarmos obedecendo a opinião que não é a dos entendidos, é-nos possível viver com essa parte arruinada? É ao corpo que nos referimos, ou não?

CR. — Sim.

SÓC. — Então, é-nos possível viver com um corpo em más condições, arruinado?

CR. — De modo nenhum.

SÓC. — Podemos, porém, acaso viver depois de arruinar aquela parte que a injustiça danifica e a justiça beneficia? ou consideramos de menor valor que o corpo, aquela parte de nosso ser, seja qual for, com que se relacionam a injustiça e a justiça?

CR. — De modo nenhum.

SÓC. — De maior valor, então?

CR. — Muito maior.

SÓC. — Logo, meu excelente amigo, não é absolutamente com o que dirá de nós a multidão que nos devemos preocupar, mas com o que dirá a autoridade em matéria de justiça e injustiça, a única, a Verdade em si. Assim sendo, para começar, não apontas o bom caminho quando nos prescreves que nos inquietemos com o pensamento da multidão a respeito do justo, do belo, do bem e de seus contrários. A multidão, no entanto, dirá alguém, é bem capaz de nos matar.

CR. — Isso é claro, Sócrates; haverá quem diga.

SÓC. — Decerto. Mas, meu admirável amigo, essa razão que acabamos de rever ainda me parece substancialmente a mesma de antes. Examina também se continua de pé para nós este outro princípio: que não devemos dar máxima importância ao viver, mas ao viver bem.

CR. — Continua.

SÓC. — E que viver bem, viver com honra e viver conforme a justiça é tudo um, continua de pé, ou não?

CR. — Continua.

SÓC. — Por conseguinte, partindo desses princípios nos quais concordamos, devemos averiguar se é justo que eu tente sair daqui sem permissão dos atenienses, ou injusto; se se provar que é justo, tentemos; se não, desistamos. As considerações que aduzes, de dispêndio de dinheiro, reputação, criação dos filhos, Critão, cuidado não sejam na realidade especulações próprias de quem, com a mesma facilidade, mataria e, se pudesse, ressuscitaria, sem nenhum critério, a saber, a multidão. Nós, porém, pois que assim decide a razão, não sujeitemos à consideração nada além do que há pouco dizíamos: se será procedimento justo dar dinheiro aos que me vão tirar daqui, suborná-los, nós mesmos promovendo a fuga e fugindo, ou se, na verdade, procederemos com injustiça em todos esses atos; se se provar que cometeremos injustiça, não será absolutamente mister indagar se devo morrer, ficando quieto aqui, ou sofrer qualquer outra pena, antes do que praticar uma injustiça.

CR. — Acho que falas com acerto, Sócrates; vê, pois, o que devemos fazer.

SÓC. — Vejamo-lo juntos, meu caro, e, se puderes de algum modo refutar-me, refuta-me e te obedecerei; se não, cessa desde logo, meu boníssimo amigo, de insistir no mesmo assunto, de que preciso sair daqui contrariando os atenienses; porque dou muita importância a proceder com o teu assentimento e não mau grado teu. Vê, pois, se te parecem satisfatórios os argumentos básicos deste exame e procura responder a minhas perguntas com a maior sinceridade.

CR. — Pois não, procurarei.

SÓC. — Asseveramos que não se deve cometer injustiça voluntária em caso nenhum, ou que nuns casos se deve, noutros não? Ou que de modo algum é bom nem honroso cometê-la, como tantas vezes no passado conviemos? e é o que acabamos de repetir. Porventura, todas aquelas nossas convenções de antes se entornaram nestes poucos dias e, durante tanto tempo, Critão, velhos como somos, em nossos graves entretenimentos não nos demos conta de que nada diferíamos das crianças? Ou, sem dúvida alguma é como dizíamos, quer o admita a multidão, quer não? Mais: ainda que tenhamos de experimentar momentos quer inda mais dolorosos, quer mais suaves, o procedimento injusto, em qualquer hipótese, não é sempre, para quem o tem, um mal e uma vergonha? Afirmamos isso ou não?

CR. — Afirmamos.

SÓC. — Logo, jamais se deve proceder contra a justiça.

CR. — Jamais, por certo.

SÓC. — Nem mesmo retribuir a injustiça com a injustiça, como pensa a multidão, pois o procedimento injusto é sempre inadmissível.

CR. — Parece que não.

SÓC. — E daí? Devemos praticar maldades ou não, Critão?

CR. — Não devemos, sem dúvida, Sócrates.

SÓC. — Adiante. Retribuir o mal que nos fazem é justo, como diz a multidão, ou injusto?

CR. — Absolutamente injusto.

SÓC. — Sim, porque entre fazer mal a uma pessoa e cometer uma injustiça não há diferença nenhuma.

CR. — Dizes a verdade.

SÓC. — Em suma, não devemos retribuir a injustiça, nem fazer mal a pessoa alguma, seja qual for o mal que ela nos cause. Cautela, porém, Critão, ao admitires esses princípios, não o faças em contradição com o teu pensamento, pois sei que essa opinião é e será de alguns poucos. Entre os que a adotam e os que a repelem não existe um ânimo comum; fatalmente se quererão mal uns aos outros, ao verem os propósitos uns dos outros. Portanto, considera muito bem também tu se comungas a minha opinião, se concordas comigo e se nossa deliberação partirá do princípio de que jamais é acertado cometer injustiça, retribuí-la, vingar pelo mal que fazemos o mal que nos fazem, ou se diverges e não comparticipas do princípio. Quanto a mim, essa é opinião minha antiga, que ainda agora mantenho. Tu, porém, se tens outro sentir, fala, dá-me a conhecer; se perseveras no de outrora, presta atenção ao que daí decorre.

*CR.* — Persevero, concordo contigo; por isso, prossegue.

*SÓC.* — Passo, então, às decorrências; ou melhor, pergunto se uma convenção que se firmou com alguém, sendo justa, deve ser cumprida ou traída.

*CR.* — Deve ser cumprida.

*SÓC.* — Daí, presta atenção. Saindo daqui, desobedientes à cidade, lesamos a alguém e logo a quem menos devemos lesar, ou não? E cumprimos as convenções justas que firmamos, ou não?

*CR.* — Não sei responder a tuas perguntas, Sócrates; não as estou compreendendo.

*SÓC.* — Bem, reflete no seguinte. Se, no momento em que eu estivesse para me evadir daqui, ou como quer que se diga, chegassem as Leis e a Cidade, assomassem perguntando: "Dize-nos, Sócrates: que pretendes fazer? Que outra coisa meditas, com a façanha que intentas, senão destruir-nos a nós, as Leis e toda a Cidade, na medida de tuas forças? Acaso imaginas que ainda possa subsistir e não esteja derruída uma cidade onde nenhuma fôrça tenham as sentenças proferidas, tornadas inoperantes e aniquiladas por obra de simples particulares?" — Que responder, Critão, a essas e semelhantes perguntas? Muitos argumentos poderiam ser aduzidos, sobretudo por um orador, em defesa da lei por nós violada que estabelece a autoridade das sentenças proferidas. Acaso responderei que a Cidade me agravou, não me julgou conforme a justiça? Direi isso? Direi o quê?

*CR.* — Isso mesmo, por Zeus, ó Sócrates!

*SÓC.* — E se, então, as Leis dissessem: "Sócrates, o que convencionaste conosco foi isso, ou que te submeterias às sentenças que a Cidade proferisse?" Se me admirasse dessa pergunta, diriam, talvez: "Sócrates, não te admires de nossas perguntas, mas responde-nos, porque tu também costumas lançar mão de perguntas e respostas. Vamos, pois; qual a queixa contra nós e contra a Cidade, que te move à nossa destruição? Para começar, não fomos nós que te demos nascimento e não foi por nosso intermédio que teu pai desposou tua mãe e te gerou? Dize: apontas algum defeito naquelas dentre nós que regulam os casamentos? Achas que não estão bem feitas? — Não aponto defeitos, diria eu. — Então nas que regulam a criação e educação do filho, que também recebeste? Aquelas de nós que regem a matéria, ao mandarem que teu pai te ensinasse música e ginástica, não o fizeram com acerto? — Fizeram, diria eu. — Bem; depois que nasceste, que te criaram e educaram, poderias, de começo, negar que nos pertences, como filho nosso e nosso escravo, assim tu como teus ascendentes? E, se assim é, julgas ter os mesmos direitos que nós? julgas ter o direito de fazer-nos em represália o mesmo que tentarmos fazer a ti? Ora, em face de teu pai não terias os mesmos direitos, nem em face de teu amo, se amo tivesses, para retaliar o que te fizessem, nem para revidar doesto por doesto, golpe por golpe, nem para outros desforços; mas, em face da pátria e das Leis, se tentarmos destruir-te por assim acharmos de justiça, terás o direito de tentar, da tua parte também, dentro de tuas forças, destruir-nos em desforra, a nós, as Leis e a pátria? e dirás que, assim procedendo, obras com justiça tu, que verdadeiramente tomas a virtude a sério?! Que sabedoria é a tua, se ignoras que, acima de tua mãe, teu pai e todos os outros teus ascendentes, a pátria é mais respeitável, mais venerável, mais sacrossanta, mais estimada dos deuses e dos homens sensatos? que se deve mais veneração, obediência e carinho a uma pátria agastada do que a um pai? que o dever é ou dissuadi-la ou cumprir seus mandados, sofrer quietamente o que ela mandar sofrer, sejam espancamentos, sejam grilhões, seja a convocação para ser ferido ou morto na guerra? Tudo isso deve ser feito e esse é o direito — não, esquivar-se; não, recuar; não, desertar o posto; mas, quer na guerra, quer no tribunal, em toda parte, em suma, cumpre ou executar as ordens da cidade e da pátria ou obter a revogação pelas vias criadas pelo direito. É impiedade usar de violência contra a mãe e o pai, mas ainda muito pior contra a pátria do que contra eles." Que responderei a isso, Critão? Que as Leis dizem a verdade, ou que não?

*CR.* — Acho que sim.

*SÓC.* — "Vê, portanto, Sócrates" diriam talvez as Leis "se temos razão em tachar de injusto o que intentas fazer-nos agora. Nós que te geramos, te criamos, te educamos, te admitimos à participação de todos os benefícios que podemos proporcionar a ti e a todos os demais cidadãos, sem embargo, proclamamos termos facultado ao ateniense que o quiser, uma vez entrado na posse dos direitos civis e no conhecimento da vida pública e de nós, as Leis, se não formos de seu agrado, a liberdade de juntar o que é seu e partir para onde bem entender. Se, por não lhe agradarmos nós e a cidade, algum de vós quiser rumar para uma colônia ou fixar residência em qualquer outro país, nenhuma dentre nós, as Leis, o impede ou proíbe de seguir para onde lhe parecer, levando o que é seu. Mas quem dentre vós aqui permanece, vendo a maneira pela qual distribuímos justiça e desempenhamos as outras atribuições do Estado, passamos a dizer que convencionou conosco de fato cumprir nossas determinações; desobedecendo-nos, é réu tresdobradamente: porque a nós que o geramos não presta obediência; porque não o faz a nós que o criamos e porque, tendo convencionado obedecer-nos, nem obedece nem nos dissuade se incidimos nalgum erro;

nós propomos, não impomos com aspereza o cumprimento de nossas ordens, e facultamos a escolha entre persuadir-nos do contrário e obedecer-nos; ele, porém, não faz nem uma coisa nem outra. Tais são os crimes, Sócrates, em que, se puseres em prática o teu plano, te declaramos incurso, mais, não menos gravemente do que qualquer dos atenienses." Se, então, eu perguntasse: "Como assim?", talvez ralhassem comigo com razão, dizendo estar eu mais do que os outros atenienses preso àquele compromisso para com elas. Diriam: "Dispomos, Sócrates, de fortes provas de que nós e a cidade somos do teu agrado. Tu não terias assistido nela mais do que todos os outros atenienses, se ela não te agradasse mais que a todos; mas nem para uma festa jamais saíste da cidade, salvo uma única vez para os Jogos do Istmo (77); nem para qualquer lugar do exterior, a não ser como combatente (78); nem outra viagem jamais empreendeste, como os demais, nem te deu vontade de conhecer outras cidades e outras leis, mas nós e a nossa cidade te havemos bastado, a tal ponto nos preferias e convinhas em seres cidadão sob a nossa soberania. Por sinal que até geraste filhos nela, dando a entender que a cidade te agradava. Demais, mesmo durante o processo, se quisesses, podias obter a condenação ao exílio e fazer então, com o consentimento da cidade, o que pretendes agora fazer sem ele. Então, bravateavas tu que não te revoltarias, se houvesses de morrer; ao contrário, preferias, como declaravas, a morte ao exílio; mas agora não fazes honra àquelas palavras, nem hesitas na tentativa de nos aniquilar a nós, as Leis; fazes o que faria o mais vil dos escravos, tentando a fuga contra as convenções e acordos, pelos quais te obrigaste para conosco aos deveres de cidadão. Responde-nos primeiro a esta pergunta: é verdade o que dizemos quando afirmamos que te obrigaste aos deveres de cidadão sob nosso império, não em palavras, mas de fato, ou é mentira?" — Que hei de dizer a isso, Critão? Posso discordar?

*CR.* — Forçosamente não, Sócrates.

*SÓC.* — "Que fazes", diriam, "senão ladear as convenções e acordos que conosco firmaste sem coação, sem engodo, sem a urgência de resolver em tempo exíguo, mas através de setenta anos, durante os quais te era facultado emigrar, se nós te desprazíamos e se descobrisses serem injustas as convenções? Mas tu não preferiste nem Esparta nem Creta, que vives dizendo dotadas de boas leis, nem qualquer das outras cidades, gregas ou estrangeiras; daqui não te afastaste mais do que os coxos, os cegos e os outros mutilados, tanto, mais do que aos outros atenienses, te agradava a cidade, bem como nós, as Leis, evidentemente; pois a quem agradaria uma cidade com exceção das leis? Agora, porém, não é? não manténs os compromissos! Sim, Sócrates, tu os manterás, se nos atenderes, e não te sujeitarás ao ridículo de abandonar a cidade. Vamos, reflete; ladeando os compromissos e cometendo semelhante falta, que benefício trarás para ti e para teus amigos? Que teus amigos também correrão o perigo de ser exilados e privados da cidadania e de seus bens, está fora de dúvida; quanto a ti, para começar, se partires para uma das cidades mais próximas — digamos Tebas ou Mégara, que ambas têm boas leis — ali entrarás, Sócrates, como inimigo de suas instituições; todos quantos zelam por suas cidades te olharão de través, como um destruidor das leis; consolidarás a reputação de teus juízes, de sorte que pareçam haver-te julgado escorreitamente, porque todo violador das leis bem pode ser tido como corruptor dos jovens e dos levianos. Ou acaso evitarás as cidades de boas leis e os homens mais morigerados? E valerá a pena viveres com esse comportamento? Ou entrarás em contacto com eles e discorrerás, sem acanhamento... sobre o quê, Sócrates? Sôbre os teus assuntos daqui? Sobre o supremo valor que têm para a Humanidade a virtude, a justiça, assim como a legalidade e as leis? E não achas que o papel de Sócrates se manifestará indecoroso? Tens de achar. Admitamos que, afastando-te desses lugares, vás para a Tessália, para junto dos hóspedes de Critão, porque lá sobeja a desordem e a licença, e quiçá gostariam de te ouvir contar como foi cômica a tua fuga da prisão, em travesti, metido num surrão de couro ou noutro disfarce habitual dos evadidos, e dissimulando esse jeito que é o teu. Não haverá quem diga que, homem de idade, com pouco tempo provável de vida, não te pejaste de te agarrares tão pegajosamente à existência, burlando as leis mais veneráveis? Talvez, se não magoares a ninguém; caso contrário, irás ouvir, Sócrates, indignidades incontáveis. Viverás de granjear o favor de toda gente, assujeitado, a fazer o quê? senão a levar vida regalada na Tessália, como se lá tivesses ido para um banquete? E aquelas palestras sobre a justiça e outras formas da virtude? Por onde nos andarão elas? oh! sim, é por amor dos filhos que desejas viver, para os criares e educares! Mas, daí? Vais levá-los para a Tessália, torná-los estrangeiros de criação e formação, para que te fiquem devendo mais esse benefício? Ou não será assim? Será que, estando tu vivo e sendo eles criados aqui, terão melhor criação e educação sem a tua companhia, pois teus amigos é que cuidarão deles? Então, se partires para a Tessália, eles cuidarão, mas não hão de cuidar se partires para o Hades? Se têm algum préstimo deveras os que te protestam amizade, hás de admitir que sim. Não, Sócrates; ouve-nos a nós que te criamos; não sobreponhas à justiça nem teus filhos, nem tua vida, nem qualquer outra coisa, para que, chegado ao Hades, possas alegar todas essas justificações perante os que lá governam. Está claro que, com aquele procedimento, aqui não será melhor, nem mais justo, nem mais pio, para ti nem para nenhum dos teus; nem lá será melhor, quando tiveres chegado. Presentemente, partirás, se partires, vítima de injustiça, não nossa, das Leis, mas dos homens; se, porém, te evades, retribuindo assim vergonhosamente a injustiça com a injustiça, o dano com o dano, logrando teus próprios compromissos e acordos conosco, em detrimento daqueles a quem menos devias lesar, de ti próprio, dos teus amigos, da tua pátria e nosso, nós, enquanto viveres, estaremos indignadas contigo e, lá embaixo, nossas irmãs, as Leis do Hades, não te hão de acolher com benevolência, sabedoras de que nos procuraste arruinar na medida de tuas forças. Oh! não! não possa Critão persuadir-te a fazer o que ele diz com mais força do que nós!" Essas recriminações, Critão, meu querido companheiro, fica certo, parece-me que as estou ouvindo, tal como aos coribantes parece estarem ouvindo o som das flautas; é a ressonância mesma dessas palavras que zumbe no meu íntimo e não me deixa ouvir a outrem. Por isso, acredita-me, tanto quanto creio agora, o que disseres em sentido diverso, di-lo-ás em vão. No entanto, se esperas algum resultado, podes falar.

*CR.* — Não, Sócrates; não tenho o que dizer.

*SÓC.* — Então, desiste, Critão; procedamos daquela forma, porque tal é o caminho por onde a divindade nos guia.

# FÉDON

*Personagens: Fédon e Equécrates. Local, Fliunte. Ambiente, sede de uma agremiação de pitagóricos.*

*Introdução*

EQUÉCRATES

— Estavas, Fédon, pessoalmente junto de Sócrates no dia em que tomou a droga no cárcere, ou ouviste de outrem o relato?

FÉDON

— Eu estava, Equécrates.

EQUÉCRATES

— Então, de que falou o homem antes de morrer? Como passou os últimos momentos? Gostaria de saber isso. Com efeito, dos cidadãos de Fliunte, não há absolutamente nenhum assistindo atualmente em Atenas e há muito não vem de lá um forasteiro capaz de nos dar notícia certa a esse respeito, exceto a de que ele tomou um veneno e morreu. Quanto ao resto, nada souberam contar.

FÉDON

— Não tiveste informação nem de como decorreu o julmento?

EQUÉCRATES

— Sim, houve quem nos contasse isso. Até nos admiramos de que, tendo ocorrido há tanto tempo, ele só veio a morrer mais tarde, ao que se vê. Como foi isso, Fédon?

FÉDON

— Deu-se com ele, Equécrates, um caso fortuito. Na véspera do julgamento se havia celebrado a coroação da popa do barco que os atenienses costumam enviar a Delos.

EQUÉCRATES

— Que barco é esse?

FÉDON

— É aquele — assim dizem os atenienses — em que Teseu (79) partiu um dia para Creta, levando os tais sete casais, e os salvou juntamente consigo. Tinham feito a Apolo, conta a tradição, a promessa de enviar cada ano a Delos uma romaria, se então fossem salvos; eles a têm mandado ao deus todo ano, sem falta, desde aquele até hoje. Ora, desde que dão começo à romaria e por toda a sua duração, é lei entre eles conservar purificada a cidade e não justiçar ninguém antes de o barco aportar a Delos e chegar aqui de volta. Às vezes, quando os retêm ventos contrários, essa viagem leva muito tempo. O ato inicial da romaria é quando o sacerdote de Apolo coroa a popa do barco; tal cerimônia coincidiu, como dizia, com a véspera do julgamento. Daí ter Sócrates passado no cárcere longo tempo, o decorrido entre a sentença e a morte.

EQUÉCRATES

— Mas o que me contas da morte mesma, Fédon? Que se disse e fez e quem estava com ele dentre os mais chegados? Ou não permitiam os magistrados que estivessem e teve de morrer isolado dos amigos?

FÉDON

— Isso não! Ao contrário, estavam alguns, a bem dizer um bom número deles.

EQUÉCRATES

— Então, faze-nos a gentileza de relatar tudo com a maior exatidão, salvo se, por acaso, tens o que fazer.

FÉDON

— Não, não estou ocupado e tentarei narrar-vos os fatos. Aliás, nada me é mais agradável do que recordar Sócrates, quer falando, quer escutando a outros.

EQUÉCRATES

— Pois bem, Fédon, igual é o sentimento de quem te vai escutar. Por isso, trata de narrar tudo com a maior exatidão que puderes.

FÉDON

— Realmente, meu estado de alma, enquanto lá me encontrava, era bem esquisito; não me invadia o pesar de quem presencia a morte dum amigo dileto, pois o homem, Equécrates, me parecia evidentemente feliz, não só no procedimento como na conversa, tão animosa e nobremente se aproximava do fim; dava-me até a impressão de que, partindo para o Hades, não ia sem uma assistência divina, mas, lá chegado, seria, mesmo, ditoso como ninguém. Por isso não me penetrava, não, o pesar, como seria natural em quem assistia a uma cena de luto; tampouco o prazer costumeiro de nossos exercícios filosóficos, sem embargo de serem dessa natureza aquelas conversas. Eu experimentava uma sensação absolutamente insólita, uma fusão desusada, onde com o prazer se misturava a dor, ao considerar que ele estava para morrer. Todos os presentes nos sentíamos mais ou menos assim, ora rindo, por vezes chorando; um de nós mais que todos, Apolodoro. Decerto conheces o homem e o seu feitio?

EQUÉCRATES

— Se conheço!

FÉDON

— Pois ele se comportava inteiramente assim. Quanto a mim, sentia-me aturdido; os outros também.

EQUÉCRATES

— Quais eram, Fédon, os que se achavam com Sócrates?

FÉDON

— Dos da cidade, estava presente esse Apolodoro, mais Crítobulo com o pai, e ainda Hermógenes, Epígenes, Ésquines e Antístenes. Havia também Ctesipo de Peânia, Menéxeno e alguns outros conterrâneos. Platão, me parece, estava doente.

EQUÉCRATES

— De fora, havia alguns?

FÉDON

— Sim, Símias de Tebas, mais Cebes e Fedondes; de Mégara, Euclides e Terpsião.

EQUÉCRATES

— Quem mais? Estavam presentes Aristipo e Cleômbroto?

FÉDON

— Esses não. Consta que se achavam em Egina.

EQUÉCRATES

— Havia mais alguém?

FÉDON

— Parece-me que esses eram todos os presentes.

EQUÉCRATES

— E daí? Que nos contas das conversas?

### *A Narrativa Começa*

FÉDON

— Eu procurarei narrar tudo desde o começo. Nos dias precedentes, eu e os outros nos acostumáramos a ir ter com Sócrates, sem falta, encontrando-nos ao raiar do dia no tribunal onde se dera o julgamento; ficava perto da cadeia. Aguardávamos tôda manhã a abertura da cadeia entretendo-nos uns com os outros. Ela não se abria muito cedo, mas, apenas aberta, entrávamos para junto de Socrates e as mais das vezes passávamos o dia com ele. Por sinal, naquele dia nos reunimos mais cedo; na véspera, à tarde, depois de deixarmos a prisão, soubéramos que havia chegado o barco de Delos. Trocamos avisos para irmos ter ao lugar do costume quanto mais cedo. Assim fomos e, saindo o porteiro, o mesmo que nos costumava atender, mandou-nos esperar e não nos apresentar antes que avisasse.

— É que os Onze, explicou, estão desagrilhoando Sócrates e comunicando-lhe que vai morrer na data de hoje.

Não tardou muito a voltar e convidar-nos a entrar. Entramos, pois; encontramos Sócrates desagrilhoado de pouco e Xantipa (tu a conheces, não é?) com o filhinho dele no colo, sentada a seu lado. Mal nos viu, Xantipa desmanchou-se em pragas e lamentos, como costumam as mulheres:

— Sócrates, é a última vez que os teus amigos vão falar contigo e tu com eles!

Sócrates olhou para Critão e disse:

— Critão, levem-na para casa.

Então, alguns dos homens de Critão a tiraram dali; ela ia gritando e esmurrando o peito. Sócrates, sentado no catre, dobrara a perna e, ao mesmo tempo que a esfregava com a mão, começou a falar.

### *A Dor e o Prazer*

— Que coisa esquisita parece, senhores, isso a que os homens chamam prazer! Notável sua relação com o considerado seu contrário, a dor. Negam-se a estar presentes ambos juntos no homem, mas quem busca e pega um deles é como forçado, infalivelmente, a pegar também o outro, como se, sendo embora dois, estivessem ligados por uma cabeça única. Acho que se isso tivesse ocorrido a Esopo, ele teria composto uma fábula de como a divindade, querendo mas não podendo separá-los numa briga, juntara os cocurutos dos dois num só; por isso, quando a gente recebe a visita de um, o outro vem atrás, acompanhando. Assim parece acontecer comigo; depois que esteve em minha perna a dor do grilhão, já se faz presente seu companheiro, o prazer.

Cebes interrompeu-o:

— Por Zeus, Sócrates! Graças por me haveres lembrado. É a propósito dos versos com que metrificaste as fábulas de Esopo e também do hino a Apolo; além de outras pessoas antes, Eveno também me perguntou anteontem qual idéia te moveu a compô-los depois de vires para aqui, quando jamais compuseras nada antes. Por isso, se te importa alguma coisa possa eu responder a Eveno quando me repetir a pergunta (e tenho certeza de que o fará) dize o que devo dizer...

— Dize-lhe, Cebes, a verdade. Não os compus pela veleidade de competir com ele, rivalizar com suas composições, pois sei que não seria fácil; estava procurando desvendar o sentido de alguns sonhos e cumprir um dever religioso, no caso de me estarem eles repetindo tantas vezes a ordem de compor essa espécie de música. Com efeito, eles eram mais ou menos assim; muitas vezes me visitou na vida passada o mesmo sonho, cada vez sob visão diferente, com idêntico recado: "Sócrates", dizia, "compõe música, trabalha!" Eu, antigamente, entendia que me recomendava e estimulava aquilo mesmo que eu andava fazendo, como quem incita os atletas na corrida; assim, acreditava eu, ele me estava incentivando na tarefa mesma a que eu me votava, que seria um compor música, pois a filosofia é a música mais elevada e era a minha ocupação. Agora, porém, como houvera o julgamento, e a festa do deus impedia a minha morte, achei que não devia desobedecer ao sonho, caso me tivesse ordenado tantas vezes que compusesse dessa música popular, e sim compô-la. Seria mais seguro não partir sem ter cumprido o dever religioso de compor os poemas em obediência ao sonho. Assim, compus primeiramente em honra do deus cuja festa votiva transcorria; homenageado o deus, refleti em que o poeta, para ser poeta, deve compor fábulas em vez de dissertações e eu não era um fabulista; por essa razão, as fábulas a meu dispor (e tinha aprendido as de Esopo), fui-as metrificando à medida que me ocorriam. Dize isso a Eveno, Cebes, e que passe bem e, se é sábio, me siga quanto antes. Parto hoje, ao que parece; assim mandam os atenienses.

E Símias:

— Que recomendação fazes a Eveno, Sócrates! Já tive muitos encontros com o homem; por certo, a crer em minhas impressões, absolutamente não a vai acatar de bom grado.

— Como assim? — perguntou ele. — Eveno não é filósofo?

— Penso que é — respondeu Símias.

— Então, Eveno há de acatá-la, bem como todo aquele que participa desses estudos condignamente. Sem embargo, provavelmente não fará violência a si mesmo; porque, dizem, não é lícito.

*Do Suicídio*

Enquanto dizia isso, baixou os pés para o chão e assim permaneceu sentado pelo resto do entretenimento. Cebes perguntou-lhe a essa altura:

— Como podes dizer isso, Sócrates? que não é lícito fazer violência a si mesmo, mas o filósofo estaria disposto a seguir quem morre?

— Por que, Cebes? Tu e Símias não aprendestes as questões dessa natureza quando freqüentáveis os cursos de Filolau?

— Apenas por alto, Sócrates.

— A falar verdade, eu próprio falo sobre elas de oitiva; contudo, nada me impede de contar o que me foi dado ouvir; talvez, mesmo, especialmente a quem está de partida para o outro lado, fique bem investigar sobre a viagem para lá e dizer num mito como imaginamos que ela seja. Aliás, que mais se poderia fazer no espaço de tempo que nos separa do pôr-do-sol?

— Qual seria o fundamento de dizerem que não é lícito o suicídio, Sócrates? De meu lado, com efeito, como perguntaste há pouco, ouvira de Filolau, quando passou uma temporada em Tebas, e também de algumas outras pessoas, que isso não se deve fazer. Mas nunca ouvi de ninguém nada de preciso a esse respeito.

— Bem, vamos a isso com disposição. Talvez possas compreender, embora te pareça quiçá bem estranho, que, de todas as outras verdades, só esta é simples e jamais ocorre ao homem como as outras: às vezes, para certas pessoas, é melhor estar morto que vivo, mas àquelas para quem é melhor estar morto, quiçá te pareça estranho que a essas seja impiedade fazer esse benefício a si mesmas e tenham de esperar por outro benfeitor.

Cebes riu-se de leve.

— Que Zeus o entenda! — exclamou, servindo-se do seu dialeto.

— De fato, — disse Sócrates — dito assim pode parecer absurdo; não obstante, talvez tenha sua coerência. As palavras dos Mistérios a esse respeito, que nós, os homens, nos achamos numa custódia e ninguém se deve libertar dela nem escapar, são, para mim, evidentemente profundas e difíceis de penetrar. Não obstante, Cebes, parecem-me exprimir com felicidade que estamos confiados à guarda de deuses e que nós, os homens, somos uma das propriedades dos deuses. Não achas que é assim?

— Acho — disse Cebes.

— Não é verdade — volveu ele — que tu também, se um dos que são propriedade tua se suicidasse, sem lhe teres dado a entender que desejavas estivesse morto, ficarias agastado com ele e, se tivesses um castigo possível, puni-lo-ias?

— Claro! — respondeu.

— Provavelmente, bem vês, assim entendida, não é absurda a proibição de cometer suicídio antes de a divindade mandar uma ordem terminante como a que agora se me apresenta.

— Bem, — ponderou Cebes — isso me parece razoável. Porém o que dizias há pouco, que os filósofos estariam prontos a morrer de bom grado, isso parece absurdo, Sócrates, se tem razão de ser o que acabamos de dizer, isto é, que estamos confiados à guarda dum deus e somos propriedade sua. Não se agastarem os mais sensatos ao partirem desta custódia, onde são dirigidos justamente por aqueles que são os melhores dos dirigentes que há, os deuses, é um contra-senso; ninguém poderá imaginar que há de cuidar melhor de si mesmo posto em liberdade. Talvez um parvo pensasse que se deva escapar do amo; não refletiria que, tratando-se dum amo bom, não se deve escapar, mas ficar o mais possível; por isso, fugiria de estúpido. O sensato, ao contrário, quereria, sem dúvida, estar perpetuamente junto com o seu melhor. Já vês, Sócrates, que, assim, o razoável é o oposto do que se acabou de dizer: aos inteligentes quadra bem agastar-se ao morrerem; aos parvos, alegrar-se.

Ouvindo isso, Sócrates me pareceu ter gostado da objeção de Cebes. Olhou para nosso lado e comentou:

— Cebes anda sempre em busca de argumentos; não se dispõe absolutamente a crer de pronto no que se diga.

E Símias:

— A falar verdade, Sócrates, desta vez, pelo menos, acho também eu que Cebes está dizendo algo de peso: com que propósito homens verdadeiramente sábios haveriam de fugir a amos melhores que eles, apartar-se deles de alma leve? Penso, outrossim, que o argumento de Cebes visa à tua pessoa, por suportares com tamanha facilidade deixar-nos a nós e aos governantes excelentes, como tu mesmo admites, os deuses.

— É justo o que dizeis — respondeu ele; — quereis dizer, imagino, que tenho de me defender dessas acusações como num tribunal.

— Sem tirar nem pôr — confirmou Símias.

— Pois bem, vamos lá — tornou ele; — procure eu defender-me perante vós mais convincentemente que perante os juízes. Com efeito, Símias e Cebes, se não acreditasse que irei ter, em primeiro lugar, com outros deuses sábios e bons, em segundo, com homens falecidos melhores que os daqui, erraria não me agastando com a morte. Todavia, estai bem certos de que espero juntar-me a homens bons; esse ponto eu não sustentaria a todo custo; mas que vou ter com amos divinos perfeitamente bons, estai bem certos de que, se há pontos dessa natureza que eu sustentaria a todo custo, esse é um. Aí está por que, concordemente, não me agasto e tenho, ao contrário, uma boa esperança de que alguma coisa espere os mortos e, segundo velha tradição, muito melhor para os bons do que para os maus.

— Pois quê, Sócrates? — protestou Símias. — Tencionas tu partir levando contigo essas idéias ou as partilharás conosco? Considero comum também a nós esse bem; ao mesmo tempo, será tua defesa, se nos convenceres disso que estás dizendo.

— É o que vou tentar — respondeu. — Mas antes vejamos o que Critão me parece querer dizer há tanto tempo.

*Recado Deste Mundo*

— Não é nada, Sócrates — informou Critão; — apenas, há muito me está dizendo quem te vai administrar o veneno que te recomende conversar o menos possível. Quem fala, diz ele, se aquece além da conta, e não se deve obstar a ação do veneno com atitudes dessas; doutra forma, às vezes quem assim procede é obrigado a beber duas e até três vezes.

E Sócrates:

— Manda-o às favas. Que se prepare apenas para administrá-lo duas vezes, se preciso, e até três.

— Isso eu já mais ou menos sabia, — disse Critão — mas há muito que ele me está apoquentando.

*O Réu se Defende*

— Não lhe dês atenção — disse ele. — Bem, meus juízes, agora desejo justificar perante vós por que acho natural, no homem que tenha passado realmente a vida entregue à filosofia, a coragem na hora da morte e a boa esperança de desfrutar lá embaixo os maiores bens depois de morrer. Tentarei explicar, Símias e Cebes, como poderia ser isso. Muito provavelmente os outros não percebem que não se aplica a outra coisa quem se vota corretamente à filosofia senão a morrer e a estar morto. Se, pois, essa é a verdade, seria certamente absurdo não aspirar uma pessoa a vida inteira senão a esse estado e, quando ele chega, agastar-se com aquilo a que há tanto tempo aspirava e se aplicava.

Símias disse rindo:

— Por Zeus, Sócrates! fizeste-me rir e eu há pouco não tinha a mínima vontade de rir. A maioria, imagino, ouvindo isso, se arrogará todo o direito de criticar quem pratica a filosofia, dizendo (e nisso com inteiro assentimento dos homens de nossa roda) que os praticantes da filosofia estão realmente à morte e que ela não deixa de perceber que eles merecem tal sorte.

*A Vida Prepara a Morte*

— E diria a verdade, Símias, menos quanto a não deixar de perceber; ela não percebe de que modo estão à morte, de que modo merecem a morte e que morte merecem os filósofos autênticos. Porém, mandemo-la às favas e conversemos cá entre nós — sugeriu. — Em nossa opinião, a morte é alguma coisa?

— Certamente — respondeu Símias.

— Não outra senão a separação da alma e do corpo, não é? A morte é isto ficar o corpo só consigo mesmo, apartado da alma, e estar a alma só consigo mesma, apartada do corpo. A morte não passa disso, não é assim?

— Sim, não passa disso — respondeu.

— Examina, pois, meu caro, se tua opinião coincide com a minha; será nosso ponto de partida para novos conhecimentos sobre o objeto da investigação. Consideras próprio do filósofo açodar-se por causa dos chamados prazeres, tais como o comer e o beber?

— Absolutamente não, Sócrates — respondeu Símias.

— E quanto aos do amor?

— De modo algum.

— E quanto aos demais cuidados com o corpo? Na tua opinião, um homem daqueles os têm na conta de valiosos? por exemplo, possuir roupas e calçados magníficos e demais adornos do corpo; achas que ele preza isso ou despreza na medida em que não deva ter a sua parte por necessidade imperiosa?

— Eu cá penso que o despreza — respondeu; — pelo menos o filósofo genuíno.

— Portanto, na tua opinião, — disse ele — de modo geral, as preocupações dum homem assim não giram em torno do corpo; ao contrário, apartam-se dele tanto quanto podem e se voltam para a alma?

— Creio que sim.

— Logo, para começar, é nessas atitudes que vemos claramente como o filósofo desprende a alma o mais possível da comunhão com o corpo, mais que todo outro homem?

— Evidentemente.

— Sem dúvida, Símias, na opinião da maioria dos homens, quem não acha nessas coisas nada de agradável e delas não participa não é digno de viver; quem não faz caso nenhum dos prazeres obtidos por intermédio do corpo como que toca de perto na morte.

— É inteiramente verdade o que dizes.

— Que dizer da aquisição mesma da inteligência? O corpo é ou não um estorvo, quando se toma como colaborador na pesquisa? O que desejo significar é isto: os dados da visão e da audição trazem aos homens alguma verdade? ou se passa o que nos vivem repetindo os poetas, que nada ouvimos e nada vemos com exatidão? Sem embargo, se não são exatos nem seguros esses, muito menos os outros sentidos corporais, todos, sem dúvida, inferiores a esses. Ou achas que não o são?

— Acho que são, perfeitamente — respondeu.

— Quando — tornou ele — a alma atinge a verdade? pois toda a vez que procura examinar algo em colaboração com o corpo, é por ele manifestamente induzida em erro.

— Dizes a verdade.

— Acaso não é no refletir que a ela se torna clara alguma das realidades, se por algum modo isso acontece?

— Sim.

— Ela reflete melhor, sem dúvida, não quando a perturba alguma de tais sensações, a audição, a visão, uma dor ou algum prazer, mas quando aspira à realidade, retirada em si mesma tanto quanto possível, mandando o corpo às favas e negando-lhe, quanto pode, participação e contacto.

— Assim é.

— Nessas ocasiões (não é verdade?) é que a alma do filósofo mais deprecia o corpo e foge dele, procurando ficar retirada em si mesma.

— Evidentemente.

— Que dizes destas outras questões, Símias? Afirmamos que existe uma justiça em si, ou não?

— Afirmamos, certamente, por Zeus!

— E uma beleza em si, um bem em si?

— Como não?

— Já viste alguma vez com teus olhos uma dessas realidades?

— Absolutamente não — respondeu.

— Mas percebeste-as com algum dos outros sentidos do corpo? Refiro-me a tudo, ao tamanho, à saúde, à força, numa palavra, a todas as demais realidades, àquilo que cada ser é. Acaso é por intermédio do corpo que se observa o que elas têm de mais verdadeiro? ou é assim: quem de nós se tiver aparelhado mais e com maior exatidão para discernir em si mesma cada realidade que investiga, esse é quem mais perto pode chegar de conhecê-la?

— Sem dúvida alguma.

— Acaso não o faria da maneira mais pura quem se dirigisse a cada realidade por meio do pensamento o mais possível só, sem lhe ajuntar no discernir a visão, nem qualquer outro sentido, sem arrastar nenhum deles com o raciocínio, mas procurasse, usando a mente pura retirada em si mesma, apanhar cada uma das realidades em si mesma, apartando-se o mais possível dos olhos e dos ouvidos e, por assim dizer, de todo o corpo, como de coisa que estorva, que não deixa a alma adquirir a verdade e a inteligência, quando a ela se associa? Se alguém atinge a realidade, Símias, não é esse?

— Tu dizes, Sócrates, — asseverou Símias — coisa inexcedivelmente verdadeira.

— Logo, — prosseguiu ele — de todos esses argumentos, os filósofos genuínos inferirão necessariamente um modo de pensar que os leve a dizer de uns para os outros: "Quiçá, na investigação feita com a razão, nos leve a bom termo, como um atalho, a idéia de que, enquanto conservarmos o corpo e se mantiver nossa alma numa só massa com tamanha praga, jamais adquiriremos satisfatoriamente o que desejamos — e dizemos que o objeto de nosso desejo é a verdade. Com efeito, o corpo nos causa milhões de ocupações, devido à precisão de alimentos e ainda, se nos sobrevêm doenças, elas nos embaraçam a caça da realidade. Amores, desejos, temores, fantasias de toda a sorte e frioleiras sem conta é o de que êle nos atulha a ponto de, como se diz com razão, tolher-nos deveras a possibilidade de alguma vez sequer compreender alguma coisa. De fato, guerras, querelas, combates, nada os provoca senão o corpo e seus apetites, pois as guerras todas se produzem por causa da posse dos bens, e somos obrigados a adquirir os bens por causa do corpo, como escravos a seu serviço. Dele é a culpa, se todas essas necessidades nos privam de lazeres para a filosofia. O pior de tudo é que, se logramos alguma folga de sua parte e nos voltamos para o exame dalguma questão, ele reaparece de improviso em nossas investigações, em toda parte, a promover barulho e desordem, estonteando-nos de sorte que, por sua causa, não podemos discernir a verdade. Sim, está para nós de fato provado: para podermos alguma vez saber alguma coisa puramente, temos de separar-nos dele e observar as coisas em si com a alma em si. Evidentemente, só depois de mortos conseguiremos aquilo que cobiçamos e de que nos confessamos amorosos, a inteligência, como o demonstra o raciocínio; vivos, não. Se é impossível, com efeito, saber algo com nitidez na companhia do corpo, de duas uma: ou não se pode adquirir o conhecimento de modo algum, ou o podemos mortos, porque a alma estará então isolada, separada do corpo; antes, não. Enquanto vivos, parece, tanto mais próximos estaremos do conhecimento quanto menos trato e participação, além do estritamente necessário, tivermos com o corpo, quanto menos contágio com a sua natureza e quanto mais dele nos purificarmos, até quando a divindade mesma nos desvencilhar. Purificados assim, pelo afastamento da estupidez do corpo, provavelmente nos encontraremos entre seres semelhantes a nos, e viremos a conhecer, por nós mesmos, todo ser sem mistura. E talvez nisso consista a verdade; não é de crer seja lícito a um impuro atingir o que é puro." Idéias tais, Símias, imagino, hão de por força comunicar uns aos outros, delas convencidos, todos os autênticos amigos do saber. Não te parece assim?

— Nada mais crível, Sócrates.

*O Paraíso do Filósofo*

— Portanto, meu amigo, — prosseguiu Sócrates — se essa é a verdade, muita esperança assiste, a quem tiver chegado ao lugar aonde vou, de ali, melhor do que alhures, adquirir à saciedade aquilo que tanto trabalho nos custou no decurso da vida; por isso deposito boas esperanças nesta viagem a mim agora imposta, como o fará quem quer que acredite estar de inteligência pronta, como que purificada.

— Sem sombra de dúvida — admitiu Símias.

— Purificação não vem a ser aquilo mesmo que ensina a velha tradição? apartar do corpo a alma o mais possível, acostumá-la a recolher-se, de todas as partes do corpo, em si mesma, a condensar-se e, quer nas conjunturas presentes, quer nas futuras, viver na medida do possível isolada em si mesma, solta do corpo como de grilhões?

— Sem dúvida — respondeu.

— A palavra morte não quer dizer isto: libertação e separação da alma do corpo?

— Absolutamente certo — respondeu.

— Como afirmamos, somente os filósofos autênticos desejam acima de tudo libertá-la, e o exercício da filosofia consiste nisso mesmo, em libertar a alma, separando-a do corpo. Ou não é?

— Claro que é.

— Portanto, como dizia de começo, não seria ridículo que um homem passe a vida preparando-se para viver da maneira mais aproximada do estado de morto, e venha agastar-se quando esse estado, enfim, lhe chega?

— Ridículo, como não?

— Na realidade, Símias, — continuou ele — os filósofos autênticos exercitam-se para morrer e a morte infunde neles menos temor que em todos os homens. Baseia nisto o teu exame: se menoscabam o corpo de todas as maneiras, se aspiram a ter a alma retirada em si mesma, não seria um grande absurdo temerem e se agastarem quando isso lhes acontecesse? não partirem contentes para o lugar onde chegados esperam alcançar o que amaram durante a vida (e amavam a inteligência) e onde poderão desembaraçar-se do que desprezavam? Se muitos, por amor de seres humanos falecidos, amantes, mulheres ou filhos, se dispuseram a segui-los voluntariamente para o Hades, guiados da esperança de lá poderem ver os entes saudosos e com eles estar, então quem ama deveras a inteligência e concebe essa mesma forte esperança de alcançá-la, de modo que valha a pena, somente no Hades e em nenhum outro lugar, haverá de agastar-se ao morrer e de partir para lá descontente? Não é de crer, meu caro, se for realmente um filósofo, pois terá firme a convicção de que em nenhum outro lugar, senão lá, atingirá a inteligência em sua pureza. Se assim é, como acabo de dizer, não seria um grande absurdo o temor da morte em semelhante homem?

— Bem grande, por Zeus! — respondeu.

— Portanto, aí está uma prova suficiente: se vires um homem agastado por estar à morte, não será um amante do saber mas um amante do corpo. Esse mesmo, não há dúvida, será um amante das riquezas, amante das honrarias; quando não uma das duas coisas, ambas.

— Acontece exatamente como dizes.

*A Verdadeira Virtude*

— Não é, Símias, a pessoas dotadas daquelas disposições — prosseguiu — que principalmente se deve atribuir a chamada coragem?

— Sem dúvida alguma — respondeu.

— Igualmente a temperança — o que vulgarmente se entende por temperança, não se deixar empolgar pelos desejos, mas ser indiferente a eles, morigerado — não é de se atribuir somente àqueles que votam mais indiferença ao corpo e vivem na filosofia?

— Necessariamente — respondeu.

— Com efeito, — prosseguiu — pensa, se quiseres, na coragem e na temperança dos demais; hás de achá-las um contra-senso.

— Como assim, Sócrates?

— Tu sabes — explicou — que todos os demais consideram a morte um dos grandes males.

— Se sei! — respondeu.

— Quando os corajosos dentre eles afrontam a morte, não a afrontam por medo de males maiores?

— Assim é.

— Logo, é por temerem, por serem medrosos que, tirante os filósofos, todos os corajosos são corajosos. Ora, é absurdo ser alguém corajoso por medo e covardia.

— Sem dúvida.

— Adiante. Não estão no mesmo caso os morigerados entre eles, que são temperantes devido a um desregramento? Diga-se embora impossível, sua ingênua temperança padece de vício semelhante a esse; com medo de ficarem privados de certos prazeres que desejam, são dominados por estes e se abstêm de outros. Embora chamem desregramento o deixar-se governar pelos prazeres, acontece que eles, se dominam alguns, é por estarem dominados por outros. Isto se parece bem com a condição descrita há pouco, o serem temperantes devido a um desregramento.

— Sim, é verossímil.

— Bem-aventurado Símias, com efeito, no que respeita à virtude, a troca certa não será bem essa de prazeres por prazeres, dores por dores, medo por medo, dando-se graúdo por miúdo, como na das moedas; talvez seja única válida aquela moeda em troca da qual tudo isso deve ser dado, a inteligência; esta será, talvez, realmente o preço e o meio de comprar e vender tudo, a coragem, a temperança, a justiça, em suma, será uma virtude verdadeira com inteligência, quer se lhe adicionem, quer se lhe subtraiam prazeres, medos e tudo mais da mesma natureza. Quando esses sentimentos estão distanciados da inteligência e se permutam uns pelos outros, tal virtude talvez não passe dum claro-escuro, uma virtude servil na realidade, sem conteúdo são nem verdadeiro. Quiçá a verdade consista realmente numa purificação de todo sentimento análogo e não passem de meios de purificação a temperança, a justiça, a coragem e a própria inteligência. Provavelmente os instituidores de nossas iniciações não eram uns incompetentes e, ao contrário, há muito realmente elas dizem por enigmas que jazerá no atoleiro quem chegar ao Hades como profano e não iniciado, mas o purificado e iniciado, em lá chegando, habitará entre deuses; porque, como dizem os entendidos em mistérios, "são muitos os que empunham tirsos, mas poucos os bacantes". Estes, no meu entender, não são outros senão os que praticam a filosofia com autenticidade. Para pertencer ao seu número também eu, na medida de minhas forças, nada negligenciei em toda a vida, mas diligenciei por todos os modos. Se diligenciei como devia e com algum resultado é o que, se a divindade o quiser, saberei com certeza ao chegar lá, aparentemente dentro em pouco. Aí tendes, — concluiu — ó Símias e Cebes, a minha defesa, o fundamento por que, ao deixar-vos, a vós e aos amos daqui, não me pesa nem me agasto, com a esperança de lá encontrar, tanto como aqui, amos e companheiros bondosos. Contudo, a maioria é incrédula a êsse respeito; se, pois, nesta defesa, fui perante vós algo mais convincente do que perante os juízes de Atenas, bem estará.

*Alma-Fumaça*

Quando Sócrates terminou essa exposição, Cebes tomou a palavra.

— Sócrates, em tudo mais me parece teres falado com acerto, mas no tocante à alma ocorre aos homens grande suspeita de que, uma vez separada do corpo, não esteja em parte alguma e sim, no mesmo dia em que morre o homem, ela se destrua e pereça; que, apenas se separe do corpo e saia, se vá por aí voando, dissipada como um sopro ou uma fumaça, e não esteja em lugar algum. Enfim, se deveras estiver algures só consigo mesma, condensada e livre daqueles males que acabas de enumerar, muitas belas esperanças haveria, Sócrates, de que tenhas dito a verdade. Mas um ponto demanda talvez não pouca persuasão e fé: a subsistência da alma após a morte do homem e, mais, com alguma potência e alguma inteligência.

— Dizes a verdade, Cebes — tornou Sócrates. — Porém, que havemos de fazer? Queres conversar sobre esse tema, a ver se é verossímil que assim seja ou não seja?

— Por mim, — respondeu Cebes — gostaria de ouvir que idéias nutres a esse respeito.

*Dos Mortos Nascem os Vivos*

— Bem — volveu Sócrates; — ninguém, imagino, ouvindo-me agora, fosse mesmo um comediógrafo, me acusaria de andar tagarelando e falando de assuntos que não são de minha conta. Se, pois, assim te parece, temos de aprofundar o exame. Formulemos a questão mais ou menos nestes termos: se as almas dos falecidos estão no Hades ou não. Antiga tradição, já lembrada, reza que elas lá estão, idas daqui, e para aqui voltam e dos mortos renascem. Se assim é, se os vivos renascem dos mortos, que mais poderia ser senão estarem lá nossas almas? Com efeito, não estando, não poderiam renascer e a prova suficiente de lá estarem se teria quando realmente se evidenciasse que a vida não provém de nenhuma outra origem senão da morte. Se assim não for, será necessária outra teoria.

— Nada mais certo — observou Cebes.

— Não deves, porém — advertiu Sócrates — examinar a questão apenas no ser humano, se a queres compreender mais facilmente, mas em todos os sêres animados e plantas; em suma, vejamos em tudo quanto tem nascimento, se cada ente vem-a-ser por outro processo que não provindo cada qual de seu contrário, sempre que for o caso de contrários; por exemplo, o belo é o contrário, sem dúvida, do feio; o justo do injusto e há milhares e milhares de opostos assim. Examinemos esta pergunta: tudo que tem um contrário provém necessariamente de seu próprio contrário e de absolutamente nenhuma outra origem? por exemplo, quando algo vem-a-ser maior, não é forçoso que, de menor antes, se tenha tornado maior depois?

— Sim.

— Quando fica menor, (não é verdade?) de maior antes veio-a-ser menor depois?

— Assim é — respondeu.

— Assim também o mais forte, de mais fraco; de mais lento, o mais rápido?

— Absolutamente.

— Adiante. Se algo vem-a-ser pior, não será de melhor e, se mais justo, de mais injusto?

— Como não?

— Logo, temos suficientemente estabelecido o princípio de todo vir-a-ser: cada qual de seu contrário.

— Absolutamente.

— Agora? Existe nessas gerações algo como a intercorrência, em todos os pares de contrários, por serem dois, de um dobrado vir-a-ser, primeiro de um para outro e, depois, deste para aquele? Com efeito, entre os tamanhos maior e menor duma coisa, intervém um crescimento ou uma diminuição e para significá-lo empregamos os verbos, num caso, *crescer*, no outro, *diminuir*. Não é?

— Sim — respondeu.

— Não dizemos também *decompor-se* e *compor-se*, *esfriar* e *aquecer*, e assim de todos os contrários? embora não usemos verbos para cada caso, na realidade, não é menos necessária a ocorrência, em todos os casos, desse fenômeno de nascerem uns dos outros, gerarem-se uns aos outros. Não é verdade?

— Perfeitamente — respondeu.

— E daí? — perguntou. — Há um contrário de *estar vivo,* como de *velar* há *dormir?*

— Sem dúvida alguma — respondeu.

— Qual?

— *Estar morto* — respondeu.

— Não é certo que ésses estados nascem uns dos outros, pelo fato de serem contrários, e, por serem dois, o vir-a-ser entre eles é dobrado?

— Como não?

— De um dos pares a que acabo de aludir, — disse Sócrates — eu te direi os verbos que o designam, bem como os de seu duplo vir-a-ser; tu me dirás os do outro. Eu digo, de um lado, *dormir,* do outro, *velar* e que do dormir nasce o velar e do velar o dormir, sendo os respectivos vir-a-ser, dum lado, *adormecer,* do outro, *despertar.* Achas que basta, ou não?

— Perfeitamente.

— Dize-me agora tu também, — pediu Sócrates — da mesma maneira, sobre a vida e sobre a morte. Não afirmas, dum lado, que *estar morto* é o contrário de *estar vivo?*

— Afirmo, sim.

— E, de outro lado, que um estado provém do outro?

— Sim.

— Do vivo, que é o que vem-a-ser?

— O morto — respondeu.

— E do morto? — volveu.

— Não há senão admitir que o vivo.

— Portanto, Cebes, é dos mortos que vêm-a-ser as pessoas e outros seres viventes?

— Evidentemente — respondeu.

— Então, as nossas almas estão no Hades?

— É de crer que sim.

— Do dobrado vir-a-ser existente no processo, não é verdade que o duma direção não oferece dúvidas? O *morrer,* decerto, não padece dúvida; ou padece?

— Absolutamente não — respondeu.

— Logo, como havemos de fazer? — perguntou. — Não lhe contraporemos o vir-a-ser contrário e deixaremos aí a natureza perneta? Ou se há de necessariamente atribuir ao *morrer* um vir-a-ser oposto?

— Absolutamente — respondeu.

— Qual é ele?

— O *reviver*.

— Não é verdade — prosseguiu — que, se existe o *reviver*, o vir-a-ser da morte para a vida consistiria nisso, no *reviver*?

— Certamente.

— Estamos, pois, de acordo também nisto: os vivos provêm dos mortos tanto quanto os mortos dos vivos. Sendo assim, era nossa opinião que isso era prova de certo modo suficiente de existirem as almas dos mortos necessariamente nalgum lugar, donde, precisamente, tornam a nascer.

— Acho isso, Sócrates, — disse Cebes — uma decorrência necessária dos pontos admitidos.

— Vê, não obstante, Cebes, — continuou Sócrates — destoutra maneira, como tínhamos razão, a meu ver, em admiti-los. Se não contrapusermos sempre um vir-a-ser a outro, como numa roda a girar, se houver um vir-a-ser retilíneo, só dum estado ao seu oposto, sem inverter dali para o anterior, sem meia-volta, sabes que tudo, por fim, manteria uma figura única, tudo sofreria a mesma sorte e cessaria o vir-a-ser.

— Como assim? — perguntou.

— O que digo — respondeu — não é difícil de compreender; se, por exemplo, houvesse o *adormecer* sem se lhe contrapor o *despertar*, que do *dormir* viesse-a-ser, sabes que o fim de tudo faria de Endimião ([80]) uma patranha que em lugar nenhum poderia surgir, pelo fato de tudo mais ter sofrido a mesma sorte, a de dormir. E se tudo entrasse em composição e nada se decompusesse, logo se verificaria o enunciado de Anaxágoras: "tudo numa só massa". Da mesma maneira, meu caro Cebes, se viesse a morrer tudo quanto participa da vida e, depois de mortos, os seres permanecessem com a mesma figura, sem reviverem, não é que estaria necessariamente morto tudo que houvesse acabado e nada viveria? Com efeito, se os seres vivos não proviessem dos mortos, como evitar que tudo, morrendo os vivos, viesse a perecer na morte?

— Não vejo como, Sócrates — respondeu Cebes. — Ao contrário, parece-me ponto por ponto verdadeiro o que dizes.

— Sim, Cebes — tornou ele — nada é mais verdadeiro a meu ver e não nos enganamos quando admitimos aquelas proposições. São fatos reais o reviver, o nascerem os vivos dos mortos, o existirem as almas dos mortos, e um destino melhor para as boas, pior para as más.

*Aprender É Recordar*

— Ademais, — interveio Cebes — concorda com aquela teoria ([81]), se verdadeira, que costumas expender com freqüência, segundo a qual nossa instrução não passa de reminiscência e, portanto, sem dúvida, necessariamente aprendemos numa época anterior aquilo que relembramos no presente. Isso seria impossível, se nossa alma não existisse antes de nascer nesta forma humana. Em conclusão, por êsse raciocínio, também é verossímil a imortalidade de nossa alma.

— Mas, Cebes, — interveio Símias — quais as provas dessa teoria? Recorda-mas, porque não estou bem lembrado agora.

— Pois não, com um argumento esplêndido — respondeu Cebes; — fazendo-se perguntas aos homens, se bem conduzida a interrogação, eles dizem tudo como é. Ora, se não houvesse nêles um conhecimento e um raciocínio correto, não seriam capazes de fazê-lo. Em segundo lugar, se a gente passa às figuras geométricas ou a conhecimentos análogos, aí comprova com a máxima certeza que assim é.

— Se com isso não te convenceres, Símias, — disse Sócrates — vê se concordarás comigo examinando a questão destoutra forma. Não crês (não é assim?) que é uma reminiscência o que chamamos instrução.

— Não é que não creia — respondeu Símias; — eu estou precisando — acrescentou — é disso mesmo que se discute, de reminiscência. De certo modo, o esboço tentado por Cebes já me fez lembrar e crer; nem por isso deixaria de ouvir agora como tu expuseste a teoria.

— Eu? Assim — respondeu; — estamos de acordo, sem dúvida, em que, para alguém lembrar, é preciso ter aprendido alguma vez antes?

— Perfeitamente — respondeu.

— Concordamos, também, que o saber, quando se produz de determinado modo, é uma reminiscência? O modo a que aludo é o seguinte: quando uma pessoa vê, ouve ou sente alguma coisa por algum outro dos sentidos e, além de ficar conhecendo essa coisa, ainda adquire idéia de outra, cujo conhecimento se distingue do da primeira, não temos razão de dizer que aí houve reminiscência da idéia que adquiriu?

— Como assim?

— Vejamos um exemplo: uma coisa é conhecer um homem; outra, uma lira.

— Tal seria que não!

— Não sabes que com os amantes, ao verem uma lira, roupas ou outro objeto que o amado costuma usar, se dá o seguinte: reconhecem a lira e na sua mente evocam a imagem do moço a quem a lira pertence? Reminiscência é isso. Da mesma maneira, alguém, muitas vezes, ao ver Símias, se lembra de Cebes; e há um número infinito de exemplos similares.

— Uma infinidade, certamente, por Zeus! — respondeu Símias.

— Um caso desses — tornou Sócrates — é um caso de reminiscência, não é verdade? principalmente quando ocorre com relação às coisas que o tempo e a falta de rever fizeram esquecidas.

— Perfeitamente — respondeu.

— Adiante — continuou; — ao ver alguém a pintura dum cavalo ou duma lira, é possível se recorde dum homem? e ao ver o retrato de Símias se recorde de Cebes?

— Por certo.

— Igualmente, ao ver o retrato de Símias, se recorde do próprio Símias?

— É possível, decerto — respondeu.

— Logo, acontecem em todos os casos reminiscências produzidas tanto por coisas semelhantes como por diferentes?

— Acontecem.

— Todavia, quando alguém se recorda dalguma coisa por causa da semelhança, não sofre necessariamente ainda outro efeito, o de notar se falta ou não falta alguma coisa na semelhança com aquilo de que se recorda?

— Necessariamente — respondeu.

— Examina, pois — continuou — se é desta maneira que se passam as coisas: afirmamos, sem dúvida, que a igualdade é algo real; não me refiro à dum toco de pau com outro toco de pau, nem à duma pedra com outra pedra, nem a de quaisquer outras coisas do mesmo tipo, mas a uma outra, distinta dessas todas, que é a igualdade em si mesma. Devemos afirmar que ela é algo real ou negá-lo?

— Devemos afirmá-lo, por Zeus, prodigiosamente! — respondeu Símias.

— E sabemos no que consiste ela?

— Perfeitamente — respondeu.

— Donde tiramos o conhecimento dela? Não é, acaso, das igualdades há pouco referidas? ao vermos que são iguais tocos de pau, pedras e outras coisas, tiramos daí a noção daquela igualdade, que delas se distingue? ou te parece que não se distingue? Examina-o também desta maneira: pedras e tocos de pau iguais, às vezes, sem deixar de ser os mesmos, não parecem a este iguais, àquele desiguais?

— Perfeitamente.

— Adiante. Alguma vez as coisas iguais mesmas te pareceram desiguais, ou a igualdade uma desigualdade?

— Isso nunca, Sócrates!

— Logo, — concluiu — as coisas iguais mesmas são distintas da igualdade em si.

— Parece-me que absolutamente, Sócrates.

— Pois bem, dessas coisas iguais — prosseguiu — distintas daquela igualdade, concebeste, não obstante, e adquiriste a noção dela?

— Dizes o que há de mais verdadeiro — respondeu.

— Quer como sendo semelhante a elas, quer como sendo diferente, não é assim?

— Perfeitamente.

— Isso — continuou Sócrates — não faz diferença. Basta que, vendo uma coisa, em conseqüência de a teres visto, concebas a noção de outra, semelhante ou diferente, para ser essa concepção necessariamente uma reminiscência.

— De inteiro acordo.

— Prossigamos — disse Sócrates. — Dá-se conosco algo semelhante com relação à igualdade existente nos tocos de pau e nas outras coisas iguais referidas há pouco? Acaso verificamos a igualdade existente nelas da mesma maneira que a igualdade em si? Falta-lhes ou não lhes falta alguma coisa para serem idênticas à igualdade em si?

— Falta-lhes, e muito — respondeu.

— Não concordamos que acontece o seguinte? Quando uma pessoa, ao ver uma coisa, tem estas idéias: "isto que estou vendo quer identificar-se com outra realidade, mas falta-lhe alguma coisa para que possa igualar-se com ela e, por isso, lhe é inferior", sem dúvida quem assim reflete deve necessariamente ter visto antes a coisa a que diz assemelhar-se com deficiência estoutra.

— Necessariamente.

— E daí? Não é o mesmo que nós experimentamos com relação à igualdade nas coisas e à igualdade em si?

— Absolutamente o mesmo.

— Portanto, necessariamente, nós conhecemos a igualdade antes daquele momento em que, vendo pela primeira vez as igualdades nas coisas, temos a idéia de que todas elas querem ser idênticas à igualdade, mas algo lhes falta.

— Assim é.

— Aliás, também nisto concordamos: aquela reflexão não tem outra origem, nem mesmo seria possível concebê-la senão partindo do emprego da visão, do tacto ou de um dos outros sentidos; o que digo se aplica a todos os casos.

— Com efeito, Sócrates, são todos iguais, ao menos naquilo que visa a demonstrar o argumento.

— Seja como for, através das sensações é que temos de compreender que toda igualdade sentida aspira à essência da igualdade em si, mas lhe fica aquém. Ou o que devemos dizer?

— Isso mesmo.

— Portanto, antes de começarmos a ver, ouvir, servir-nos dos outros sentidos, devemos dalgum modo ter adquirido o conhecimento da essência da igualdade em si, para podermos remontar das igualdades sentidas a ela, verificando que todas se querem com ela identificar, mas ficam aquém.

— Conclusão necessária, Sócrates, do que ficou dito atrás.

— Não é verdade que, mal nascemos, já estávamos usando a vista, o ouvido e os demais sentidos?

— Perfeitamente.

— Mas é preciso, afirmamos, tivéssemos antes disso adquirido o conhecimento da igualdade?

— Sim.

— Portanto, aparentemente, nós o adquirimos necessariamente antes de nascer?

— Aparentemente.

— Não é, pois, verdade que, se o possuíamos ao nascer, tendo-o adquirido antes do nascimento, já sabíamos antes de nascer e logo ao nascer, não só o que é "igual", "maior" e "menor", mas todo o conjunto de conhecimentos análogos? Com efeito, agora nossa teoria não se aplica à igualdade mais do que à beleza em si, ao bem em si, à justiça, à piedade e (é onde quero chegar) a tudo que cunhamos como "realidade em si" ao formular perguntas e dar respostas. Portanto, adquirimos necessariamente o conhecimento de todas essas coisas antes de nascermos.

— Assim é.

— Também, se o adquirimos e não o esquecemos de cada vez, temos de sempre nascer sabendo e de saber sempre vida em fora. Saber, com efeito, consiste nisto: adquirido o conhecimento duma coisa, conservá-lo e não o perder. Ou o que chamamos esquecer, Símias, não é perder um conhecimento?

— Sem dúvida alguma, Sócrates — respondeu.

— Suponhamos que, tendo-o adquirido antes de nascer, ao nascer o perdemos, mas, depois, usando os sentidos em relação àquelas coisas, readquirimos os mesmos conhecimentos que em época anterior possuíramos; nesse caso, o que chamamos aprender não seria readquirir um conhecimento já nosso? Quando damos a isso o nome de reminiscência, não estamos acertando?

— Perfeitamente.

— Esta possibilidade, pelo menos, é manifesta: quem tem uma sensação através seja da visão, seja do ouvido, seja de outro sentido, partindo dela concebe uma noção distinta, que havia esquecido, da qual a sensação se aproxima, quer por ser diferente, quer por ser semelhante. Por conseguinte, repito, de duas uma: ou já nascemos com o conhecimento das realidades e todos conservamos esse conhecimento vida em fora, ou aqueles, que dizemos aprenderem depois, estão apenas relembrando, e a instrução seria uma reminiscência.

— E é bem isso o que acontece, Sócrates.

— Qual das duas soluções adotas, ó Símias? a de nascermos com os conhecimentos ou a de recordarmos ulteriormente aquilo de que tivéramos anteriormente o conhecimento?

— Por enquanto, Sócrates, não posso decidir a escolha.

— Adiante. Eis uma escolha que podes decidir, justificando tua opinião: uma pessoa que sabe poderia dizer o porquê daquilo que sabe, ou não?

— Muito necessariamente, Sócrates — respondeu.

— Porventura, achas que todos podem dizer o porquê dos conhecimentos há pouco enumerados?

— Quem dera! — exclamou Símias. — Ao contrário, muito receio que amanhã a esta hora já não haja ninguém no mundo capaz de fazê-lo de modo que valha.

— Então, Símias — volveu Sócrates — achas que nem todos têm o conhecimento dessas realidades?

— Absolutamente não.

— Então, relembram o que um dia aprenderam?

— Necessariamente.

— Em que ocasião adquiriram nossas almas o conhecimento daquelas realidades? pois não foi a partir do momento em que nos tornamos seres humanos.

— Claro que não.

— Então antes?

— Sim.

— Logo, Símias, mesmo antes de estarem na forma humana, as almas existiam, separadas de corpos, e possuíam inteligência.

— A menos, Sócrates, que adquiramos esses conhecimentos no momento de nascer, pois ainda resta essa oportunidade.

— Seja, meu amigo, mas em que outra os perdemos? porquanto não os possuíamos quando nascemos, segundo concordamos há pouco. Porventura os perdemos exatamente no instante em que os adquirimos? ou podes indicar outro momento?

— Absolutamente não, Sócrates; falei sem perceber que dizia uma parvoíce.

— Nossa situação, Símias, — resumiu Sócrates — não é a seguinte? Se, como não cessamos de repetir, existem a beleza, o bem e toda realidade da mesma sorte, se a ela remontamos todas as sensações, descobrindo que ela preexistia e nos pertencia, se com ela comparamos aquelas sensações, necessariamente, assim como existem aquelas realidades, assim também existia nossa alma antes de nascermos. Se, porém, elas não existem, essa argumentação terá sido vã. Não é assim? a necessidade da existência daquelas noções é a mesma da existência de nossas almas antes de nascermos; sem umas, não há as outras.

— Parece-me por demais, Sócrates — disse Símias — haver a mesma necessidade; o argumento encontra refúgio muito oportuno na existência quer de nossa alma antes de nascermos, quer dessa realidade a que aludes. Para mim, nenhuma teoria supera em evidência a seguinte: a existência em grau supremo de todas as realidades dessa sorte, da beleza, do bem e de tudo mais que enunciaste há pouco. A demonstração, para mim, foi cabal.

### *Se a Alma Sobrevive*

— E para Cebes? — perguntou Sócrates — pois temos de convencer Cebes também.

— Também para ele — respondeu Símias — ao menos me parece, embora não haja homem mais obstinado em desconfiar das teorias. Todavia, acho que ele está plenamente convencido da existência de nossa alma antes de nascermos; contudo, Sócrates, eu mesmo não acho demonstrada ainda sua existência depois de morrermos; ao contrário, continua de pé a opinião da maioria, há pouco invocada por Cebes, de que, no instante da morte do homem, talvez se dissipe a sua alma e seja êsse o fim de sua existência. Com efeito, que impede que ela nasça, se constitua provindo de alguma outra origem, exista antes de vir ter a um corpo humano e, por fim, após ter vindo a ele e dele se ter apartado, acabe também ela, e se destrua?

— Falaste bem, Símias — anuiu Cebes. — Verifica-se estar demonstrada como a metade do necessário, isto é, a existência de nossa alma antes de nascermos; mas falta ainda demonstrar que, depois de morrermos, não existirá menos do que antes de nascermos; sem isso, a demonstração não estará completa.

— Ao contrário, estará, ó Símias e Cebes, — replicou Sócrates — desde já, se consentirdes em reunir num só este último argumento e aquele por nós assentado antes dele, isto é, que toda vida nasce da morte. Com efeito, se a alma preexiste e necessariamente não vem à vida e ao nascimento de nenhuma outra origem senão da morte, se do estado de morto é que se nasce, como não será necessário subsista também depois da morte, se tem de nascer de novo? Portanto, como disse, a demonstração já está completa. Não obstante, tu e Símias, parece-me, gostaríeis de aprofundar ainda mais essa teoria, com o temor infantil de que verdadeiramente, ao deixar ela o corpo, a brisa a disperse e dissipe, principalmente quando uma pessoa falecer, não numa calmaria, mas sob uma ventania forte.

Cebes, rindo:

— Procura encorajar-nos, Sócrates, como a uns medrosos; ou melhor, não somos nós os medrosos, mas quiçá exista em nós uma criança temerosa dessas coisas; procura, pois, animá-la a não temer a morte como a um bicho-papão.

— Então é preciso — respondeu Sócrates — embaí-la cada dia com encantamentos, até que se tranqüilize.

— Mas, Sócrates, — replicou ele — onde havemos de arranjar um bom encantador contra esses temores, uma vez que tu nos deixas?

— Grande é a Grécia, Cebes, — respondeu — e nela há, sem dúvida, homens bons, e muitas são as nações estrangeiras; é mister pesquisardes entre toda essa gente em busca de tal encantador, sem poupar dinheiro nem esforços, certos de que nada existe em que pudésseis gastar vossos recursos mais convenientemente. Deveis pesquisar-vos também uns aos outros, pois talvez não possais achar facilmente alguém mais capaz de fazê-lo do que vós.

— Bem, isso havemos de fazer — disse Cebes; — mas voltemos ao ponto onde paramos, se te apraz.

— Pois não, com muito gosto. Como não haveria de aprazer-me?

— Apoiado — disse Cebes.

— Não é uma pergunta como esta — retomou Sócrates — a que devemos fazer a nós mesmos? A que sorte de ser compete passar pelo fenômeno da dissipação? Por que sorte de ser cabe temer que passe por esse fenômeno? E por que sorte de meio? Depois disso, é a vez de examinar se se trata da alma e, em conclusão, confiar ou temer por nossa alma. Não é?

— Dizes a verdade — confirmou.

— Não é com o que foi composto ou é um composto por natureza que condiz o fenômeno da decomposição, tal como o da composição? e se há um ser não composto, só a esse quadra escapar àquele fenômeno, se quadra a algum?

— Parece-me que assim é — respondeu Cebes.

— Os seres que conservam sua identidade e seu comportamento são mais provavelmente os não-compostos (não é verdade?), enquanto os que mudam de comportamento e jamais conservam a identidade, esses são os compostos?

— Assim me parece.

— Vamos, pois — retomou ele — à mesma meta do raciocínio anterior. A realidade mesma, de cuja existência damos contas ao perguntar e responder, comporta-se sempre idênticamente, ou varia? A igualdade em si, a beleza em si, a realidade de cada coisa em si, o ente, admite jamais uma modificação, seja qual for? ou a realidade de cada ente, invariável em sua forma absoluta, se comporta sempre identicamente e nunca, de forma alguma e de modo algum, admite alteração alguma?

— Necessariamente — respondeu Cebes — deve comportar-se identicamente, Sócrates.

— Que dizer sobre a multiplicidade de belezas, como a dos homens, a dos cavalos, a das vestes e outros quaisquer exemplos semelhantes, ou sobre a das igualdades e de tudo que nesses seres há com nome igual? Porventura conservam identidade ou, inteiramente ao avesso daqueles exemplos, não são idênticos nem em relação a si mesmos, nem em relação uns com os outros, nunca e, por assim dizer, de modo algum?

— Agora não — respondeu Cebes; — jamais se comportam identicamente.

— Estas realidades (não é?) poderias tocar, ver, sentir com os outros sentidos, mas as que mantêm identidade, não existe nenhum outro meio de as apreender senão a reflexão da mente, por serem as dessa sorte imateriais e invisíveis?

— O que dizes é ponto por ponto verdadeiro — respondeu.

— Devemos admitir (queres?) — perguntou Sócrates — dois tipos de realidade, o visível e o imaterial?

— Devemos — respondeu.

— E que o imaterial em todos os casos mantém sua identidade, enquanto o visível não?

— Também devemos admitir isso — respondeu.

— Muito bem — prosseguiu Sócrates; — há ou não há em nós mesmos um elemento que é corpo e outro que é alma?

— Há — respondeu.

— A qual dos dois tipos dizemos que o corpo seria mais semelhante, mais aparentado?

— Toda gente — respondeu Cebes — vê claro que é ao visível.

— E a alma? visível ou imaterial?

— Invisível, ao menos para os homens, Sócrates — respondeu.

— Bem, quando nós dizemos visível ou invisível, é com relação à natureza humana; ou pensas que é com relação a alguma outra?

— À humana.

— Então, que dizemos da alma? é visível ou invisível?

— Invisível.

— Portanto, imaterial.

— Sim.

— Logo, a alma é mais semelhante ao tipo imaterial do que o corpo, e este é mais semelhante ao visível.

— Absolutamente necessário, Sócrates.

— Não dizíamos, há pouco, também isto? que a alma, quando utiliza o corpo no exame dalguma questão, por meio da vista, da audição ou dum outro sentido (pois examinar por meio do corpo não é senão fazê-lo por meio dum sentido), é arrastada por ele às realidades que não são nunca idênticas e vagueia, confunde-se e tonteia como que bêbada, devido a estar em contacto com realidades desse tipo?

— Perfeitamente.

— Mas, quando realiza um exame isolada em si mesma, ela se transporta para o que é puro, eterno, imortal, invariável. Por ser aparentada com essa realidade, com ela permanece sempre, toda vez que fica isolada em si mesma e tem oportunidade; então, deixa de vaguear e, junto daquelas realidades, comporta-se sempre identicamente, porque está em contacto com realidades de tal tipo. É a esse fenômeno que se dá o nome de inteligência?

— O que dizes, Sócrates, é ponto por ponto certo e verdadeiro — respondeu.

— Agora, em conclusão do que dissemos antes e agora, a qual dos dois tipos achas mais semelhante e aparentada a alma?

— Acho que, seguindo esse roteiro, toda gente, Sócrates — respondeu — mesmo o mais bronco, concederia que a alma, em tudo e por tudo, é mais semelhante à realidade invariável do que à variável.

— E o corpo?

— À outra.

— Vê também por este aspecto: quando estão unidos alma e corpo, a natureza determina, a este, servidão e obediência; àquela, mando e senhorio; de acordo, agora, com isso, qual dos dois achas mais semelhante ao divino e qual ao mortal? Ou não consideras por natureza atributo divino mandar e senhorear, mortal ser mandado e servir?

— Considero.

— A qual dos dois se assemelha a alma?

— Está claro, Sócrates, que se assemelham a alma ao divino, o corpo ao mortal.

— Examina, pois, Cebes, se em decorrência de tudo que ficou dito chegamos a este resultado: ao divino, imortal, inteligível, uniforme, indissolúvel e que sempre mantém identidade consigo mesmo, o que há de mais semelhante é a alma, enquanto ao humano, mortal, não inteligível, multiforme, dissolúvel e que nunca se mantém idêntico a si mesmo, o que é mais semelhante é, por sua vez, o corpo. Podemos dizer outra coisa em oposição a essa, amigo Cebes, pela qual não seja assim?

— Não podemos.

— E daí? Assim sendo, não condiz com o corpo uma pronta dissolução, e com a alma, ao contrário, ser inteiramente, ou quase, indissolúvel?

— Como não?

— Tu formas, então, esta idéia: depois de morrer o homem, sua parte visível, o corpo, o situado numa forma visível, o cadáver, como o chamamos, com o qual condiz a dissolução, desagregação, evaporação, não padece nenhum desses efeitos imediatamente; ao contrário, dura tempo razoavelmente longo; se alguém morre quando mantém o corpo cheio de graça e em pleno esplendor, dura até muito; esvaziado o corpo e mumificado, como o das múmias do Egito, conserva-se quase inteiro um tempo incalculável; certas partes, ainda que o corpo apodreça, os ossos, os tendões e todas as similares, são, não obstante, por assim dizer, imortais. Não é?

— Sim.

— Mas então a alma, a parte imaterial, a que vai para outro lugar semelhante a ela, nobre, puro, imaterial, para o Hades, na verdade, junto dum deus bom e sábio, aonde, se a divindade quiser, logo também a minha alma terá de ir, essa, pois, dotada daqueles atributos e daquela natureza, mal se separa do corpo se há de dispersar e aniquilar, como diz a maioria dos homens? Longe disso, meus caros Cebes e Símias; muito ao contrário, eis o que acontece. Suponhamos que ela se aparte, pura, sem consigo arrastar parcela nenhuma do corpo, devido a nada comungar com ele voluntariamente durante a vida, mas, ao invés, fugir dele e encolher-se em si mesma, por ser essa a sua preocupação constante — e isso não é outra coisa que praticar perfeitamente a filosofia e exercitar-se deveras e sem dificuldade para a morte; ou não seria esse comportamento uma exercitação da morte?

— Por todos os modos.

— Não é verdade que, assim se comportando, ela se dirige para o que lhe é semelhante, o imaterial, o divino, imortal e sábio, aonde, chegada, lhe será proporcionada a felicidade, por estar liberta da vagueação, da demência, dos temores, dos amores impetuosos e dos outros males humanos e, tal como se diz dos iniciados, passará deveras o resto da existência na companhia de deuses? Afirmaremos isso, Cebes, ou outra coisa?

— Isso, por Zeus! — respondeu Cebes.

— Caso, porém, penso eu, se aparte do corpo contaminada, não purificada, devido a sempre estar em comunhão com ele, a servi-lo, a amá-lo, enfeitiçada por ele e pelos apetites e prazeres, a ponto de nada considerar verdadeiro senão o corpóreo, o que se pode tocar, ver, beber, comer, desfrutar na prática do amor, acostumada, ao invés, a detestar, temer e evitar aquilo que aos olhos é obscuro, invisível, embora inteligível e apreensível pela filosofia, crês que, assim se comportando, uma alma se há de libertar para ficar estreme em si mesma?

— Nunca dos nuncas — respondeu.

— Mas crês, suponho, que estará tolhida pela corporeidade, que lhe tornaram inerente a familiaridade e convivência do corpo, devidas à companhia constante e excessiva dedicação a ele?

— Perfeitamente.

— Essa corporeidade, meu amigo, devemos considerá-la como compacta, pesada, terrosa, visível. Por possuí-la, semelhante alma adquire peso e, arrastada pelo medo do lugar imaterial, do Hades, que assim se chama, volta ao lugar visível, rebolcando-se entre os túmulos e sepulcros, junto aos quais, por sinal, chegaram a ser vistas aparições de almas em forma de sombras, imagens próprias de tais almas, que, desprendidas num estado impuro, participam da visibilidade e por isso são vistas.

— É, isso é verossímil, Sócrates.

*Vê lá Como Vives!*

— Verossímil, por certo, Cebes; não assim que sejam essas as dos bons; sim, as dos ordinários, forçadas a vaguear em torno de semelhantes lugares, para pagar a pena de seu ruim teor de vida anterior. Vagueiam até o dia em que, por efeito do desejo nutrido pela corporeidade a elas pegada, de novo se prendem a um corpo. Prendem-se, como é de ver, a naturezas tais quais convêm às exercitações que praticaram em vida.

— A que natureza te referes, Sócrates?

— Por exemplo, os que desprecavidamente se exercitaram na gula, na patuscada, na beberronia, é provável que mergulhem em espécimes asininos e de quejandos animais. Não achas?

— É bem provável o que dizes.

— Já os que se dedicaram de preferência às injustiças, à tirania, à rapina, em espécimes de lobos, de falcões, de milhafres. Aonde mais podemos dizer que vão tais almas?

— É mais que certo — respondeu Cebes — irem a tais espécimes.

— Não é claro — volveu Sócrates — também nos outros casos que irá cada um a um espécime à semelhança de sua exercitação?

— É claro — respondeu — como não?

— Não são, mesmo entre esses — prosseguiu — mais felizes e destinados a melhor lugar os que se aplicaram à virtude social e cívica, chamada temperança e justiça, produto de hábito e exercitação, mas sem o concurso da filosofia e da mente?

— De que forma são esses os mais felizes?

— Porque provavelmente retornarão a uma espécie social e policiada, talvez à das abelhas, vespas e formigas, ou mesmo ao próprio gênero humano, e deles nascerão homens morigerados.

— É provável.

— Mas ao gênero divino, quem não praticou a filosofia, quem daqui não se vai completamente purificado, não lhe será permitido chegar; só a quem é amigo do saber. Bem, aí estão as razões, meus caros Símias e Cebes, de se absterem os que praticam devidamente a filosofia de todos os apetites corporais, resistirem e não se entregarem a eles; não pelo menor temor à ruína e à penúria, como a multidão dos avarentos; nem pelo receio tampouco da privação de honrarias e de glória, própria do infortúnio, como os que amam as posições e honras, em conseqüência, se abstêm deles.

— É que não lhes assentam bem, Sócrates — disse Cebes.

— Não mesmo, por Zeus! — exclamou. — Bem por isso a toda aquela classe de gente, Cebes, aqueles que têm algum cuidado da alma e não vivem modelando o corpo mandam-na pentear macacos; não trilham o mesmo caminho por onde ela anda por não saber onde vai dar; eles, acreditando que não se deve proceder contrariamente à filosofia, e à libertação e purificação por ela proporcionada, voltam-se para o rumo que ela indica, e seguem-na.

*A Filosofia Purifica*

— Como, Sócrates?

— Vou explicar — respondeu. — Reconhecem os amantes do saber que a filosofia toma pela mão a sua alma, completamente presa ao corpo, colada a ele, obrigada a contemplar as realidades através dele como através duma prisão, e não diretamente por si, a rolar numa absoluta ignorância; verifica a filosofia que o terrível dessa prisão é ser devida ao desejo na medida em que o próprio agrilhoado colaborar no seu agrilhoamento... Como digo, reconhecem os amantes do saber que a filosofia, tomando pela mão a sua alma em tal condição, dá-lhe brandos conselhos, tenta libertá-la mostrando-lhe como está repleto de ilusões o exame por meio dos olhos, repleto de ilusões o realizado por meio dos ouvidos e dos outros sentidos; persuadindo-a a deles afastar-se e não se servir além do necessário; recomendando-lhe que se recolha em si mesma e se condense, não creia em ninguém mais senão em si mesma, quanto à realidade em si, que ela em si apreender, e não admita como verdadeira nenhuma outra coisa existente em outra e que ela venha a examinar através doutros meios, por serem semelhantes coisas sensíveis e visíveis, enquanto o que ela vê é inteligível e imaterial. A alma do filósofo autêntico acredita que não deve opor-se a essa libertação; assim, abstém-se dos prazeres, dos desejos, dos sofrimentos, dos temores, tanto quanto pode, estimando que, quando uma pessoa goza, padece, teme ou deseja intensamente, dos males imagináveis, tais como a doença ou a ruína provocada pelas paixões, nenhum a fere tão gravemente como aquele que é o maior e o extremo de todos os males; esse é que a pessoa sofre e não avalia.

— Qual é esse, Sócrates? — perguntou Cebes.

— Consiste em ser a alma de todo homem, quando está gozando ou sofrendo intensamente em razão dalguma coisa, obrigada a supor seja aquilo precisamente donde recebe essas sensações o que há de mais evidente e verdadeiro, quando não é. Tais coisas são principalmente as de ordem visível ou não são?

— São, perfeitamente.

— Não é verdade ser principalmente nessa sensação que a alma é agrilhoada pelo corpo?

— Como assim?

— Cada prazer e cada dor, como se tivesse um prego, a prega e fixa no corpo, tornando-a corpórea e fazendo-a tomar por verdades as que o corpo confirmar como tais. Com efeito, em conseqüência de conformar suas opiniões e gostos com os do corpo, é forçada, imagino, a tornar-se da mesma índole e da mesma educação, de tal feitio que jamais chegue ao Hades em estado de pureza, ao contrário, saia do corpo sempre contaminada dele para logo recair noutro corpo e ali crescer, como semeada, e, em resultado, não compartilhar da convivência do divino, do puro e do invariável.

— Por demais verdadeiro o que dizes, Sócrates — aprovou Cebes.

— Por essas razões são morigerados e corajosos os legítimos amigos do saber, não pelas que o vulgo aponta. Não achas?

— Acho, decerto.

— Tal seria! Eis como a alma dum filósofo raciocinaria. Não imaginaria que, cumprindo à filosofia libertá-la, enquanto esta a estivesse libertando, ela devesse entregar-se aos prazeres e dores para a encadearem de novo, executando-se o trabalho infindável duma Penélope [82], tocando o seu tear às avessas. Ao contrário, proporcionando calma àquelas sensações, ela toma e conserva o rumo da razão; contemplando o ser verdadeiro, divino, incontroverso, e por ele nutrida, crê necessário viver assim enquanto viver e, depois da morte, chegada a um meio com ela aparentado e seu semelhante, libertar-se dos males humanos. Em conseqüência dessa formação, não é de espantar, Símias e Cebes, que, depois dessa exercitação, não receie ser, no separar-se do corpo, rasgada, dissipada pelo vento, evolar-se, partir e não ser mais nada em lugar nenhum.

*A Tentação da Dúvida*

Um silêncio prolongado sucedeu essas palavras de Sócrates. Ele próprio, a olhos vistos, ficara concentrado nos argumentos expendidos, assim como a maioria de nós. Cebes e Símias, porém, dialogavam entre si, em voz baixa. Sócrates notou-o e perguntou:

— Que há? Por acaso considerais deficiente a exposição? Com efeito, restam ainda muitas dúvidas e objeções para se vir a esgotar o assunto. Se estais examinando outra questão, retiro o que disse; mas se vos embaraça algum ponto desta teoria, não hesiteis nem um pouco em falar, discorrendo vós mesmos sobre o que de algum modo, na vossa opinião, poderia ter sido mais bem explanado e, por vossa vez, contai com minha ajuda se esperais melhor desembaraçar-vos com ela.

Símias, então, confessou:

— Bem, Sócrates, dir-te-ei a verdade. Eu e ele, em nosso embaraço, vimos empurrando um ao outro, mandando fazer a pergunta; desejamos ouvir-te, mas tememos ser importunos e desagradar-te por causa da presente desgraça.

Ele, ouvindo isso, riu-se de leve e comentou:

— Ora, adeus, Símias! Bem difícil me seria convencer os outros homens de que não considero desgraça a situação presente, quando não consigo fazê-lo nem mesmo a vós e receais em mim maior acrimônia hoje do que no passado. Evidentemente, considerais meu poder divinatório inferior ao dos cisnes; estas aves, quando sentem chegada a hora de sua morte, se cantavam antes, cantam então mais e melhor, na alegria da iminência da partida para junto do deus de quem são servidores. Os homens, devido a seu próprio temor da morte, chegam a caluniar os cisnes, assacando ser um canto de dor chorando a morte; não refletem que ave nenhuma canta quando padece fome ou frio ou qualquer outro mal, nem o mesmo rouxinol, a andorinha ou a poupa, cujo canto é tido como lamento de dor. Mas essas aves, a meu ver, não cantam de tristeza; tampouco os cisnes, que, suponho, por serem aves de Apolo, são adivinhos e, prevendo as boas coisas do Hades, cantam e alegram-se naquele dia como nunca em seu passado. Eu por mim considero-me companheiro de servidão dos cisnes, consagrado ao mesmo deus; acredito não ter recebido de meu senhor menor dom de profecia que eles, nem deixo a vida com desalento maior que o seu. Bem, por tudo isso, é bom que faleis e pergunteis o que quiserdes, enquanto os Onze dos atenienses o consentirem.

— Tens toda razão; — disse Símias — não só te vou contar eu a minha dificuldade, mas, por sua vez, aqui Cebes dirá por que não aceita a teoria. Tenho por mim, Sócrates, em assuntos dessa natureza, e talvez também seja tua opinião, que, na vida presente, saber com certeza ou é impossível ou é dificílimo, mas, doutro lado, não criticar a fundo o que se diz a seu respeito, abandonando o exame antes de esgotar a matéria, é próprio de gente de fibra mole. Que é preciso, nessas questões, levar a termo uma destas soluções: aprender como são as coisas, ou descobri-lo, ou, se as duas são impossíveis, ao menos tomar das tradições humanas a melhor e de mais difícil contestação, fazer-se ao largo embarcado nela como quem se arrisca à travessia da vida numa jangada por não contar com mais segurança e menos perigo num transporte mais firme, qual seja uma revelação divina. Assim, pois, já não me acanharei de fazer perguntas, tanto mais após o teu convite, nem terei de me acusar mais tarde de não ter dito agora o meu pensamento. Realmente, Sócrates, após examinar, comigo mesmo e com este moço, o que se disse, absolutamente não me parece suficiente a explanação.

Então Sócrates:

— Talvez, com efeito, meu amigo, sejam acertadas tuas impressões. Bem, dize onde está precisamente a deficiência.

*Uma Afinação*

— Nisto, penso eu — respondeu Símias; — em que o mesmo argumento se pode usar também em relação à afinação e a uma lira e suas cordas; que a afinação é algo invisível, incorpóreo, belíssimo e divino, na lira temperada, mas a lira mesma e suas cordas são corpos, são realidades corpóreas, compostas, terrosas e aparentadas ao mortal. Suponhamos se quebre a lira, ou se cortem, rebentem as cordas, e alguém insista, com os mesmos argumentos teus, em que necessariamente aquela afinação ainda existe e não se destruiu. "Impossível" diria "subsista a lira com as cordas rebentadas, e as cordas, que são de natureza mortal, enquanto a afinação, que tem a mesma natureza e parentesco que o divino e o imortal, pereça destruída antes do elemento mortal; ao contrário, a afinação mesma ainda existe necessariamente algures; a madeira e as cordas hão de apodrecer antes que algo aconteça à afinação!" Na verdade, Sócrates, julgo, de minha parte, teres, da tua, refletido em que preferimos conceber a alma aproximadamente assim: nosso corpo é entesado por dentro e mantido coeso pelo quente e pelo frio, pelo seco e pelo úmido, e por causas similares; nossa alma é a combinação harmônica desses mesmos contrários, quando se dá a mistura de uns e outros numa medida correta. Se, pois, a alma vem a ser uma afinação, é claro que, quando nosso corpo é por demais afrouxado ou retesado pelas doenças e outros males, por força nossa alma tem de ser destruída prontamente, por mais divina que seja, tal como as outras harmonias existentes nos sons e em todas as obras dos artistas; mas os despojos de cada corpo têm de durar ainda bastante tempo, até serem cremados ou apodrecerem. Vê, pois, o que oporemos a esse argumento quando alguém afirmar que a alma, sendo uma combinação dos opostos presentes no corpo é a primeira a perecer na chamada morte.

Sócrates fitou-o como costumava as mais das vezes e sorriu:

— O que Símias diz é razoável, não há dúvida. Se, pois, algum de vós sente menos embaraço que eu, por que não lhe responde? De fato, ele aparenta ter atingido a teoria gravemente. A meu ver, porém, antes da resposta, ainda preciso escutar de Cebes que censuras faz à teoria, a fim de ganharmos tempo para resolver o que diremos. Depois de ouvi-lo, é concordar com eles, se acharmos mavioso o seu canto; se não, advogar de acordo em favor da teoria. Vamos, pois, Cebes — convidou — é tua vez de dizer o que te perturbava.

*A Roupa do Defunto*

— E vou dizê-lo — respondeu Cebes. — Para mim a teoria visivelmente continua no mesmo pé, merecendo a mesma censura por nós feita na argumentação anterior. Que nossa alma existia mesmo antes de entrar na forma presente, é afirmação que não retiro; agrada-me sumamente e, se não é aborrecido repetir, está demonstrada a inteiro contento; mas não me parece igualmente provado que, mortos nós, ela subsista algures. Quanto a não ser a alma mais forte e durável que o corpo, discordo da objeção de Símias; na minha opinião, ela o supera muitíssimo em todos esses predicados. "Por que" diria a teoria "duvidas ainda, se, morto o homem, vês subsistir ainda sua parte mais frágil? Não achas que a parte mais durável necessàriamente se conserva durante esse tempo?" Examina, de acordo com o seguinte, se é razoável o que digo; preciso também eu duma comparação, como Símias. Acho, com efeito, sua explicação semelhante à de quem expendesse sobre um velho tecelão falecido a idéia de que o homem não pereceu, mas está salvo algures; como prova, podia apresentar o fato de a roupa que ele vestia, por ele mesmo tecida, estar salva e não ter perecido. Se alguém duvidasse, perguntaria qual espécie é mais durável, a humana ou a da roupa, que ela usa e traz sobre si; respondendo-se que a humana é muito mais, consideraria provado muito mais salvo estar o homem, uma vez que não perecera o mais efêmero. A coisa, Símias, penso eu, não é assim. Examina tu também o que digo. Qualquer pessoa é capaz de compreender a ingenuidade daquela argumentação. Dito tecelão gastara e tecera muitas roupas semelhantes; desapareceu depois delas, que eram tantas, mas antes da última, suponho. Mas nem por isso um homem vem a ser inferior a uma roupa ou menos resistente. Essa mesma comparação, creio, aceitaria a alma em relação ao corpo e acho que falaria com acerto quem dissesse o mesmo a seu respeito, ser a alma durável e o corpo mais frágil e passageiro. "Porém" diria "cada uma das almas gasta grande número de corpos, principalmente se viver muitos anos (pois se o corpo se gastasse e perecesse ainda em vida do homem, a alma, em compensação, sempre estaria retecendo as partes desgastadas); contudo, necessariamente, quando a alma perecesse, estaria trajando justamente a última roupa tecida e sua destruição precederia só a dessa; mas, destruída a alma, então é que o corpo demonstraria sua fragilidade natural, desaparecendo rapidamente no apodrecimento." Assim, ainda não se tem o direito de, à fé dessa argumentação, confiar em que, após nossa morte, nossa alma ainda subsista algures. Com efeito, suponhamos concordasse alguém com o expositor em mais do que tu dizes, concedendo-lhe não só a existência de nossas almas em época anterior ao nascimento, mas ainda que nada impede, depois de morrermos, as de alguns subsistam e continuem existindo, nasçam inúmeras vezes e tornem a morrer (pois a alma seria por natureza tão forte que agüentasse incontáveis nascimentos); apesar dessas concessões, ainda podia não admitir que ela não se esgotasse com tantos nascimentos, não acabasse perecendo, completamente, nalguma das mortes. Qual morte, qual dissolução do corpo traz à alma sua destruição, ele diria que ninguém o sabe, pois nenhum de nós é capaz de pressenti-la. Assim sendo, a ninguém que enfrente a morte animosamente se atribui uma coragem sensata, salvo se provar ser a alma inteiramente imortal e indestrutível. Doutra forma, quem está para morrer temerá necessariamente por sua alma uma destruição completa na iminente disjunção do corpo.

*E Agora?*

Todos nós, após ouvi-los discorrer, nos sentíamos desgostosos, como depois contamos uns aos outros. Quando nos achávamos fortemente confiantes, por efeito do que até então se dissera, eles pareciam lançar-nos de novo na confusão e na descrença, não só quanto às teorias anteriormente expendidas, mas também às que se viessem a expender no futuro, com receio de não sermos capazes de juízos de algum préstimo, ou de serem incertos os próprios fatos.

EQUÉCRATES

— Pelos deuses, Fédon, não serei eu quem vos não desculpe. Eu mesmo, neste momento, ao escutar-te, fiquei perguntando a mim mesmo mais ou menos isto: que doutrina ainda havemos de crer, se aquela expendida por Sócrates, com tanta força de persuasão, acaba de afundar no descrédito? Com efeito, a teoria de que nossa alma é uma afinação sempre exerceu sobre mim e ainda exerce uma atração extraordinária. A exposição, por assim dizer, me produziu a reminiscência de que eu também antes adotara essa opinião, e volto a precisar, tanto como no começo, de novo argumento para me convencer de que a alma dum morto não morre com ele. Dize, pois, por Zeus! Como recuperou Sócrates sua argumentação? Ele demonstrava também algum desalento, como contas de vós outros, ou não, ao contrário, defendeu sua doutrina tranqüilamente? Foi uma defesa cabal ou deficiente? Conta-nos tudo, tudo, com a maior exatidão que puderes.

FÉDON

— Realmente, Equécrates, eu, que tantas vezes admirara a Sócrates, jamais me maravilhei tanto como estando dessa vez a seu lado. Que ele tivesse resposta, talvez não seja nada extraordinário. Mas o que acima de tudo me assombrou nele foi, primeiro, o agrado, a boa disposição e encantamento no acolher as objeções dos moços; depois, a agudeza no perceber o efeito das objeções em nós e, por fim, quão bem nos soube curar. Clamou-nos de volta como a fugitivos e desbaratados, fez-nos dar meia-volta e acompanhá-lo no exame dos argumentos.

EQUÉCRATES

— E como fez isso?

*Não Sei, nem Quero Saber...*

FÉDON

— Vou contar. Eu me encontrava sentado à sua direita, junto ao catre, num mocho, e ele ficava bem mais alto que eu. Pôs-se a afagar-me a cabeça e a premer os cabelos na nuca (costumava, com efeito, sempre que lhe dava na telha, caçoar da minha cabeleira) e disse:

— Decerto, Fédon, cortarás essas formosas melenas amanhã?

— Naturalmente, Sócrates — respondi.

— Não, se me ouvires.

— Por que? — perguntei.

— Hoje mesmo — explicou — havemos de cortar eu as minhas e tu as tuas, se nossa teoria morrer e não a pudermos ressuscitar. Eu, se fosse tu e me desertassem os argumentos, faria, como os argivos, juramento de não deixar crescer o cabelo antes de voltar ao combate e vencer os argumentos de Símias e Cebes.

— Mas — repliquei — contra dois consta que nem Héracles pode.

— Bem, chama por mim, — sugeriu — como Héracles por Iolau ([83]), enquanto houver claridade.

— Então, eu chamo por ti — respondi; — mas Héracles não sou eu; eu sou Iolau chamando por Héracles.

— Dará no mesmo — respondeu. — Mas, primeiro, cuidado para não sofrermos um transtorno.

— Qual? — perguntei.

— O de virarmos misólogos, — respondeu — como os que viram misantropos. Não pode haver transtorno pior do que a aversão aos argumentos. A misologia e a misantropia vêm da mesma origem. A misantropia penetra em nós por depositarmos ineptamente demasiada confiança num indivíduo, esperando seja absolutamente sincero, são, leal, e depois, em breve tempo, descobrirmos que é mau, desleal, justamente o inverso; quando a gente passa muitas vezes por essa decepção, tanto mais da parte daqueles tidos por mais íntimos e mais amigos, vem a aborrecer a Humanidade e odiá-la, acreditando não haja absolutamente nada de são em ninguém. Nunca notaste que isso é o que acontece?

— Perfeitamente — respondi.

— Não achas isso — perguntou — desairoso, e que, evidentemente, uma pessoa assim se meteu a lidar com os homens sem a ciência da natureza humana? Sem dúvida, se lidasse com eles sabendo como é a realidade, pensaria que tanto os bons como os maus são pouquíssimos e a maioria situa-se no meio.

— Que queres dizer? — perguntei.

— Que é — respondeu — o mesmo caso dos muito baixos e dos muito altos. Consideras algo mais raro do que encontrar um homem, um cão, ou o que for, demasiado alto ou demasiado baixo? Ou então demasiado ligeiro ou lento, feio ou bonito, branco ou preto? Não notaste como em todos esses exemplos os extremos são raros e poucos, o termo médio superabundante?

— Muito certo — respondi.

— Não achas — prosseguiu — que se fosse instituído um concurso de maldade, aí também se revelariam poucos os da primeira linha?

— É provável — disse eu.

— É provável, sim — disse ele. — Todavia, não é nisso que os argumentos se assemelham aos homens; estou apenas seguindo o caminho por onde me levavas. A semelhança reside, isto sim, em acreditar-se que um argumento é verdadeiro, sem possuir a arte da argumentação, e logo depois verificar que é enganoso, porque às vezes é e às vezes não é, ora é assim, ora assado. Acontece principalmente aos que passam o tempo em controvérsias dialéticas; sabes que, por fim, supõem ter atingido o ápice da sapiência e são os únicos a compreender que não há, nem nas coisas, nem nos raciocínios, nada de nada de são nem de firme, mas todas as realidades simplesmente se voltam como o fluxo do Euripo ([84]) ora para cima, ora para baixo, sem se estabilizar tempo nenhum em direção nenhuma.

— É absolutamente verdadeiro o que dizes — reconheci.

— Não seria, Fédon, — prosseguiu — uma pena, a teu ver, que, existindo uma doutrina verdadeira e firme, possível de reconhecer, alguém, por coexistir ela com algumas teorias daquele tipo, isto é, que, sem mudar, ora parecem verdadeiras, ora não, deixasse de culpar a si ou a sua própria incompetência para aliviar-se, afinal, do mal-estar, lançando a culpa de si sobre as teorias e passando o resto da vida a detestá-las e maldizer delas, e ficar privado de conhecer a verdade dos seres?

— Por Zeus, — respondi — seria mesmo uma pena!

— Comecemos, pois, — retomou ele — por esta precaução; não demos guarida na alma à idéia de que talvez nada haja de são nas doutrinas, mas, muito ao contrário, à de que nós é que não temos ainda uma atitude sã; cumpre, isto sim, criar ânimo e o propósito de comportar-nos sãmente; a ti e aos outros, em vista de toda a vida por vir; a mim mesmo, em vista da morte, pois quiçá de minha parte não me esteja comportando neste instante como filósofo e sim como os absolutamente incultos, não dando o braço a torcer. Esses, quando discutem algum ponto, não se interessam pela verdade da matéria discutida; fazem questão é de que os circunstantes adotem a opinião por eles emitida. Neste instante, penso, eu só me diferencio deles nisto: não me empenharei em que os circunstantes adotem como verdade o que digo, senão como contrapeso, e, sim, em me convencer de que assim é. Nos meus cálculos, meu caro amigo (e vê como me aproveita!), se por acaso é verdade o que digo, é muito bom ter-me convencido; se nada existe após a morte, pelo menos durante estas horas antes de morrer não serei tão desagradável aos presentes com meus lamentos e esse meu engano não subsistirá (o que poderia ser mau), mas estará desfeito dentro em pouco. Assim armado — concluiu — ó Símias e Cebes, vou à discussão. De vossa parte, se me quereis atender, preocupai-vos pouco de Sócrates e muito mais da verdade; se achardes que digo a verdade, concordai; se não, oponde-me tudo quanto é argumento. É uma precaução para que meu zelo não me leve a iludir ao mesmo tempo a mim mesmo e a vós, nem parta eu, como uma abelha, deixando cravado o ferrão. Bem, é mister prosseguir. Antes do mais, recordai-me o que dizíeis, se virdes que não estou lembrado. Símias, com efeito, suponho, tem suspeita e temor de que a alma, embora mais divina e mais bela que o corpo, seja destruída antes, por ter a forma duma afinação; Cebes, de sua parte, parece concordar comigo neste ponto: que a alma é mais duradoura que o corpo; mas considera obscuro para toda gente estoutro: se a alma, após ter em muitas vezes consumido muitos corpos, não ficará de si destruída ao deixar desta feita o último corpo e se não consiste nisso mesmo a morte, na destruição da alma, pois o corpo jamais cessa de estar-se destruindo. Não é isso mesmo, Símias e Cebes, que temos de examinar?

Ambos concordaram que assim era.

### *Afinação que Desafina*

— Recusais — perguntou — a totalidade dos argumentos precedentes, ou uns sim, outros não?

— Uns sim e outros não — responderam.

— Que dizeis — tornou ele — daquele onde afirmávamos que aprender é recordar e, assim sendo, necessariamente nossa alma estava noutro lugar antes de prender-se no corpo?

— Por mim, — respondeu Cebes — deixei-me então convencer por ele prodigiosamente e ainda me apego a ele como a nenhum outro.

— Deveras, — disse Símias — dá-se comigo o mesmo e muito me espantaria se jamais viesse a pensar diferentemente a esse respeito.

Então Sócrates:

— Todavia, ó ádvena tebano, tens de pensar necessariamente doutra maneira, se não cair a doutrina de que a afinação é uma composição e a alma se constitui das tensões corporais como uma afinação; porque decerto não admitirás que tu mesmo afirmes a existência duma afinação composta antes de existirem os elementos de que ela tinha de constituir-se. Ou admitirás?

— De modo algum, Sócrates — respondeu.

— Percebes, então, — perguntou — que vens a dizer isso, quando afirmas, dum lado, a existência da alma antes de chegar à forma e ao corpo do homem, e, de outro, que ela se constitui daqueles elementos, ainda inexistentes? É que uma afinação é uma imagem imprópria para usares; realmente, primeiro, na existência, vêm a lira, as cordas e os sons ainda por afinar; a afinação é a última e constituir-se e a primeira a perecer. Esta teoria como esperas que toe com aquela?

— De modo algum — disse Símias.

— Sem embargo, — volveu ele — se há teoria que deve toar bem é aquela da afinação.

— Deve mesmo — assentiu Símias.

— Ora — disse ele — essa é que não trazes afinada. Bem, vê qual das asserções vais escolher: que aprender é recordar, ou que a alma é uma afinação?

— Antes a primeira, Sócrates — respondeu. — A segunda me acudiu sem demonstração, apenas por certa verossimilhança e boniteza, razão de sua aceitação pela maioria dos homens; as teorias que formulam suas demonstrações por meio de verossimilhança, bem sei, são embusteiras e, se delas a gente não se guarda, bem que enganam, tanto na geometria como em tudo o mais. Já a outra, que aprender é recordar, está formulada através dum princípio merecedor de acolhida: com efeito, afirmou-se que, ainda antes de chegar a um corpo, nossa alma existe de tal modo que sua substância traz em si a denominação do ser. Assim entendida, estou convencido, admiti-a de modo suficiente e correto. Necessariamente, pois, é claro, não posso permitir, a mim ou a outrem, afirmar que a alma é uma afinação.

— Adiante, Símias — tornou ele. — A teu ver, condiz com essa afinação ou com qualquer outra composição um comportamento diverso daquele das coisas de que está constituída?

— De modo algum.

— Tampouco fazer, imagino, ou padecer o que não façam ou padeçam os componentes?

Ele concordou.

— Então, não é próprio da afinação guiar os elementos de que se compõe e sim acompanhá-los.

Ele era do mesmo parecer.

— Então, uma afinação está longe de se mover ou soar em oposição a suas partes ou de contrariá-las de algum modo?

— Bem longe — respondeu.

— Adiante. A natureza de cada afinação depende do modo como for afinada?

— Não entendo — respondeu.

— Caso — disse ele — fosse afinada em maior grau e com maior alcance, se isso pode acontecer, não seria mais afinação e mais considerável, ao passo que, afinada em menor grau e com menor alcance, seria menos afinação e menos considerável?

— Sem dúvida alguma.

— Será assim quanto à alma, de sorte que uma, até em seus mínimos elementos, seja mais o que ela é, isto é, mais alma, do que outra, por ter mais alcance e substância ou menos alcance e substância?

— Isso de modo algum — respondeu.

— Vamos, pois, adiante, por Zeus! — Diz-se das almas que uma tem inteligência e virtude e é boa, outra tem estupidez e ruindade e é má? E há bons motivos para dizê-lo?

— Sim, bons motivos.

— Um dos que asseveram ser a alma uma afinação, que sorte de essência dirá terem nas almas essas qualidades, a virtude e a maldade? acaso uma outra afinação diferente e dissonante? que uma está afinada, a boa, e, sendo ela própria uma afinação, traz em si outra afinação, ao passo que a outra é de si dissonante e não traz outra em si?

— Não sei — disse Símias — o que responder, mas evidentemente isso mais ou menos diria quem adota aquela teoria.

— Todavia, como foi admitido antes, — disse ele — uma alma não é mais nem menos alma que outra; foi esta a asserção admitida: uma afinação não é mais afinação que outra, nem de maior alcance, tampouco menos afinação e de menor alcance. Não foi?

— Perfeitamente.

— Pelo menos, uma, não sendo mais afinação e de maior alcance, não está nem mais afinada nem menos; é assim?

— É.

— A outra, nem mais afinada nem menos, pode ser que participe mais ou menos da afinação, ou só na mesma medida?

— Só na mesma.

— Portanto, uma alma, uma vez que não é nada mais nem menos do que outra isso mesmo, isto é, alma, tampouco está nem mais nem menos afinada?

— Está em medida igual.

— Se é isso o que se dá com ela, não pode participar em maior grau nem da dissonância nem da afinação?

— Conclui-se que não.

— Se é isso, agora, o que se dá com ela, pode uma participar mais que outra da maldade e da virtude, se a maldade é uma dissonância e a virtude uma afinação?

— Não mais.

— Menos, ainda, sem dúvida, Símias, num raciocínio correto, participa uma alma da maldade, se é que é uma afinação, porque, está claro, sendo uma afinação plenamente o que é, uma afinação, jamais poderia participar da dissonância.

— Deveras, não.

— Tampouco uma alma, da maldade, certamente, sendo plenamente uma alma.

— Como poderia, depois do que se disse?

— Partindo desse raciocínio, temos que todas as almas de todos os viventes serão igualmente boas, se por natureza são igualmente o que são, isto é, almas?

— Acho que sim, Sócrates.

— E há correção nos argumentos, a teu ver? — perguntou. — O raciocínio suportaria o que vimos, se ficasse de pé a asserção de que a alma é uma afinação?

— Não, de forma alguma — respondeu.

— Adiante — propôs Sócrates; — de tudo existente no ser humano, dizes haver outra coisa que tenha o comando, senão a alma e principalmente a inteligência?

— Eu não.

— Ela o faz cedendo aos estados do corpo? ou até os contrariando? Quero dizer, por exemplo, quando há febre e sede, impelindo-o no sentido oposto, isto é, a não beber, e, quando há fome, a não comer, e milhares de outros casos em que vemos a alma contrariando sem dúvida os reclamos do corpo. Ou não?

— Perfeitamente.

— Não concordamos, todavia, anteriormente, que ela, por ser uma afinação, não poderia cantar nunca em oposição com as tensões, os afrouxamentos, as vibrações e outros quaisquer estados dos seus elementos constitutivos, mas, ao contrário, os acompanha e jamais pode regê-los?

— Concordamos — respondeu. — Como não?

— E daí? Não nos surge agora obrando inteiramente às avessas, a reger todos os elementos de que a dizem constituída, a contrariá-los em quase tudo e durante a vida toda, a senhorear por todos os modos, reprimindo a uns severa e mesmo dolorosamente, como a ginástica e a medicina, tratando a outros com mais brandura, ora com ameaças, ora com advertências, falando aos desejos, às iras e aos temores como de um ser para outro ser? Tal como figurou Homero na *Odisséia* ([85]), onde diz que Ulisses *"esmurrando o peito, dirigiu ao coração esta dura exortação: Agüenta, coração! Já agüentaste açulamento pior"*. Ele te parece, porventura, ter figurado essa passagem entendendo ser a alma uma afinação, passível de ser levada pelos estados do corpo, e não tal que os dirigisse e mandasse, como realidade muito mais divinal do que pode ser uma afinação?

— Por Zeus, Sócrates, é o que me parece.

— Portanto, excelente amigo, não está nada bem afirmarmos que a alma é uma afinação; evidentemente, não estaríamos de acordo nem com o divino poeta Homero, nem com nós mesmos.

— É bem isso — admitiu Símias.

— Eia, pois! — disse Sócrates. — Harmonia, a deusa de Tebas, podemos dizer, nos foi razoavelmente propícia, como vimos. Mas e Cadmo ([86])? perguntou. — Como, Cebes? com que fórmula obteremos o seu favor?

### *Resta Ainda um Dragão*

— Penso que tu o descobrirás — respondeu Cebes; — ao menos, com esse argumento contra a afinação, bem que me causaste pasmo, de tão inesperado! Enquanto Símias ia expondo suas dificuldades, eu cismava profundamente se alguém conseguiria avir-se com suas objeções; tanto maior a surpresa de não terem resistido sequer à primeira investida de teus argumentos. Não me espantaria se acontecesse o mesmo ao argumento de Cadmo.

— Bom amigo, — advertiu Sócrates — não blasones, que nos pode um mau olhado virar ao contrário o argumento em vias de aparecer. Antes, fique isso entregue à divindade, e nós, homericamente, tentemos de perto a força de teus argumentos. Eis, em substância, o que indagas: exiges esteja demonstrado que nossa alma é indestrutível e imortal, para que um filósofo, animoso ante a morte iminente pela esperança de, uma vez falecido, ser lá embaixo mais feliz do que finando-se após ter levado uma vida diferente, não esteja animado duma coragem insensata e tola. Quanto à demonstração de que a alma é algo forte, divinal e que existia antes de virmos-a-ser entes humanos, nada impede, dizes, que tudo isso revele, não a imortalidade, mas sim que a alma é duradoura e preexistia um tempo sem dúvida incalculável, sabendo e fazendo um sem-número de coisas. Mas nem por isso seria imortal; o próprio ato de ingressar num corpo humano seria o princípio de sua destruição, como uma doença; essa vida sua poderia ser uma vida de sofrimentos e, ao terminá-la, na chamada morte, talvez perecesse. Declaras indiferente que ingresse num corpo uma ou muitas vezes, ao menos quanto aos temores de cada um de nós; cabem esses temores em quem não tem certeza de ser imortal ou não pode dar provas de que o é, salvo se for um imbecil. É mais ou menos isso o que alegas, Cebes; repiso-o tantas vezes de propósito, a fim de que não nos escape nada e, se quiseres, faças os teus acréscimos e cortes.

Então Cebes disse:

— Bem; no momento, nada preciso tirar nem juntar; o que afirmo é isso.

*Causas e Causas*

Sócrates, então, após demorar-se longamente examinando algo de si para consigo, disse:

— Não é um problema insignificante, Cebes, o que indagas; é preciso, com efeito, investigar a fundo a causa geral do vir-a-ser e do perecer. Se quiseres, portanto, contar-te-ei o que se passou comigo a esse respeito; depois, se surgir no que eu disser alguma coisa útil para ti, aproveita-a para tornar convincente a tua teoria.

— Pois não — respondeu Cebes; — quero.

— Sendo assim, presta atenção ao que vou contar. Eu, Cebes, sentia, quando moço, uma paixão espantosa por essa ciência que chamam Investigação da Natureza; parecia-me magnífico saber as causas de cada coisa, por qual princípio cada uma vem-a-ser, por qual parece, por qual existe. Inúmeras vêzes me lancei de ponta cabeça, a princípio no estudo de temas como estes: Será, como ensinam alguns, em conseqüência de passarem o quente e o frio ao estado de putrefação que os seres viventes se constituem? Pensamos por intermédio do sangue, ou do ar, ou do fogo? ou não é nada disso e, sim, o cérebro proporciona os sentidos da audição, da visão, do olfato, e destes provém memória e juízo, e, da memória e do juízo, adquirida a estabilidade, nasce a ciência com base nas sensações? Em seguida, estudei o perecimento de tudo isso, bem como os fenômenos do céu e da terra, e acabei por me acreditar incomparavelmente mal dotado para esse gênero de estudos. Vou dar uma prova cabal. Com efeito, sobre aquilo que eu, aos meus olhos e aos dos outros, sabia com segurança, ao depois, em conseqüência desse estudo, caí numa cegueira tão profunda que desaprendia mesmo o que até então supunha saber, entre muitos outros conhecimentos, inclusive a causa do crescimento duma pessoa. Antes eu supunha claro para toda gente que ele era devido ao comer e beber, porquanto, originadas dos alimentos, carnes se juntam à carne, ossos aos ossos, e, assim obedientes ao mesmo princípio, os outros elementos se juntam a cada um de seus congêneres e daí o volume pouco vem-a-ser depois muito e, assim, a pessoa pequena se torna grande. Isso pensava então; não achas que com razão?

— Acho — respondeu Cebes.

— Examina ainda isto. Eu supunha suficiente a opinião de que, posta uma pessoa alta ombro a ombro com uma baixa, ou posto um cavalo ao lado de outro, era maior pela cabeça; uns exemplos ainda mais claros: eu achava que dez era mais do que oito porque se acrescentavam dois a este, e que o duplo côvado era mais longo do que o côvado por excedê-lo da metade de sua extensão.

— E agora, — perguntou Cebes — qual tua opinião a esse respeito?

— Por Zeus! — respondeu êle. — Estou longe de imaginar que saiba as causas desses fatos, se nem mesmo me sinto seguro ao dizer, quando se soma um com um, se foi a unidade a que se ajuntou outra que se tornou duas, ou se a unidade acrescentada e mais aquela à qual se acrescentou é que, em conseqüência do acréscimo de uma à outra, vieram-a-ser duas. Acho estranho que, quando cada uma estava apartada da outra, cada qual era uma e não havia duas então; mas, depois de se aproximarem uma da outra, a causa de se tornarem duas tenha sido essa, a reunião conseqüente de serem postas juntas. Nem, quando se parte ao meio a unidade, consigo convencer-me de que desta feita foi essa, a partição, a causa de serem duas. A causa de haver dois, então, virou do avesso! Primeiro, foi por terem sido aproximadas e juntadas uma à outra; agora, é por serem afastadas e separadas uma da outra. Nem mesmo chego mais a crer que sei por que se produz a unidade, em suma, por que se produz ou perece ou existe qualquer outra coisa, de acordo com esse processo de investigação. Manipulo ao acaso algum outro sistema, mas esse de modo algum quero adotar. Ora, um dia, ouvi alguém lendo um livro; era de Anaxágoras, dizia, e rezava que uma Mente era o coordenador e a causa de todos os seres. Gostei dessa causa e achei que de certa maneira bem estava fosse a Mente a causa universal dos seres. Se assim é, imaginei, a Mente coordenadora tudo põe em ordem, colocando cada coisa da maneira que melhor fique; portanto, quando, de cada coisa, se quer identificar a causa por que se produz ou perece ou existe, o que se deve descobrir a seu respeito é como é melhor para ela existir, passar por qualquer outro fenômeno ou produzi-lo. Segue-se desse raciocínio que nada mais interessa ao homem examinar, naquele como nos outros ramos, senão o que é o melhor e mais perfeito; necessariamente, saberá isso e também o que é pior, pois são objetos da mesma ciência. Assim raciocinando, alegrava-me a idéia de ter encontrado um professor da causa dos seres segundo a razão, Anaxágoras; ele me ensinaria, primeiro, se a terra é chata ou redonda; feito isso, acrescentaria a explicação da causa necessária, dizendo qual o melhor formato e que à terra era melhor ter esse formato; se declarasse que ela ocupa o centro, explicaria como é melhor que ela ocupe o centro. Se ele me revelasse essas coisas, eu estaria preparado para não mais desejar outra sorte de causa. Outrossim, estava pronto a deixar-me convencer, sobre o sol, a lua e os outros astros, bem como sobre suas velocidades relativas, seus retornos e demais fenômenos, de maneira igual, isto é, de como é melhor que cada qual produza ou sofra os efeitos que sofre. Jamais pensaria, com efeito, que, afirmando estarem eles ordenados pela Mente, lhes aduzisse outra causa senão a de ser melhor que se comportem como se comportam; pois ao atribuir a causa a cada um e a seu conjunto, imaginava eu, ele iria explicar o que era melhor para cada um e bom para o conjunto. E não abriria mão de minhas esperanças por bom dinheiro; ao contrário, tomando os livros com sofreguidão, lia com a rapidez de que era capaz para saber quanto antes qual o melhor e qual o pior. Dessa esperança maravilhosa, meu amigo, tive de me afastar desabaladamente, ao ver, progredindo na leitura, que o homem não se valia da Mente para nada, nem lhe atribuía nenhuma parte na ordenação das coisas, e, sim, ao ar, ao éter, às águas e a muitas outras causas deslocadas. Parecia acontecer-lhe o mesmo que a alguém que, após dizer que Sócrates nada faz senão por meio da mente, em seguida, tentasse explicar as causas de cada um de meus atos, começando por dizer que a razão de estar eu aqui sentado agora é que meu corpo é composto de ossos e tendões, os ossos são sólidos e têm intervalos entre si, e os tendões, capazes de esticar e de encolher, envolvem os ossos com ajuda das carnes e da pele que os segura juntos; como os ossos oscilam em suas junturas, os tendões, afrouxando e esticando, me possibilitam estar agora com as pernas dobradas; por essa causa, aqui estou dobrado e sentado. Já sobre estar conversando convosco invocaria outras causas semelhantes; responsabilizaria a voz, os ares, a audição e milhares de quejandos, sem cuidar de alegar a causa verdadeira: já que os atenienses houveram por bem condenar-me, por isso mesmo eu, de minha parte, preferi estar sentado aqui e achei mais justo esperar e suportar a pena que me aplicassem. Deveras, pelo Cão! se não me engano, há muito estes ossos e tendões estariam lá por Mégara ou pela Beócia, levados pela concepção do melhor, não fora achar eu mais justo e mais belo, em lugar de fugir e me evadir, aceitar da cidade a pena que decretasse. Mas qualificar de causas aquelas coisas é por demais descabido. Se dissessem que, não tendo essas partes, ossos, tendões e tudo mais que tenho, eu não seria capaz de fazer o que me parecesse, diriam a verdade; mas que por causa delas faço o que faço, e que o faço por meio da mente e não pela escolha do melhor, é levar muito longe a leviandade no uso das palavras; é não ser capaz de entender que uma coisa é a causa real, outra aquilo sem o qual a causa não poderia ser causa; e é esta, segundo verifico, que a maioria, como se tacteasse nas trevas e servindo-se duma denominação imprópria, designa como sendo a causa mesma. Por isso um, envolvendo a terra num turbilhão, a faz estabilizar devido ao céu, e outro lhe coloca o ar por baixo como suporte, como se ela fosse uma extensa gamela. Mas quanto ao poder pelo qual as coisas estão agora postas assim, na melhor disposição possível, nem o procuram, nem imaginam que ele abriga certa força divina; esperam descobrir um dia outro Atlas mais forte mais imortal e que melhor escore o universo, e nem de leve supõem que o bem necessário é quem tudo liga e suporta na realidade. Eu, não; com o maior prazer me faria discípulo de quem quer que seja para saber como atua uma causa semelhante. Como, porém, fiquei privado desse conhecimento, nem fui capaz de descobri-lo eu próprio nem de aprendê-lo de outrem, queres, Cebes — perguntou — que te narre as canseiras que me deu a rota de emergência em busca da causa?

— Quero, sim, imensamente — respondeu.

*Formas Ideais Subsistentes*

— Bem — disse ele; — depois disso, tendo desistido de estudar os seres, achei necessário acautelar-me do risco de quem contempla e estuda o eclipse do sol; a alguns, às vezes, estragam-se os olhos, se não examinam a imagem dele na água ou noutro meio similar. Refleti em algo assim e temi ficar de alma completamente cega contemplando as coisas com os olhos e procurando atingi-las com cada um dos sentidos. Achei necessário refugiar-me junto às idéias e contemplar nelas a verdade dos seres. Talvez esteja empregando imagem de certo modo inadequada; com efeito, não concordo inteiramente que, examinando os seres nas idéias a gente as examine mais em imagem do que fazendo-o diretamente. Seja como for, comecei por esse processo e, apoiado, de cada vez, numa idéia que julgo ser a mais resistente, estabeleço como verdade o que me parecer consoante com ela, tanto no tocante às causas quanto a tudo mais; e o que não for, como falso. Desejo explicar com mais clareza o meu pensamento; acredito que agora não me estás entendendo.

— Não, por Zeus! — disse Cebes; — não muito.

— Sem embargo, — respondeu ele — nisto não estou dizendo nada de novo; sempre o repeti sem cessar nas outras ocasiões e na argumentação precedente. Saindo, com efeito, para a tentativa de explicar-te a sorte de causalidade por que me afadiguei, retombo no que tanto repisei, para tomá-lo como ponto de partida, ao assentar como base a existência de um belo em si, um bem, uma grandeza e assim por diante. Se me concedes isso e concordas com a existência de tais realidades, espero, daí, poder-te mostrar e desvendar a causa por que a alma é imortal.

— Ora, — disse Cebes — concedo e não demores a ir por diante.

— Examina, pois, — prosseguiu Sócrates — as decorrências daquelas idéias, a ver se terás a mesma opinião que eu. É evidente para mim que, se existe outro ser belo além da beleza em si, não é belo por nenhuma outra causa senão por sua participação naquela beleza; de tudo o mais assevero o mesmo. Concordas com semelhante causalidade?

— Concordo — respondeu.

— Já vês — prosseguiu — que não compreendo nem posso reconhecer as outras causalidades, quero dizer, as dos sábios; quando me apontam como razão de ser algo belo sua cor brilhante, ou sua figura, ou algum motivo semelhante, eu mando às favas todas as demais causas, que em todas as demais me confundo, e, com simplicidade ingênua, quiçá tola, contento-me com esta: nenhuma outra causa o faz belo senão a presença daquela beleza, ou a participação nela, ou os meios e modos por que estas nele se produzem; não defendo ainda esses pormenores, mas sim ser a beleza a causa de ser belo tudo quanto é belo. Essa me parece a solução mais segura a dar a mim mesmo e a outrem. Firmando-me nesse princípio, acredito que jamais cairei e acho seguro responder a mim mesmo e a outro qualquer que as coisas belas são belas por efeito da beleza. Não és do mesmo parecer?

— Sou.

— E pela grandeza as coisas grandes são grandes; as maiores, maiores; pela pequenez, as menores são menores?

— Sim.

— Tu tampouco, portanto, aceitarias dizerem ser uma pessoa mais alta que outra devido à cabeça e ser mais baixa pela mesma causa a mais baixa; ao invés, contestarias que da tua parte afirmas apenas que todo mais alto que outro só é mais alto em virtude da altura; a causa do ser mais alto é essa, a altura; o mais baixo não é mais baixo em virtude de outra coisa senão da baixa estatura, e a causa de ser mais baixo é essa, a baixa estatura. Temerias, creio eu, que te surgisse pela frente um argumento oposto: se dizes ser alguém mais alto ou mais baixo em virtude da cabeça, primeiro, será em virtude da mesma causa que é mais alto o mais alto e mais baixo o mais baixo; depois, será em virtude de ser a cabeça menor, que o maior será maior; é, realmente, fenomenal ser alguém maior em virtude de uma coisa menor! Não temerias isso?

E Cebes, rindo:

— Eu, sim! — respondeu.

— Então, — prosseguiu — de dizer que o número 10 é duas unidades mais que o 8 e essa é a causa de excedê-lo, terias receio, mas não de que é pela quantidade e por causa da quantidade? temerias dizer que o duplo côvado é maior que o côvado por causa da metade, mas não por causa da extensão? A razão de temer é a mesma.

— Perfeitamente.

— Adiante. Não evitarias dizer que, somando-se um com um, a causa de serem dois é a adição, ou, dividindo-se, a causa é a divisão? Tu gritarias, e alto, que não conheces outro modo de vir-a-ser cada coisa senão participando da essência própria de cada realidade de que participar e não podes apontar, nos exemplos, outra causa de haver dois senão a participação na dualidade e necessariamente dela participam as coisas que hão de ser duas, como da unidade o que houver de ser um. Mandarias às urtigas aquelas divisões e adições e demais refinamentos semelhantes, deixando-os para as respostas dos mais sábios que tu. Temeroso, como se diz, da própria sombra e de tua inexperiência, darias essa resposta, agarrando-te à segurança encontrada na tese. Mas se alguém deitasse mão à tese mesma, tu o mandarias pentear macacos e não responderias antes de verificares se as decorrências dela se afinam ou destoam umas das outras. Quando tivesses de justificar a tese mesma, fá-lo-ias pelo mesmo método; formularias tese após tese, subindo à que te parecesse melhor até chegares a resultado satisfatório. Porém, quando justamente quisesses descobrir uma realidade, nao te confundirias, como os controversistas, a discutir juntamente o princípio e as conseqüências. Eles, com efeito, talvez não tenham a esse respeito nenhuma teoria, nem preocupação; remexendo tudo junto com sua sapiência, são capazes apenas de satisfazer, sem embargo, a si próprios. Tu, porém, se pertences deveras ao número dos filósofos, acredito que farias como digo.

— Dizes a pura verdade — declararam à uma Símias e Cebes.

EQUÉCRATES

— Por Zeus, Fédon, com razão! Maravilha-me como ele expôs essas idéias com clareza até para quem tenha uma inteligência curta.

FÉDON

— Perfeitamente, Equécrates; foi a opinião de todos os presentes.

EQUÉCRATES

— E é a nossa, dos ausentes, ao ouvi-las agora. Bem, mas o que foi dito em seguida?

FÉDON

— Se estou bem lembrado, obtida nossa concordância nesses pontos, assentando-se a existência real de cada uma das idéias e que os outros seres recebem sua denominação porque delas participam, ele passou às seguintes perguntas decorrentes:

### *Os Contrários se Repelem*

— Se, pois, — disse — afirmas isso, porventura, quando dizes que Símias é mais alto que Sócrates e mais baixo que Fédon, afirmas haver em Símias as duas coisas, altura e pequenez?

— Afirmo.

— Todavia, — prosseguiu — admites que os termos "Símias é mais alto que Sócrates" não exprimem fielmente o fato real? que o ser Símias mais alto não é natural ao fato de ser ele Símias, mas à altura que ele por acaso tem; nem o exceder ele a Sócrates, ao fato de Sócrates ser Sócrates, mas ao de ter Sócrates pequenez em face da estatura de Símias?

— É verdade.

— Nem ser ele excedido por Fédon, ao fato de Fédon ser Fédon, mas ao de Fédon ter altura em face da pequenez de Símias?

— Assim é.

— Assim, pois, cabem a Símias a denominação de baixo e a de alto, por situar-se entre ambos, colocando a sua pequenez abaixo da altura de um e a sua altura acima da pequenez do outro. Pareço — acrescentou sorrindo — empregar linguagem estilizada; mas, afinal, as coisas são aproximadamente como digo.

Cebes concordou.

— Se o digo, realmente, é por desejar que tenhas a mesma opinião que eu. Evidentemente para mim, não só a altura-em-si jamais consentiria em ser grande e pequena ao mesmo tempo, mas tampouco a altura-em-nós jamais acolheria a pequenez nem consentiria em ser excedida; mas, de duas uma: ou fugiria, cedendo o lugar, quando sobre ela avançasse sua oposta, a pequenez, ou, com o avanço desta, pereceria; recusa-se a ser outra do que é subsistindo e recebendo a pequenez. Eu, por exemplo, subsisti, recebendo a pequenez, sem deixar de ser o que sou e, assim, sou eu mesmo, pequeno; mas ela não tolera, sendo grande, ser pequena. Igualmente a pequenez-em-nós sempre se recusa a tornar-se ou ser grande ou qualquer outro qualificativo oposto, isto é, sem deixar de ser o que é, ao mesmo tempo tornar-se ou ser o contrário; mas ou se retira ou perece nessa vicissitude.

— Parece-me isso de evidência completa — comentou Cebes.

Ouvindo isso, um dos presentes (não me lembra bem quem foi) disse:

— Pelos deuses! Não ficou assentado, na vossa argumentação anterior, exatamente o oposto do que acabais de afirmar, que o maior procede do menor e o menor do maior e o vir-a-ser consiste simplesmente nisso, em nascerem os contrários dos contrários? E agora parece dizer-se que isso jamais pode ocorrer?

Sócrates voltou a cabeça para ouvi-lo e respondeu:

— Com que intrepidez nos lembraste disso! Contudo não compreendeste a diferença entre o que se diz agora e o que se dizia então. Então se dizia que duma coisa contrária deriva outra contrária, ao passo que agora se diz que o próprio contrário jamais poderá ser o seu contrário, quer o existente em nós, quer o existente na natureza. Então, com efeito, meu amigo, falávamos de seres que em si trazem opostos, qualificando-os pela denominação destes; agora, falamos sobre as realidades opostas mesmas, cuja existência nos seres confere a estes a qualificação que têm, afirmando que jamais consentiriam essas em receber o vir-a-ser umas das outras.

Ao mesmo tempo, olhando para Cebes, acrescentou:

— Acaso, Cebes, também a ti te perturbou alguma das dificuldades a que ele alude?

— Não — respondeu Cebes; — não é o que se dá comigo. Não obstante, não nego que muitas coisas me embaraçam.

— Estamos — prosseguiu Sócrates — absolutamente acordes nisto: jamais um oposto será o seu próprio oposto?

— Absolutamente — respondeu.

— Examina — disse — ainda, se concordas comigo neste ponto. Chamas a alguma coisa "quente" e "frio"?

— Chamo.

— É o mesmo que neve e fogo?

— Por Zeus, não!

— Então, o quente distingue-se do fogo, e o frio, da neve?

— Sim.

— Mas isto, ao menos, penso que tu achas; que jamais aquilo que é neve, recebendo o quente, da maneira como dizíamos antes, ainda será o mesmo que era, neve e quente; ao invés, avançando o quente, ela ou lhe deixará o lugar ou perecerá.

— Perfeitamente.

— O fogo, por sua vez, avançando o frio sobre ele, ou cederá o lugar ou perecerá; mas nunca suportaria, recebendo o frio, continuar o mesmo que era, fogo e frio.

— É verdade — disse.

— Ora, acontece, — prosseguiu Sócrates — com alguns exemplos semelhantes, que avoque a sua denominação para todo o sempre não só a idéia em si, mas também outro ente, que não é ela mas tem a sua forma, o faça por toda a duração de sua existência. Nos seguintes exemplos minha teoria talvez fique ainda mais clara. Ao número ímpar, sem dúvida, deve sempre competir essa mesma denominação que lhe damos; ou não?

— Perfeitamente.

— Só a ele entre os entes (eis o que quero saber), ou também a algum outro ser, distinto do ímpar mesmo, ao qual, contudo, compete sempre, além da sua denominação própria, aquela outra, pelo fato de ser de natureza tal que nunca lhe falte imparidade? O caso, esclareço, é o do 3 e de muitos outros números. Examina o caso do 3: não és de opinião que lhe cabe sempre, além da denominação própria, a designação de ímpar, embora este se distinga do 3? Bem, assim é a natureza do 3, do 5 e da metade de toda a série dos números; embora se distingam do ímpar, sempre cada um deles é ímpar. Por sua vez, o 2, o 4 e toda a outra série dos números, embora se distingam do par, assim mesmo cada um deles é sempre par. Concordas ou não?

— Como não? — respondeu.

— Pois bem — acrescentou; — atenção ao que pretendo demonstrar. É o seguinte: evidentemente não só os citados contrários se recusam a receber uns aos outros; também todos os seres que, sem serem mutuamente contrários, encerram sempre contrários, nem é provável que recebam aquela qualificação que seja oposta às existentes neles, mas, sobrevindo ela, ou perecem ou cedem o lugar. Ou diremos que o 3 não perece ou não lhe acontece nenhuma outra vicissitude, antes suporta, sem deixar de ser 3, tornar-se par?

— Absolutamente não — respondeu Cebes.

— Tampouco o 2 — perguntou — é o contrário de 3?

— Não, por certo.

— Portanto, não só as formas contrárias deixam de suportar o avanço mútuo, mas ainda há algumas outras que não suportam o avanço das contrárias.

— Dizes a pura verdade — comentou Cebes.

— Queres — perguntou — que determinemos sua natureza, se formos capazes?

— Perfeitamente.

— Porventura, Cebes, — disse ele — seriam aquelas que, quando abarcam alguma realidade, não só a obrigam a manter a qualificação delas, mas também a dum sempre contrário a algo?

— Que queres dizer?

— O mesmo de há pouco; sabes, naturalmente, que tudo que abarcar a idéia de 3, forçosamente será não só 3, mas também ímpar.

— Perfeitamente.

— A uma realidade tal, dizemos, jamais sobreviria a qualificação contrária àquela forma complementar.

— Não, por certo.

— E a forma complementar era a imparidade?

— Sim.

— A contrária dessa é a paridade?

— Sim.

— A qualificação da paridade, portanto, jamais recairá sobre o 3, não é?

— Realmente, não.

— O 3, pois, está excluído da paridade.

— Está excluído.

— O 3, portanto, é não-par.

— É.

— A isso é que eu chamava determinar a natureza das formas que, embora não sejam o contrário de certa qualificação, contudo não a recebem, essa contrária; como agora o 3, que, embora não sendo o contrário da paridade, nem por isso a aceita, porque traz sempre o seu contrário, bem como o 2 o do ímpar, o fogo o do frio e uma infinidade de outros exemplos. Bem, vê se é assim que determinas; não só o contrário recusa o contrário, mas igualmente aquilo que levasse algum contrário àquilo a que sobreviesse, isto é, aquilo mesmo que leva jamais recebe a qualificação contrária do que é levado. Relembra de novo (não há mal nenhum em ouvir tantas vezes): o 5 não recebe a qualificação do par, nem o 10, seu dobro, a do ímpar; por sua vez, o dobro, que tem ele próprio um outro contrário, nem por isso recebe a da imparidade; nem recebe a qualificação do inteiro o sesquiáltero e outras frações do mesmo tipo, com o denominador 2; igualmente o terço e todas as frações do mesmo tipo, se é que me estás acompanhando e concordas que assim é.

— Concordo ponto por ponto — respondeu — e estou acompanhando.

*Logo, a Alma é Imortal*

— Repete-me, pois, — pediu Sócrates — desde o começo, mas sem responder com os termos de minha pergunta, e sim seguindo o meu exemplo. Isso digo por ver, ao lado da resposta segura de que falava primeiramente, outra segurança advinda do que acabamos de dizer. Com efeito, se me perguntares o que deve ocorrer num corpo para que este fique quente, eu não te darei aquela resposta segura, a inculta, "o calor", mas outra, mais apurada à luz do que acabamos de dizer: "o fogo". Tampouco, se perguntares o que deve ocorrer num corpo para adoecer, não responderei "uma doença", mas sim "uma febre"; e se o que deve ocorrer num número para que fique ímpar, não direi "a imparidade", mas "uma unidade"; e assim por diante. Vê se já sabes bem o que desejo.

— Sim, já, muito bem — respondeu.

— Então — pediu — responde: que deve ocorrer num corpo para que esteja vivo?

— Uma alma — respondeu.

— Isso é sempre assim?

— Como não? — disse Cebes.

— Então, uma alma sempre traz vida àquilo a que sobrevier, seja o que for?

— Traz — respondeu.

— Existe algum contrário da vida ou nada?

— Existe — respondeu.

— O quê?

— A morte.

— Não é verdade, segundo decorre do que atrás ficou assentado, que uma alma jamais receberá o contrário do que ela mesma traz sempre?

— Verdade a mais não poder — respondeu Cebes.

— Que mais? Que nome dávamos há pouco ao incompatível com a qualificação de par?

— Não-par — respondeu.

— O incompatível com a de justo e o incompatível com a de culto?

— Bronco! — respondeu — e aquele, iníquo.

— Adiante. Como chamaremos ao incompatível com a morte?

— Imortal — respondeu.

— Não é verdade que a alma é incompatível com a morte?

— É.

— Logo, a alma é um ser imortal?

— É imortal.

— Adiante; — insistiu — devemos dizer que isso está provado? O que achas?

— Provado e bem provado — Sócrates.

— Que mais, Cebes? — perguntou. — Se o não-par fosse necessariamente indestrutível, poderia o 3 deixar de ser indestrutível?

— Certo que não.

— Se o não-quente fosse necessariamente indestrutível, toda vez que se levasse o calor à neve, a neve não se subtrairia, permanecendo salva, não derretida? porque nem se destruiria, nem suportaria receber a quentura.

— Dizes a verdade — respondeu.

— Semelhantemente, creio eu, também se o inesfriável fosse indestrutível, quando algo frio avançasse contra o fogo, este jamais se apagaria nem se destruiria, mas iria embora são e salvo.

— Necessariamente — disse.

— Não se deve necessariamente dizer isso do imortal? Se o imortal é também indestrutível, é impossível à alma a destruição quando a morte sobre ela vier; porque deveras, segundo o que ficou dito, ela não receberá a morte, nem morta ficará; tal como não ficaria par o 3, dizíamos, nem o ímpar; nem frio o fogo, nem o calor que há no fogo. Mas que impede, dirão, já que o ímpar, como se assentou, não se torna par, que, sobrevindo a paridade, ele não obstante se destrua e surja um par em seu lugar? A quem dissesse isso não poderíamos retrucar que ele não se destrua; com efeito, o não-par não é indestrutível; aliás, se tivéssemos assentado isso, facilmente retrucaríamos que, sobrevindo a paridade, o ímpar e o 3 iriam embora. Da mesma forma retrucaríamos quanto ao fogo, ao calor, etc. Não é?

— Sem dúvida alguma.

— Também agora (não é verdade?) quanto ao imortal; se assentamos que é também indestrutível, a alma seria, além de imortal, indestrutível; se não assentamos, precisaríamos doutro argumento.

— Não, não é nada preciso — respondeu Cebes — por esta razão: se o imortal, que é eterno, receber o aniquilamento, muito menos o deixaria de receber qualquer outro ser.

— Mas todos concordariam, penso, que jamais se destroem a divindade e a própria idéia da vida — disse Sócrates.

— Sim, por Zeus! — disse Cebes; — todos os homens e, imagino, ainda mais os deuses.

— Quando, pois, o imortal não é tampouco passível de aniquilamento, poderia uma alma, se acontece de ser imortal, deixar de ser indestrutível?

— Forçosamente não.

— Sobrevindo, pois, a morte ao homem, o que nele é mortal, naturalmente morre, mas o que é imortal vai-se embora, salvo e não aniquilado deixando o lugar à morte.

— Evidentemente.

— Acima de tudo, portanto, Cebes, — disse ele — uma alma é algo imortal e indestrutível, e nossas almas existirão no Hades realmente.

— Eu, Sócrates, — disse Cebes — é que nada posso acrescentar a isso, nem tenho por que descrer desses argumentos. Todavia, se aí Símias ou alguém mais pode dizer alguma coisa, fará bem de não ficar calado; não sei para qual ocasião, senão a presente o deixaria quem quisesse falar ou ouvir sobre temas tão graves.

*A Ponta do Ferrão*

— Bem, tampouco eu — disse Símias — encontro ainda razões de descrença, depois das palavras que se disseram. Contudo, em face da magnitude dos assuntos discutidos e de meu desprezo pela fraqueza humana, sou forçado a continuar, aqui comigo, duvidando da certeza das teorias.

— Não é só isso; — disse Sócrates — mas dizes bem quanto a estas e quanto às primeiras proposições; embora fidedignas para vós, devem, sempre, ser examinadas com mais segurança. Outrossim, se as distinguirdes com suficiente clareza, ao que penso acompanhareis a seqüência dos raciocínios na medida máxima em que é possível a um homem segui-los. E se isto em si resultar indubitável, não levareis vossas pesquisas mais adiante.

— É verdade o que dizes.

*Os Novíssimos* (87) *do Homem*

— Todavia, senhores — advertiu — isto ao menos é digno de vossas reflexões: se é deveras imortal, a alma requer cuidados, não só tendo-se em vista este período do que chamamos vida, mas o tempo todo e já agora é de crer terrível o risco de quem dela se descuidar. Com efeito, se a morte fosse a separação de tudo, alto negócio seria, para os maus que morressem, ficarem com a alma, separados ao mesmo tempo do corpo e de sua própria maldade. Porém, evidenciada sua imortalidade, ela não teria outro meio de fugir dos males, nem outra salvação, senão tornar-se tão boa e ajuizada quanto possível, porque nada mais leva em sua ida para o Hades além da educação e formação, as quais maior poder têm, segundo consta, de ajudar ou prejudicar o morto, desde o início da jornada para lá. Diz a tradição o seguinte: quando cada um morre, o gênio que a sorte indicou para presidir-lhe a vida é quem se incumbe de conduzi-lo a determinado lugar, onde se juntam os que vão ser julgados, antes de para o Hades partirem com o guia encarregado de guiar quem vai daqui para lá. Depois de ali passarem pela sorte merecida e permanecerem o tempo devido, outro guia os traz de volta para aqui, em muitas e longas revoluções do tempo. Essa viagem, pois, não é qual a declara *o Télefo* (88) de *Ésquilo;* com efeito, este diz ser simples a senda que leva ao Hades. A mim ela não se afigura simples nem única; se não, seria escusado um guia, pois ninguém tomaria rumo errado se houvesse uma senda só. Ao invés, terá naturalmente muitas erradas e encruzilhadas; testemunham esta afirmação as prescrições habituais dos cultos religiosos daqui. A alma exemplar e ajuizada conforma-se com a situação presente e a compreende; aquela que se apega apaixonadamente ao corpo, como atrás dissemos, deixa-se por muito tempo arrebatar em transportes por ele e pelo mundo material, e por isso muita resistência opõe e muita violência sofre antes de partir a custo levada pelo gênio disso incumbido. Chegada ao mesmo lugar que as outras a não purificada, a que praticou atos maculadores, que se inquinou de assassínios iníquos ou cometeu crimes análogos, que vêm a ser obras irmãs dessas e de almas irmãs suas, todos lhe fogem, todos a evitam, ninguém se dispõe a servir-lhe de companheiro de jornada, nem de guia; ela vagueia entregue a total desnorteamento, até se completar certa conta de tempo, ao cabo da qual a conduz o destino à habitação adequada. Aquela, porém, que passou a vida em pureza e moderação depara deuses que na jornada a acompanhem e guiem, e habita o lugar adequado a seus méritos. A terra tem muitos lugares maravilhosos e, segundo me fez crer alguém não é igual, na descrição e na extensão, à idéia dos que dela costumam falar.

Símias interveio:

— Como assim, Sócrates? Eu já ouvi muita coisa a respeito da terra, mas não tuas convicções: gostaria de conhecê-las.

— Bem, Símias; não acho preciso a ciência dum Glauco (89) para dizer quais são elas; mas dizer como são verídicas é difícil demais, a meu ver, para a ciência dum Glauco. Talvez eu não fosse capaz; ademais, embora o soubesse, a vida que me resta não se afigura suficiente para a extensão do assunto. Todavia, nada me impede de expor como acredito seja a descrição da terra e de suas regiões.

— Bem; — disse Símias — é quanto basta.

*A Terra e o Mundo*

— Estou convencido — disse Sócrates — de que, em primeiro lugar, se ela ocupa o centro do firmamento e é redonda, de nada precisa para não cair, nem do ar, nem de nenhuma outra pressão análoga, bastando para sustentá-la a igualdade do firmamento consigo mesmo em todos os pontos e o equilíbrio da própria terra; com efeito, um objeto equilibrado, colocado no centro dum sistema homogêneo, não terá como pender mais ou menos para nenhum dos lados, mas se manterá sem alteração e a prumo. Esse o primeiro ponto, disse, de que estou convencido.

— E com razão — comentou Símias.

— Além disso — prosseguiu — de se tratar de algo imenso, de que nós, os habitantes entre o Fásis [90] e as Colunas de Héracles, ocupamos uma parcela pequena, vivendo junto do mar, como formigas ou rãs à beira dum brejo, e muitos outros povos habitam alhures em muitas regiões semelhantes. Existem por toda a amplidão da terra inúmeras depressões de vários formatos e dimensões, para as quais confluem a água, as neblinas e o ar. A terra pura mesma fica na parte pura do firmamento, lá onde estão os astros, a qual denominam éter a maioria dos que costumam tratar desses assuntos; aqueles elementos são um sedimento do éter e confluem constantemente para as depressões da terra. Nós não advertimos que habitamos suas cavidades; supomos habitar sua superfície, em cima. Como alguém que, vivendo no centro do fundo do mar, julgasse viver na superfície; vendo o sol e os outros astros através da água, tomaria o mar pelo céu; por sua indolência e fraqueza, jamais poderia chegar à cima das aguas, nem, emergindo do mar, pôr a cabeça para fora e ver, nem ouvir de outrem que o tivesse visto, quanto esta nossa região excede em pureza e beldade a do seu meio. É isso mesmo, por certo, o que se dá conosco; habitando uma das depressões da terra, supomos viver na sua superfície e chamamos céu ao ar, como se o ar fosse o céu onde os astros se movem. Caímos na mesma situação; por fraqueza e indolência, nós não somos capazes de percorrer o ar de extremo a extremo; não fosse isso, se alguém chegasse à cima do ar ou se criasse asas e subisse voando, pondo a cabeça para fora, teria o que ver, como aqui os peixes do mar, pondo fora a cabeça, vêem o que há por aqui; assim contemplaria o que há por lá; se a nossa natureza tivesse forças para suportar o espetáculo, saberia que aquele é o céu verdadeiro, aquela a verdadeira luz e aquela a verdadeira terra. Sim, esta terra, estas pedras e toda esta região estão corrompidas, corroídas, como as coisas dentro do mar pela salsugem; no mar não brota nada que mereça menção, nem existe por assim dizer nada de bem acabado, senão anfractuosidades, areia, imensidão de lama e lodo onde quer que também haja terra; nada de modo algum digno de se comparar com as belezas de nosso meio. Mas aquelas, por sua vez, superariam evidentemente ainda muito mais as daqui. Se, com efeito, não é importuno narrar um mito, Símias, vale a pena ouvir as maravilhas da terra lá embaixo do céu.

— Se vale, Sócrates! — exclamou Símias — nós bem que ouviríamos esse mito com prazer.

### *Céu, Inferno e Purgatório*

— Pois bem, meu amigo — disse Sócrates; — em primeiro lugar, o aspecto desta terra, dizem, é, para quem a contemplasse do alto, como o dessas bolas feitas de doze couros, variegado, distribuído em cores, das quais são amostras as cores daqui, isto é, aquelas que usam os pintores. Lá em cima, a terra é toda daquelas cores, muito mais brilhantes e puras que estas; aqui, púrpura duma beleza maravilhosa; ali, dourada; acolá, toda branca, mais alva que o gesso ou a neve, e composta assim das outras cores, mais numerosas e belas de quantas já vimos. Com efeito, em si mesmas, estas depressões da terra, porque cheias de água e de ar, apresentam certo aspecto de coloração por estarem brilhando na variedade das outras cores, de sorte que dão a impressão dum só colorido variado e contínuo. Naquela, porém, tal como é, o que brota, árvores, flores, frutos, brota em proporção. Com as montanhas ocorre o mesmo; as pedras têm, na mesma proporção, seu brunido, sua transparência e sua coloração mais belos. Delas são pedaços as pedrinhas estimadas aqui, a cornalina, o jaspe, as esmeraldas e todas as mais; lá não existem senão desse gênero e outras muito mais belas que essas. A razão está em serem aquelas pedras puras, não corroídas nem corrompidas como as daqui pela podridão e salsugem das matérias para aqui confluídas, causadoras também da feiúra e moléstias das pedras, da terra e dos outros seres, animais e plantas. A terra mesma se adorna de todas essas gemas e ainda ouro, prata e outras preciosidades semelhantes. Esses ornamentos estão à vista, inumeráveis e grandes em todos os sítios da terra; vê-la é espetáculo para olhos de seres bem-aventurados. Nela vivem animais, diferentes e numerosos, bem como homens, uns povoando o interior, outros à beira do ar, como nós à do mar, outros em ilhas que o ar circunda, próximas do continente. Numa palavra, o ar é lá o que a água e o mar representam para a nossa vida; o que o ar é para nós, o éter é para eles. A temperatura de suas estações é tão favorável que eles não têm doenças e vivem muito mais que os daqui. Na vista, na audição, na inteligência e em todas as faculdades análogas, eles superam-nos tanto quanto a pureza do ar à da água e a do éter à do ar. Outrossim, eles têm bosques sagrados e templos, habitados deveras pelos deuses; ocorrem-lhes mensagens, profecias, contactos sensíveis com os deuses, bem como entretenimentos pessoais com eles. O sol, a lua e as estrelas, eles os vêem tais quais são. E o mais da felicidade acompanha essas venturas. Essa, pois, a natureza de toda a terra e do que nela existe. Há regiões inúmeras em seu interior, ao longo das suas depressões, em toda a volta, umas mais fundas e mais amplas do que esta onde moramos, outras, embora mais fundas, com abertura menos extensa que a nossa região; enfim, outras de menor profundidade e maior largura que as daqui. Todas elas se ligam umas com as outras por muitas comunicações subterrâneas, umas mais estreitas, outras mais largas, abrindo passagens, por onde corre água copiosa de umas para outras como nos vasos, bem como rios perenes de imensurável extensão subterrânea, tanto de água quente como de fria; também muito fogo, e rios imensos de fogo; muitos também de lama líquida, ora mais limpa, ora mais lodosa, como os rios de lama que correm na Sicília antes da lava e a lava mesma. Deles se enche cada região conforme variar cada vez a direção da correnteza de cada um. Todos esses fluxos e refluxos acompanham certa oscilação verificada no interior da terra. A causa natural dessa oscilação é a seguinte: um dos abismos da terra, por sinal o maior de todos, vara através dela de lado a lado; é precisamente aquele a que alude Homero, quando diz "muito longe, onde se abre sob a terra o báratro mais fundo" ([91]); o mesmo poeta, em outros passos, e muitos outros o denominaram Tártaro ([92]). Todos os rios deságuam nesse abismo e dele de novo emanam, tomando cada qual feição consoante com a terra que percorrer. A causa de emanarem dali e ali desaguarem todos os cursos de água é que esse pélago não tem fundo nem apoio; por isso oscila, ondulando para cima e para baixo. O mesmo fazem o ar e o sopro deste, pois o acompanham quando é impelido seja para o lado de lá da terra, seja para o de cá. Como na respiração o curso do hálito sopra incessantemente para dentro e para fora, assim também lá, acompanhando a oscilação do pélago, o sopro dá origem a vendavais terríveis e irresistíveis, assim quando entra como quando sai. Quando a água se retira para a região chamada inferior, as correntezas afluem através da terra para as cavidades de lá e enchem-nas, como nas irrigações; quando, ao contrário, deixam aquele lado e se lançam para cá, tornam a encher as daqui. Cheias estas, vazam pelos condutos através da terra e cada correnteza forma, chegando a cada uma das regiões para onde abria seu caminho, mares, lagos, rios e fontes. Dali afundam outra vez sob a terra, depois de circundarem, estas, umas regiões mais extensas e mais numerosas, aquelas, outras em menor número e menores dimensões, para de novo se precipitarem no Tártaro, algumas, muito abaixo das terras que regaram, outras perto, mas todas em nível inferior ao das nascentes. Algumas desembocam em frente ao ponto onde brotaram, outras no mesmo lado. Algumas rodeiam a terra completamente, enrolam-se-lhe em torno dando uma volta ou mais, como as cobras, e descem o mais possível para desaguarem de novo; o mais possível quer dizer descer, dum ou do outro lado, até o centro, não além; com efeito, para as correntezas de cá e de lá, a parte que desce dum e doutro lado é uma subida. São, aliás, muitas as correntezas, grandes e variadas; mas nessa multidão se distinguem quatro cursos de água dos quais o mais longo, que corre num círculo mais externo, é o chamado Oceano ([93]). Fronteiro a esse e fluindo em sentido oposto, o Aqueronte, o qual não só percorre regiões desertas, mas também passando por sob a terra, chega ao Lago Aquerúsias; é onde vão ter as almas da multidão dos mortos e, depois de permanecerem o tempo marcado, mais longo para umas, mais breve para outras, são de novo expedidas para o nascimento dos viventes. A meia distância desses rios jorra um terceiro, que, não longe da nascente, se lança numa vasta região abrasada dum fogo abundante, formando um lago, maior que o mar nosso vizinho, onde ferve água e lama; dali parte para um curso circular, lodoso e barrento, enrolando-se em torno da terra, e vai ter, noutra direção, à borda mais afastada do Lago Aquerúsias, mas sem se misturar com a água; depois de numerosos meandros sob a terra, desemboca numa parte mais baixa do Tártaro; a esse deram o nome de Piriflegetonte; sua torrente expele porções de lava por onde depara aberturas da terra. Fronteiro a esse deságua o quarto, primeiramente, segundo consta, num lugar medonho e selvático, todo duma cor como a do lápis-lazúli, a que dão o nome de Estígio; esse rio, na foz, forma o Lago Estige; depois de ali se precipitarem suas águas e adquirirem propriedades terríveis, penetra sob a terra, corre em meandros no sentido oposto ao do Piriflegetonte; seu nome é, como o chamam os poetas, o Cocito. Sendo essa a natureza daquelas regiões, quando chegam os finados ao sítio aonde o gênio conduz cada um, são logo submetidos a julgamento, tanto os que viveram bem e santamente, quanto os que não. Aqueles cuja vida foi julgada mediana encaminham-se para o Aqueronte, sobem às barcas a eles destinadas, nelas chegam ao lago e ali passam a morar, purificando-se, remindo-se, pelo cumprimento da pena, das faltas que tiverem cometido e recebendo o prêmio das boas ações, cada qual segundo seu merecimento. Os julgados incuráveis diante da enormidade de seus pecados, por terem praticado pilhagens de templos, numerosas e graves, ou muitos assassínios iníquos e contra as leis e todos quantos crimes se contam de igual gravidade, o quinhão que a esses compete é serem precipitados no Tártaro, dondo jamais sairão. Os considerados réus de faltas sanáveis, sim, mas graves, como os que usaram de violência, movidos da cólera, contra o pai ou a mãe, e passaram o resto da vida arrependidos, ou se tornaram assassinos em circunstâncias análogas, esses, é inevitável, são lançados no Tártaro, mas depois de ali caírem e passarem uma temporada, o vagalhão os expele, os assassinos para o curso do Cocito, os parricidas e matricidas para o curso do Piriflegetonte; carregados até à borda do Lago Aquerúsias, ali gritam, chamando uns as vítimas que mataram, outros as de sua violência; depois de os chamarem, suplicam, rogam que os deixem sair para o lago e lhes dêem acolhida; se forem atendidos, passam e escapam a seus males; se não, são levados de volta ao Tártaro e daí aos rios novamente e não cessam de sofrer essa sorte até conciliarem o favor das vítimas de seus crimes, pois essa foi a pena que lhes infligiram os juízes. Aqueles, enfim, cuja vida foi julgada de santidade excepcional, esses, libertados e afastados destas regiões da terra como de prisões, chegam àquela morada pura do alto e habitam sobre a terra. Dêsses mesmos, os que a filosofia purificou suficientemente passam a viver absolutamente sem corpos para o resto do tempo, e vão ter a moradas ainda mais bonitas do que aquelas, que não é fácil descrever nem para isso basta o tempo presente. Em vista da exposição que fizemos, Símias, é que se deve tudo fazer para participar nesta vida da virtude e da sabedoria: belo é o prêmio e grandiosa a perspectiva. Todavia, sustentar a todo custo que as coisas são tais como descrevi não fica bem a um homem inteligente; mas a quem acredite que é assim ou coisa equivalente, quanto a nossas almas e suas moradas, uma vez evidenciado que a alma é algo imortal, fica bem correr esse risco e vale a pena. É um belo risco e é necessário como que enfeitiçar a si mesmo com tais encantamentos; não é por outra razão que há muito venho alongando êste mito. Bem, aí está por que deve sentir coragem quanto a sua alma o homem que, na vida, mandou às favas os outros prazeres, os que se relacionam com o corpo, e mais os adornos, como estranhos e causadores antes, a seu ver, do efeito contrário, e, ao invés, afanou-se pelos prazeres da cultura e, com a alma exornada com adereços não estranhos mas próprios dela, a temperança, a justiça, a coragem, a liberdade e a verdade, aguarda assim a partida para o Hades, pronto a seguir quando o destino o chamar. Vós decerto, Símias, Cebes e outros, partireis um de cada vez, algum dia, mais tarde; a mim, como diria um herói de tragédia, já me chama o destino (94). Chegou, parece, a hora de ir para o banho; acho melhor tomar o banho antes de beber o veneno, e não deixar às mulheres o trabalho de lavar o defunto.

### *Como Morre um Filósofo*

Ouvindo-lhe essas palavras, Critão disse:

— Bem, Sócrates, que ordenas a estes amigos ou a mim quanto a teus filhos ou quanto a alguma outra coisa? O que viéssemos a fazer por amor de ti seria o nosso cuidado principal.

— Fazei, Critão, — respondeu — o que sempre recomendei; nada de novo. Zelando por vós mesmos, fareis por amor de mim, dos meus e de vós próprios, tudo o que fizerdes, ainda que não o prometais agora: se, porém, descuidardes de vós próprios, se não quiserdes viver como que nas pegadas do que se disse agora e do que se disse no passado, nada, por mais numerosas e solenes promessas que façais, nada tereis feito de melhor.

— Isso nós faremos ardorosamente — disse Critão. — Mas como queres que te sepultemos?

— Como bem vos parecer — respondeu; — contanto que me pegueis e eu não vos escape.

Riu-se com placidez, olhando para nós ao mesmo tempo, e disse:

— Não consigo, senhores, convencer Critão de que eu sou este Sócrates que agora conversa convosco e distribui em ordem cada um dos argumentos. Ele me idealiza como alguém que ele verá dentro em pouco defunto e não faz senão perguntar como há de sepultar-me. Mas aquilo que há tanto tempo venho explicando num prolongado discurso, que depois de beber o veneno não mais ficarei convosco e partirei rumo às felicidades dos bem-aventurados, ele acha que digo, parece, à toa, apenas para convencer-vos a vós e ao mesmo tempo a mim próprio. Sede, pois, meus fiadores junto de Critão, — pediu — garantindo-lhe o contrário do que ele afiançava aos juízes; ele jurava que eu ficaria; jurai vós que não ficarei depois de morto, mas irei embora, para que Critão suporte melhor e, ao ver meu corpo cremado ou enterrado, não se indigne por estar eu sofrendo horrores, nem diga, nos funerais, estar velando, carregando ou sepultando Sócrates. Fica sabendo, meu excelente Critão, — acrescentou — que a expressão imprópria não é um mero erro de linguagem, mas também causa algum dano às almas ([95]). Deves criar coragem, dizer que o que enterras é o meu corpo e sepultá-lo como gostares e achares mais de acordo com as normas.

Dito isso, Sócrates levantou-se e foi banhar-se noutro cômodo. Critão seguiu-o, dizendo-nos que esperássemos. Ficamos, pois, a conversar entre nós sobre os temas do entretenimento, a reexaminá-los, quando não a comentar quão grave era para nós aquela desgraça; afigurava-se-nos simplesmente como a perda dum pai e que passaríamos o resto da vida na orfandade.

Depois que ele se banhou, levaram-lhe as crianças (ele tinha dois filhos pequenos e um grande) e chegaram as mulheres da família. Conversou com elas na presença de Critão, fazendo-lhes as recomendações que desejava. Em seguida, mandou se retirassem as mulheres e as crianças, e veio ter conosco.

O sol já se aproximava do ocaso. Sócrates gastara muito tempo lá dentro. Chegado que foi, sentou-se e depois disso conversou pouco.

Vei o auxiliar dos Onze, parou junto dele e disse:

— Sócrates, não terei de ralhar contigo, como com os outros, que se exaltam comigo e me rogam pragas quando, por ordem das autoridades, os convido a tomar o veneno. Tive ocasiões, durante este tempo, de verificar que tu és o mais generoso, o mais afável e o melhor dos homens que jamais vieram ter aqui e agora sei que não te zangas comigo, mas com eles, porque não ignoras de quem é a culpa. Agora, pois, sabes o que vim comunicar-te. Adeus, procura suportar o melhor possível o inevitável.

Voltou-se e saiu com lágrimas nos olhos. Sócrates, seguindo-o com o olhar, disse:

— Adeus; eu seguirei o que recomendas.

E, em seguida, para nós:

— Que homem educado esse! Todo o tempo veio ter comigo; às vezes conversava e mostrava-se o melhor dos homens. E agora, com que generosidade chora por mim! Vamos, Critão; obedeçamos-lhe; que me tragam o veneno, se está macerado; se não, que o homem o macere.

E Critão:

— Mas me parece, Sócrates, que o sol ainda está nas montanhas, não acabou de se pôr. Ademais, já me contaram que outros o tomaram bem depois de recebida a ordem, após jantar e beber bastante, e estar com as pessoas com quem desejavam. Portanto, não te dês pressa; ainda tens tempo.

E Sócrates:

— Provavelmente, Critão, — disse — esses de quem falas procediam assim cuidando lucrar com isso. Eu, naturalmente, não o farei; não espero lucrar nada tomando-o um pouco mais tarde, senão tornar-me motivo de riso para mim mesmo, grudando-me à vida e mesquinhando o nada que dela me resta. Vamos — concluiu; — sê dócil e não me contraries.

Ouvindo isso, Critão acenou para o servo a seu lado. Este saiu e, após longa demora, voltou com aquele que ia dar o veneno; ele o trazia macerado num cálice. Vendo o homem, Sócrates perguntou:

— Bem, meu bom homem, tu é que entendes disto; o que se deve fazer?

— Apenas — respondeu — tomá-lo, andar em roda até sentir peso nas pernas e então deitar-se; assim, produzirá o efeito.

Com isso, estendeu o cálice a Sócrates. Este, Equécrates, apanhou-o com toda a calma, sem estremecer, sem alterar a cor nem a fisionomia. Fitou o homem com seus olhos de touro e perguntou:

— Que achas? É permitida ou não uma libação a algum deus com esta beberagem?

— Nós, Sócrates, — respondeu — preparamos apenas a dose necessária.

— Compreendo — tornou ele. — Mas é lícito e necessário orar aos deuses para que seja feliz a mudança desta para aquela vida. É o que peço e assim seja.

Dito isso, sorveu até a última gota, sem parar, sem dificuldades, sem repugnância.

A maioria de nós tivéramos, até aí, forças para nos conter e não chorar: mas ao ver que bebia, que já acabara de beber, não mais. A mim mesmo as lágrimas jorraram violentas e abundantes; tive de cobrir o rosto para dar largas ao pranto; não por ele, mas por minha própria sorte, pela perda de tão valioso amigo. Critão, incapaz de reter as lágrimas ainda antes de mim, tinha levantado e saído. Apolodoro não deixara de verter lágrimas mesmo antes; mas então é que rugiu de dor, chorando e revoltando-se, que partia o coração a todos os presentes, menos ao próprio Sócrates. Este disse:

— Que estais fazendo? É de se ficar pasmado! Se eu despedi as mulheres justamente por isso, para que não cometessem esse erro! Pois ouvi dizer que se deve morrer com bons augúrios. Vamos, acalmai-vos, dominai-vos.

Nós, ouvindo-o, acalmamo-nos e contivemos as lágrimas. Ele pôs-se a andar em roda; depois, declarou que as pernas lhe pesavam e foi deitar-se de costas; assim lhe recomendara o homem.

Nisso, este passou a apalpá-lo examinando os pés e as pernas, a intervalos. Por fim, apertando-lhe o pé com força, perguntou se sentia. Respondeu que não. Depois, foi a vez das panturrilhas e, subindo assim, fez-nos ver que esfriava e enrijava. Sócrates mesmo se apalpava, dizendo que, ao lhe chegar ao coração, se iria. Já lhe tinha esfriado quase toda a região do abdômen; então, descobrindo-se, pois se cobrira, falou, e foram suas últimas palavras.

— Critão, — disse — estamos devendo um galo a Asclépio; paga-o, não te esqueças.

— Assim o farei — respondeu Critão; — vê se tens mais algo que dizer.

A essa pergunta de Critão, já nada respondeu.

Passados instantes, teve um estremecimento. O homem descobriu-o; os olhos estavam parados. Vendo isso, Critão cerrou-lhe os lábios e as pálpebras.

Esse, Equécrates, o fim do nosso amigo, homem, podemos dizer, o melhor dentre os que até então conhecêramos e, mais ainda, o mais sábio e o mais justo.

## NOTAS

1. Ânito, rico industrial e político, fracassou como general no ano 409 a.C. e, processado por isso, salvou-se corrompendo os juízes. Passando ao partido popular, cooperou na derrubada da tirania dos Trinta e tornou-se muito influente. Figura, com Meleto e Licão, entre os acusadores de Sócrates no processo.
2. Meleto, ou Melito, poeta de segunda ordem, cuja obra não chegou até nós.
3. Aristófanes, célebre e grande comediógrafo; punha em cena personagens e temas da época, polemizando a respeito de política, costumes e idéias. Na comédia das *Nuvens*, ridiculariza e calunia a Sócrates, apresentando-o como um charlatão.
4. Górgias, Pródico e Hípias eram sofistas, isto é, *professores;* propunham-se a tornar seus discípulos *sophói*, ou seja, *hábeis, preparados*. O primeiro ensinou filosofia e retórica; o segundo, moral e gramática; o terceiro, de tudo.
5. Em Delfos havia um templo, onde Apolo dava oráculos, predizendo o futuro. A alusão é ao exílio sofrido pelos partidários da democracia, no ano 404 a.C., quando se instalou em Atenas a tirania dos Trinta.
6. Assim se chamava a sacerdotisa do templo de Delfos, que formulava os oráculos.
7. Anaxágoras, filósofo da escola jônica, mestre e conselheiro de Péricles, célebre por ter concebido a existência duma Mente, *Nous*, ordenadora do Universo. Por dar explicações naturalistas dos fenômenos celestes, foi condenado por impiedade a exilar-se de Atenas em 432 a.C. Suas obras, como as de outros autores, podiam ser compradas no local do teatro destinado ao coro, denominado *orquestra*.
8. Tétis, nereida, divindade marinha, foi mãe de Aquiles, herói da *Ilíada;* aqui, alude-se a uma cena do canto XVIII, desse poema.
9. Segundo criam os gregos, após a morte, iam as almas para o Hades, espécie de limbo, lugar escuro e frio, situado no âmago da terra, onde continuavam a *viver*, como sombras.
10. Os delegados das tribos, em que se dividia o povo ateniense, ao Conselho dos Quinhentos, espécie de câmara deliberativa, chama-

vam-se *prítanes*. Alude-se ao processo dos comandantes da batalha naval de Arginusas, em 406 a.C.

11. *Os Onze* eram autoridades policiais eletivas.

12. Minos, rei de Creta, Radamanto, Éaco, Triptólemo, heróis mitológicos, foram, segundo a tradição conservada nos ritos secretos dos chamados Mistérios, designados juízes das almas no outro mundo.

13. Orfeu e Museu são autores lendários dos hinos e cânticos dos ritos dos Mistérios.

14. Palamedes e Ájax são figuras lendárias; o primeiro teria morrido apedrejado, vítima duma calúnia, no acampamento dos gregos em Tróia; o segundo, herói duma tragédia de Sófocles, além de o ser da *Ilíada*, suicidou-se por ter sido fraudado na herança das armas de Aquiles, que deviam caber ao mais valoroso dos guerreiros.

15. Agamêmnon, comandante dos gregos em Tróia, ao regressar à pátria, foi assassinado pela espôsa, Clitemnestra, conluiada com Egisto, seu amante. Ulisses, o astucioso, é herói da *Ilíada* e da *Odisséia*. Sísifo é um gigante condenado, no Hades, a levar até ao cimo dum monte um penedo, que, apenas lá chegado, rola de novo para o abismo; símbolo de todo trabalho extenuante e improfícuo.

16. *Banquete* é a tradução habitual, embora pouco feliz, do título do livro, *Symposion*. Trata-se duma reunião para beber, ordinariamente acompanhada de música de flauta ou lira. Uma taça de vinho circulava pelos convivas, as mais das vezes, e quem a recebia se obrigava a pronunciar um elogio ou formular uma pequena composição poética.

17. Glaucão é personagem fictícia. Agatão é real; poeta trágico, mencionado numa comédia por Aristófanes e, na *Poética*, por Aristóteles. Parece ter sido o primeiro a compor tragédias com heróis não mitológicos.

18. *Coreutas* se chamavam os participantes do coro no teatro.

19. Há no texto trocadilho entre o nome Agatão e o adjetivo *agathós*, que significa *bom, de boa linhagem, intrépido*.

20. Alusão a uma cena da *Ilíada*, canto XVII. Agamêmnon era o comandante chefe dos gregos na guerra de Tróia; Menelau, seu irmão, era o marido de Helena, cujo rapto por Páris, motivara a guerra.

21. Citação da *Ilíada*, X, 224.

22. Usavam-se leitos e não cadeiras em torno das mesas.

23. Dioniso, ou Baco, era o deus do vinho e também dos concursos de teatro.

24. Afrodite, ou Vênus, era a deusa do amor carnal.

25. *Teogonia,* 116 e seguintes.

26. Parmênides de Élea desenvolveu as teorias de Xenófanes, fundando a escola filosófica chamada *eleática*. Compôs um poema *Sobre a Natureza,* distinguindo o *mundo da aparência* e o *mundo da realidade,* ou do ser imutável. Conhecem-se apenas fragmentos, um dos quais aqui citado.

27. Acusilau teria sido autor de um livro de *Genealogias;* é quanto dele se sabe.

28. *Ilíada,* X, 482.

29. O que se diz aqui de Alcéstis é o assunto do drama de igual nome, de Eurípides.

30. Orfeu, segundo a lenda, morreu lacerado pelas bacantes.

31. Aquiles, Heitor e Pátroclo são heróis da *Ilíada,* encontrando-se nos cantos IX, 410 e seguintes, e XVIII, 96, as passagens aqui citadas.

32. Ésquilo, o mais antigo dos três grandes trágicos e também o de maior fôrça poética, é considerado o criador da tragédia grega, por ter introduzido uma segunda personagem em cena, quando antes só havia uma a dialogar com o coro. Restam-nos sete tragédias suas. Não figura entre elas a dos *Mirmidões,* aqui citada.

33. Em 514 a.C. governava em Atenas, com poderes absolutos herdados de Pisístrato, seu filho Hípias; Aristogíton e Harmódio, na festa das Panatenéias, assassinaram a Hiparco, irmão do tirano; o primeiro pereceu no atentado e o segundo foi condenado à morte. Após a queda da tirania, passaram a ser celebrados como mártires da liberdade.

34. *Ilíada,* II, 71.

35. *Pausânias pausou...* No texto, estas duas palavras, além da repetição das sílabas iniciais, têm ritmo igual, num arremedo dos caprichos estilísticos de Isócrates, mestre de Pausânias e rival de Platão.

36. Asclépio, ou Esculápio, filho de Apolo, o deus Sol, dele obteve o dom ou a ciência de curar os doentes. Por ter ressuscitado um morto, foi fulminado por Zeus. Os gregos divinizaram-no.

37. Heráclito, ou, com acentuação mais etimológica, Heraclito, de Éfeso, filósofo do século VI a.C., é célebre por ter chamado a atenção para a mutabilidade de todas as coisas, em aforismos obscuros; os mais lembrados: "tudo flui", "não nos banhamos duas vêzes no mesmo rio".

38. O discurso aqui atribuído a Aristófanes parodia a criação duma comédia; a concepção dos antepassados da Humanidade lembra a dos coros de rãs, aves e vespas, utilizados pelo cômico em suas peças.

39. Efialtes e Oto, gigantes mitológicos, mencionados na *Odisséia*, XI, 313, empilharam montanhas para escalar o céu.

40. Hefesto, ou Vulcano, é o deus ferreiro, que tinha sua forja no interior do Etna, onde trabalhavam os gigantes ciclopes.

41. Passagens mitológicas da *Teogonia*, de Hesíodo. Cronos e Iápeto eram titãs, filhos de Urano. O primeiro, rebelado, tomou o poder no céu, mutilando o pai e acorrentando seus irmãos. Porque devorava os filhos, foi, por sua vez, destronado por Zeus.

42. *Ilíada*, XIX, 91 e 92.

43. Atena é o nome grego de Minerva, deusa virgem, nascida do cérebro de Zeus.

44. Ver nota n. 4. A citação é da Odisséia, XI, 633 e 634. O trocadilho alude às *Górgonas*, cujo nome é lembrado pela sílaba inicial de *Górgias*. As Górgonas eram três: Medusa, Esteno e Euríale; quem as via se transformava em pedra.

45. Verso do *Hipólito*, de Eurípides, um dos três grandes trágicos.

46. A autenticidade histórica de Diotima é duvidosa; Platão cita o fato histórico da peste que devastou Atenas em 430 a.C., mas pode ser uma comprovação artificiosa.

47. *Opinião acertada*, conhecimento não científico da verdade, faz parte da epistemologia platônica. A teoria é desenvolvida no diálogo intitulado *Teeteto*, onde a ciência acaba por definir-se como uma *opinião acertada acompanhada de razão.*

48. Começa aqui um mito, ou conto, processo usado na filosofia grega para ajudar, não a demonstração, mas a compreensão de pontos obscuros. A narrativa de Sócrates não pertence à mitologia tradicional; é ficção ou sua ou de Platão.

49. *Poiétés* não significa apenas poeta; é autor, criador; *poiêin* é fazer, criar.

50. Parca, deusa que preside ao destino de cada um; Ilitia, deusa que assiste nos partos.

51. Apolo, amigo de Admeto, obteve da Morte o adiamento do fim deste, com a condição de que outrem se oferecesse para morrer em seu lugar. Ninguém, dentre amigos e parentes, nem mesmo os velhos pais decrépitos aceitaram a troca. Contudo, Alcéstis, a jovem esposa, aceitou-a. É o assunto do drama *Alcéstis*, de Eurípides.

52. Os dórios, segundo um oráculo, teriam a vitória sobre os atenienses, se poupassem a vida do rei, Codro; este, para que tal não acontecesse, disfarçou-se e foi ao encontro da morte nas fileiras inimigas.

53. Licurgo, semilendário rei e legislador de Esparta, ou Lacedemônia. Sólon, pensador e poeta, viveu entre os séculos VII e VI a.C. e deu à república ateniense uma constituição.

54. Alcibíades, sobrinho e pupilo de Péricles, é uma das figuras mais românticas da história grega. Tinha grandes virtudes e grandes defeitos; belo, valente, inteligente, orador persuasivo embora de língua presa, traiu sucessivamente os atenienses aos espartanos e os espartanos aos atenienses nas guerras em que foi general; acabou assassinado na Ásia Menor.

55. Oito cótilos são cerca de 22 decilitros.

56. *Ilíada*, XI, 514.

57. Silenos, sátiros ou faunos, divindades campestres, metade homens, metade bodes. As feições de Sócrates, consta, lembravam as imagens dos sátiros.

58. Mársias, um sátiro, teria inventado a flauta.

59. Flautista lendário.

60. Assim fizeram os companheiros de Ulisses na *Odisséia*, canto XII, para escaparem à sedução funesta do canto das Sereias.

61. *Ilíada*, VI, 236.

62. O escudo de Ájax compunha-se de sete couros de boi sobrepostos, segundo Sófocles, *Ájax*, 576. Por isso era praticamente invulnerável.

63. Potidéia se rebelara à hegemonia de Atenas.

64. *Odisséia*, IV, 242.

65. *Nuvens*, 362.

66. Brásidas foi o comandante dos lacedemônios na batalha de Anfípolis, na qual pereceu, em 422 a.C. Político e guerreiro de excelente reputação.

67. Nestor, grego, e Antenor, troiano, são heróis da *Ilíada*; ambos eram bons conselheiros.

68. Liceu se chamava um campo de esportes, onde mais tarde ensinaria Aristóteles.

69. Héstia, Vesta em Roma, era a deusa da lareira.

70. A palavra *êidos* significava *fisionomia*; os filósofos adaptaram-na, metaforicamente, para exprimir a nova idéia de *espécie*.

71. Esposa de Zeus. Em Roma, Juno.

72. Escultor fabuloso, cujas estátuas se moviam, foi também o arquiteto do Labirinto.

73. Tântalo, rei lendário da Lídia, por ter furtado o néctar dos deuses, foi precipitado do Hades e condenado a sede e fome, preso a uma árvore cujos frutos lhe fugiam da boca, junto a um lago cujas águas lhe fugiam dos lábios. Símbolo dos desejos frustrados.

74. Citação dos *Cantos Cipriotas*, de autor incerto.

75. *Proteu*, deus marinho, pastor de gado do mar, tinha o dom da profecia, mas só respondia a quem o aprisionasse, façanha difícil porque se transformava com inexcedível rapidez.

76. *Ilíada*, IX, 363.

77. Os jogos do Istmo celebravam-se em Corinto. Havia, ainda, em Olímpia, Delfos e Neméia, tais competições atléticas e desportivas periódicas, abertas aos gregos de toda parte. As mais célebres foram as *olimpíadas*, realizadas de quatro em quatro anos, cuja sucessão regular serviu para a contagem do tempo.

78. Em Potidéia, na Trácia, em 432 a.C., e em Délio, na Beócia, em 424 a.C., durante as lutas de Atenas e Esparta pela hegemonia.

79. Teseu, rei lendário de Atenas, quando jovem, foi no grupo de sete casais que, cada nove anos, Atenas devia mandar a Creta, como tributo imposto pelo Rei Minos em punição do assassínio de seu filho. A promessa foi cumprida, segundo Plutarco, até o governo de Demétrio de Falero, que assumiu em 317 a.C. A prática teria, pois, durado cerca de mil anos!

80. Endimião, pastor ou caçador da Élida, formoso e amado de Selene, admitido ao Olimpo, morada dos deuses, tentou seduzir Hera; foi expulso e condenado a um sono perpétuo.

81. A teoria da reminiscência, com demonstração geométrica, se encontra no diálogo intitulado *Menão*.

82. Penélope, esposa de Ulisses, rei de Ítaca, que, passados muitos anos, não retornara da guerra de Tróia, iludia os seus pretendentes numerosos e importunos, com a promessa de uma decisão quando terminasse um véu, que tecia de dia, mas desfazia de noite. Assim conta Homero na *Odisséia*.

83. Sobrinho de Héracles, acudiu a êste quando, já às voltas com a Hidra, foi ameaçado por um caranguejo gigantesco.

84. Estreito entre a Beócia e a Eubéia; a correnteza de suas águas muda com freqüência de rumo.

85. XX, 17.

86. Cadmo, fenício, fundador de Tebas; chegado à Beócia, matou ali um dragão, semeou os dentes do monstro e da sementeira nasceram guerreiros armados, que se trucidaram uns aos outros; restaram cinco, troncos lendários da nobreza tebana. Desposou Harmonia, filha de Ares e Afrodite; ambos, muito velhos, foram convertidos em serpentes.

87. Últimos destinos do homem após a vida. Segundo a maioria dos cristãos: Morte, Juízo, Inferno ou Paraíso.

88. Personagem duma das tragédias de Ésquilo que não chegaram até nós.

89. Ignora-se quem tenha sido este Glauco; sua sabedoria, porém, era proverbial, como foi, no Brasil, há muitos anos, a de Rui Barbosa.

90. Rio da Armênia hoje, *Pásin*. Colunas de Héracles, ou Hércules, era nome dado ao estreito de Gibraltar. A expressão equivale a *mundo conhecido*. Compare-se à nossa expressão do *Amazonas ao Prata*.

91. *Ilíada*, VIII, 14.

92. Parte mais funda do Hades, inferno mitológico; ali eram lançados os que ofendiam a Zeus.

93. Oceano, ou, etimologicamente, Océano, era, na concepção antiga, um rio que circundava a terra.

94. Os mesmos deuses estavam sujeitos ao Destino; os coros das tragédias exprimiam constantemente a fé no poder do Destino.

95. Temerosos do efeito maléfico das palavras, os gregos evitavam proferir nomes agourentos, substituindo-os por outros de bom agouro; por exemplo, à mão esquerda, em lugar de *skaiá*, chamavam *aristerá;* passaram, depois, a considerar *aristerá* igualmente agourenta e chamaram-lhe *euônymos*, isto é, *a de bom nome*. Igual superstição havia em Roma, como prova o sentido moderno da palavra *sinistro*, que em latim significava *esquerdo*. O nome do Hades também se evitava: dizia-se, em seu lugar, "lá embaixo".

*Leia também*
*OS FILÓSOFOS PRÉ-SOCRÁTICOS*

*Gerd A. Bornheim (org.)*

*Aos pré-socráticos, àqueles filósofos que antecederam Platão e Aristóteles, pode-se dar com justiça o nome de "pais da filosofia ocidental". Suas doutrinas, que chegaram até nós na forma de fragmentos vazados por vezes numa linguagem críptica, têm despertado o maior interesse na atualidade, suscitando, de Nietzsche a Heiddeger, variadas interpretações, e aberto novas perspectivas à compreensão da problemática da Filosofia. Neste volume, o Prof. Gerd A. Bornheim enfeixou, de sua autoria, um estudo introdutório ao pensamento dos pré-socráticos, além de notas liminares acerca da vida e das idéias de cada um deles, completando-os com a tradução que fez dos fragmentos de Tales, Anaximandro, Anaxímenes, Xenófanes, Heráclito, Pitágoras, Alcmeão, Parmênides, Zenão, Melisso, Empédocles, Filolau, Arquitas, Anaxágoras, Diógenes, Leucipo e Demócrito. Acrescentou-lhes também breves seleções doxográficas de cada Autor, o que faz de OS FILÓSOFOS PRÉ-SOCRÁTICOS obra do maior interesse para professores, estudantes e estudiosos de Filosofia.*

*EDITORA CULTRIX*

# ENEIDA

*Vergílio*

*Depois de Homero, seu modelo constante, foi Vergílio o mais célebre poeta épico da Antigüidade. Nem o advento do Cristianismo diminuiu-lhe a glória: Santo Agostinho chamou-o "o melhor e o mais insigne poeta" e Dante Alighieri o escolheu para guia da sua descida ao Inferno. A despeito de ser em muitos passos uma imitação da* Ilíada *e da* Odisséia, *a ENEIDA tem a marca do gênio. Ao compô-lo, intentou Vergílio celebrar a grandeza de Roma, dominadora dos outros povos, desde seus humildes começos até o esplendor da época de Augusto. A epopéia vergiliana tem por tema as andanças e proezas do fundador da raça romana, Enéias, príncipe troiano que, após a queda de Tróia, parte em demanda da Itália para ali fundar uma nova pátria, numa viagem longa e cheia de peripécias. Entre estas, o encontro com Dido, rainha de Cartago que se apaixona por Enéias e que se suicida quando ele a deixa para prosseguir viagem; a descida do herói aos Hades, em busca do pai, que lhe mostra o glorioso destino de Roma e lhe ensina o sentido da vida e da morte, através das doutrinas estóicas e pitagóricas; a guerra feroz contra Turno, pretendente como Enéias à mão de Lavínia, filha do rei Latino e a morte de Turno às mãos do herói.*

*Para melhor acompanhar as alusões mitológicas desta criteriosa tradução da ENEIDA, feita diretamente do original latino pelo Prof. Tassilo Orpheu Spalding, que a completou com um excurso, um argumento analítico do poema e numerosas notas de texto, recomenda-se ao leitor a consulta a duas outras obras do Prof. Spalding lançadas por esta mesma editora:* Deuses e Heróis da Antigüidade Clássica *(dicionário de antropônimos e teônimos vergilianos) e* Dicionário da Literatura Latina.

*EDITORA CULTRIX*

# ODISSÉIA

## HOMERO

Dos dois grandes poemas épicos de Homero — que vêm deliciando a imaginação de inúmeras gerações de leitores com a nobreza humana de seu conteúdo e a arte soberba de sua forma —, talvez seja a ODISSÉIA que fala mais de perto à sensibilidade moderna, pelo que encerra de realístico e aventuroso. De fato, lê-se como um romance a narrativa dos perigos por que passou Odisseu (o Ulisses dos romanos) na sua longa viagem de volta à Ítaca, e da astúcia de que teve de lançar mão para reconquistar seu reino, sua esposa e seu filho à horda de pretendentes que lhe invadira a casa e lhe dilapidava os bens. Esta tradução do texto integral da ODISSÉIA foi feita diretamente do grego, em prosa moderna, mas fiel ao espírito e à letra do original, pelo Prof. Jaime Bruna, da Universidade de São Paulo, que a completou com um prefácio acerca dos antecedentes históricos do poema e com notas de esclarecimento das alusões do texto.

EDITORA CULTRIX

*A POÉTICA CLÁSSICA*

*Aristóteles, Horácio e Longino*

*A despeito dos muitos séculos decorridos desde a época em que foram originariamente escritos, bem como da circunstância de representarem a teoria ou preceptística de uma prática literária muito diferente da nossa, os três textos reunidos neste volume ainda têm plena atualidade. Isso porque tanto a* Poética, *de Aristóteles, quanto a* Arte Poética, *de Horácio, e o* Tratado do Sublime, *de Longino, que lhe recolheram e ampliaram as lições, representam uma visão de conjunto extremamente lúcida da essência e da finalidade da literatura como arte. Do seu valor histórico e da sua permanente atualidade dá testemunho, quando mais não fosse, o fato de, em nosso século, primeiramente a Nova Crítica americana, depois o Estruturalismo francês, e, mais recentemente, a Hermenêutica ou Estética da Recepção alemã, terem a eles voltado em busca de novos pontos de partida para a sua teorização acerca da práxis literária. Daí o excepcional interesse, para professores e estudantes de Letras, assim como para outros leitores que tenham a atenção voltada para tal campo de estudos, deste volume onde se coligem, para maior comodidade de leitura, consulta e cotejo, os três textos fundamentais da Poética clássica. Foram eles traduzidos diretamente do grego e do latim, e anotados, pelo Prof. Jaime Bruna, do Departamento de Letras Clássicas e Vernáculas da Faculdade de Filosofia, Letras e Ciências Humanas da Universidade de São Paulo, e a seu respeito escreveu o Prof. Roberto de Oliveira Brandão, do mesmo Departamento, o estudo introdutório também aqui recolhido.*

*EDITORA CULTRIX*